SYBILLE HAYNES

DIE TOCHTER DES AUGURS

KULTURGESCHICHTE DER ANTIKEN WELT

BAND 9

VERLAG PHILIPP VON ZABERN · MAINZ AM RHEIN

SYBILLE HAYNES

DIE TOCHTER DES AUGURS

AUS DEM LEBEN DER ETRUSKER

VERLAG PHILIPP VON ZABERN · MAINZ AM RHEIN

308 Seiten mit 13 Farb- und 42 Schwarzweiß-Abbildungen

Umschlagbild: Mann beim Gelage. Etruskische Bronzefigur, vermutlich vom Schmuck eines großen Kessels. Anfang 5. Jh. v. Chr. London, British Museum, Bronze Cat. Nr. 556
Vorsatz: Parisurteil. Bemalte Tonplatten aus Cerveteri. London, British Museum
Nachsatz: Sphinx. Bemalte Tonplatten aus Cerveteri. London, British Museum

ISBN 3-8053-0463-3
Satz: Studio Feldafing Karin Geiss

Printed in West Germany by Philipp von Zabern.

Für Massimo und Maria

VORWORT

Die Welt der Etrusker hat moderne Schriftsteller häufig zu Werken angeregt, die sich mit ihr befassen. Für den eigentümlichen Reiz, den diese Welt ausstrahlt, gibt es mancherlei Ursachen: die romanhaften Abenteuer ihrer Wiederentdeckung; das Fremdartige ihrer Denkmäler; die Problematik ihrer Herkunft und ihrer Sprache. Doch hat das, was sie so reizvoll macht, auch jene Legende vom „geheimnisvollen Volk“ entstehen lassen, die nun so verbreitet und so verwurzelt ist, daß aller Fortschritt der wissenschaftlichen Erkenntnis dagegen unbeachtet bleibt.

Das Bild Etruriens erscheint den Schriftstellern des vergangenen wie des jetzigen Jahrhunderts gleichsam in einem magischen Spiegel. Sie alle, Romanschreiber, Dichter, Verfasser von Essays, lassen ihrer Einbildungskraft die Zügel schießen, bringen schlagende Vergleiche, farbensatte Bilder, Deutungen, die ebenso brillant wie phantastisch sind. Sie ergehen sich in theoretischen Vermutungen, kühnen Gedankenspielen, verlieren sich ins Nostalgische oder ins Humoristische – man denke an Cardan im Roman *Those Barren Leaves* von Aldous Huxley – kurzum, sie zeigen ein Etrurien, bei dem Lust und Laune schöpferischen Gestaltens die Tatbestände der Wissenschaft verschleiern oder gar ihnen Gewalt antun.

Um so eindrucksvoller erscheint es uns – was schon beim modernen historischen Roman selten ist und nun ganz und gar eine Ausnahme beim Heraufbeschwören der etruskischen Welt –, daß ein Gelehrter, ohne im geringsten Erfahrung und Kenntnisse seines Fachs preiszugeben, sich in das Gebiet erzählerischen Erfindens vorwagt und sich dort mit so viel Freude und Darstellungsgabe umtut, daß ihm Zutrauen, Zustimmung und Interesse der Leser sicher sind. Sybille Haynes ist Etruskologin, sie hat in der etruskischen Archäologie anerkannte wissenschaftliche Arbeit geleistet, die etruskische Abteilung des Britischen Museums neu geordnet, sie ist Mitglied des Istituto di Studi Etruschi ed Italici in Florenz. Nun legt sie hier ihre Erzählung „Die Tochter des Augurs" vor.

Dies Buch ist entstanden aus Liebe zu den Schatten einer fernen und doch so vertrauten Vorzeit. Lang galt es ihnen nachzuforschen, bis sie aus Bruchstücken wieder ins Leben zurückgerufen werden konnten, mit Hilfe des Zaubermittels der *Sympatheia* und des Wissens um die ewige Gültigkeit menschlicher Gefühle. Es gehörte aber auch Mut dazu, jenen Schwierigkeiten zu begegnen (und sie zu überwinden), die eine so überaus behutsame Rekonstruktion bietet. Veteran der Etruskologie, der ich bin, ich zögere keinen Augenblick zu bezeugen, daß Umwelt, Handlungsverlauf und Gestalten vollkommen genau das widerspiegeln, was wir auf Grund der Funde und des Studiums der etruskischen Kultur in der Lage sind zu wissen.

Aber ich möchte eine weitere Erwägung anfügen, die noch allgemeiner eine theoretische wie kritische Bedeutung hat. Was Sybille Haynes geschrieben hat, sollte – darüber hinaus, daß es Romanleser fesseln und jeden Gebildeten interessieren und anregen kann – auch von Althistorikern der Beachtung wert gefunden werden. Ich bin stets der Ansicht gewesen und habe gelegentlich angemerkt und darauf hingewiesen, daß, vor allem für solche Perioden und Phänomene antiker Kulturen, für die das lebendige Zeugnis reich fließender, direkter literarischer Quellen fehlt – und für Etrurien ist das im Gegensatz zu Griechenland und Rom der Fall – ein authentisches und möglichst getreues historisches Verständnis nicht nur durch abstrakte Schemata oder allgemein gehaltene Betrachtungen über Chronologie, Institutionen und Lebensformen zu erreichen ist, sondern daß es auch eines gewissen, vorsichtigen Bemühens der Einbildungskraft bedarf, um den wirklichen Menschen näher zu kommen, die bei diesen Ereignissen, diesen Einrichtungen und diesen Lebensformen Teilnehmer und Handelnde waren.

Dieses Buch – wenngleich seinem Titel gemäß Roman und nicht Geschichtswerk – ist meiner Ansicht nach ein nicht unbedeutender Beitrag zum Verständnis der etruskischen Welt in einem der entscheidendsten Augenblicke ihres Daseins, in der Krisenphase ihrer wirtschaftlichen und politischen Macht, zu Land und zur See, zu Ausgang des 6. und zu Beginn des 5. Jh. v.Chr., da die Feindschaft von Griechen und Karthagern auf dem Höhepunkt war: dargetan am Schicksal von erfundenen, doch durchaus glaubwürdigen „großen Familien" in Caere. Ein Schlaglicht auf diese Zeit werfen jene erstaunlichen Zeugnisse, die vor mehr als 15 Jahren in Pyrgi ausgegraben worden sind, Goldtäfelchen mit Inschriften sowohl etruskischer wie phönikischer Sprache.

Auf historische Wirklichkeit verweist auch die reiche Auswahl von Abbildungen nach archäologischen Originalen, die der Band enthält; für sie gebührt dem Verleger hohes Lob. Man darf somit vermuten, daß ein großer Leserkreis nicht allein vom Roman angesprochen, sondern geneigt sein wird, sich für etruskische Kultur zu interessieren, da man ihm so verständliche und verläßliche Information bietet. Mit Recht kann man von einer wertvollen kulturellen Leistung sprechen, der wir vollen Erfolg wünschen.

Massimo Pallottino
Professor für Etruskologie und Italische Altertümer
an der Universität Rom
Präsident des Instituts für Etruskische und Italische Studien

EINFÜHRUNG

Drei Täfelchen aus Goldblech, etruskisch und punisch beschrieben, kamen ans Licht, als 1964 italienische Archäologen das alte Heiligtum von Pyrgi ausgruben – Pyrgi war der Hafenplatz der bedeutenden Etruskerstadt Ceizra oder Caere, heute Cerveteri, etwa fünfzig Kilometer nördlich von Rom. Dieser Fund einander entsprechender Texte in zwei Sprachen warf einen jähen Lichtstrahl in die Dunkelheit der Zeitspanne vom späten 6. bis zum frühen 5. vorchristlichen Jahrhundert Mittelitaliens, über die man bislang nur spärliche Kenntnisse besaß. Einzig spätere Quellen, bruchstückhaft und nicht übereinstimmend, hatten von den Ereignissen jener Epoche berichtet: der Vertreibung der etruskischen Tarquinier-Dynastie aus Rom; der Gründung der römischen Republik; dem Handelskrieg und den Seeschlachten zwischen den etruskischen Städten und den griechischen Kolonialsiedlungen in Süditalien und Sizilien; endlich von der Einmischung der Karthager in den Streit um die Herrschaft über das Tyrrhenische Meer und die lebenswichtige Straße von Messina. Die neuentdeckten Inschriften, waren sie auch kurz und im etruskischen Teil schwer verständlich, gaben nun Kunde davon, daß um 500 v.Chr. ein Herrscher von Ceizra mit Namen Thefarie Velianas der phönizischen Göttin Astarte in einem der wichtigsten Häfen Etruriens ein Heiligtum gestiftet hatte.

Da lernten wir nicht nur eine neue historische Persönlichkeit kennen, einen Zeitgenossen der Könige Tarquinius Superbus und Porsenna von Clusium / Clevsina, sowie des griechischen Tyrannen Aristodemos von Cumae, sondern erhielten zugleich den Beweis für ein zeitweiliges Bündnis zwischen der Stadt Ceizra und den punischsprechenden Karthagern gegen ihren gemeinsamen Feind, die Griechen.

Vor diesem politischen Hintergrund spielt der Roman. Mit den Augen seiner Heldin Larthi, der Tochter des Ober-Augurs von Ceizra, schauen wir das Leben einer Generation, deren Schicksal es war, den Niedergang der etruskischen Vorherrschaft im westlichen Mittelmeer mitzuerleiden. Der langsame Verfall der seit Jahrhunderten herrschenden Aristokratenfamilien Etruriens, das Aufkommen von Tyrannen wie Thefarie Velianas, den das zur Macht drängende Volk emportrug, der von scheinbar fernliegenden Entwicklungen in neue Wege geleitete Handel – das alles wirkt sich auf die Familie Matuna aus, der Larthi entstammt und auf das Königsgeschlecht Velchana, in das sie einheiratet.

All unsere Kenntnis vom täglichen Leben der Etrusker, von ihrer Kultur, beruht auf ausgegrabenem Material. Archäologisches Wissen ist hier nutzbar gemacht, ein farbiges Bild ihrer Welt mit der so intensiven religiösen Atmosphäre zu vermitteln.

Das Britische Museum besitzt einen etruskischen Bronzehelm, der nach der entscheidenden Seeschlacht von Cumae von dem griechischen Sieger, Hieron von Syrakus, als Beute dem Olympischen Zeus geweiht worden ist – wahrhaft ein Stück Weltgeschichte! Von ihm leitet sich die Eingebung zu der tragischen Szene gegen Ende des Romans her: Larthis Mann und Sohn machen sich bereit, in den Krieg zu ziehen. Sie hält den Helm ihres Mannes in Händen und in einem jener Augenblicke plötzlicher Hellsicht, die der Augurentochter auferlegt sind, erscheinen ihr auf dem glatten Metall die griechischen Lettern, denen sie, wie wir noch heute, das verhängte Schicksal abliest.

Augur war die Bezeichnung für den römischen Priester, der mit seinen Kollegen die offizielle Aufgabe hatte, aus Vorzeichen aller Art den Willen der Götter zu erforschen und dementsprechend die Ausführung oder Unterlassung öffentlicher wie privater Vorhaben zu empfehlen. Daß es bei den Etruskern ähnliche Priester wie bei den Römern und Umbrern gegeben hat, ist höchst wahrscheinlich. Da uns aber kein dem Augur genau entsprechendes Wort im Etruskischen überliefert ist, wurde für den Titel des Romans die lateinische Bezeichnung gewählt, die in allgemeinverständlicher Form die Amtsfunktionen des Vaters der Heldin beinhaltet.

I

1

Larthi, die Tochter des Augurs, sprang ungeduldig auf. ‚Langweilig ist das!' sagte sie stirnerunzelnd zu ihrer Freundin Ramtha.

Die beiden Mädchen hatten Astragalos gespielt, auf dem gestampften Lehmfußboden der Vorhalle von Larthis Vaterhaus in Ceizra. Jetzt raffte Ramtha gewandt die Schafsknöchel auf, die Larthi, verärgert über die eigene Ungeschicklichkeit, hatte fallen lassen. ‚Schau, es ist so einfach', sagte sie, warf die Knöchel in die Luft und fing sie mit dem Handrücken wieder auf; ‚versuch's doch noch einmal.' Larthi schüttelte den Kopf. Ramtha war viel zu geschickt mit den Händen; es hatte keinen Zweck, mit ihr zu wetteifern.

Ramtha gab nach, wie stets. ‚Also gut; was möchtest Du stattdessen tun?' Sie stand auf, strich ihren Chiton glatt und sah die Freundin erwartungsvoll an.

‚Warte!' rief Larthi plötzlich. ‚Ich will mit den Knöcheln würfeln. Wenn ich Glück hab', dann erlaubt mir vielleicht Tante Culni, heute abend meinen neuen Mantel anzuziehen.'

Sie ergriff vier der Schafsknöchel, fixierte sie starren Blicks, murmelte ihren Wunsch dazu und schleuderte sie in die Höhe. Bei den Holzpfeilern, die das Dach der Vorhalle stützten, fielen sie weit verstreut nieder. Die Mädchen sprangen ihnen nach. Zunächst wagte Larthi nicht, ihren Augen zu trauen: es war der bestmögliche Wurf, der nach der Liebesgöttin Turan genannte – jeder der vier Knöchel zeigte eine andere Seite.

Ramtha klatschte entzückt in die Hände. ‚Ach, wie bin ich froh! Du, ich würde Deinen Mantel zu gerne sehen. Wie schaut er aus?'

‚Er ist aus milesischer Wolle mit einer breiten Borte und einer Unmenge von kleinen gestickten Lotosblüten drauf.‘

‚Das klingt aber schön! Woher hast Du ihn denn?‘

‚Von Vater. Er hat ihn mir aus Sybaris mitbringen lassen, vor ungefähr drei Monaten.‘

‚Und warum hast Du ihn dann noch nie angehabt?‘

Larthi zuckte die Achseln. ‚Tante Culni hat's mir nicht erlaubt. Sie sagte, daß ich für so etwas Kostbares noch zu jung bin.‘

‚Aber Du bist doch beinahe vierzehn‘, wandte Ramtha ein.

‚Gewiß‘, rief Larthi, ‚und außerdem bin ich in letzter Zeit sehr gewachsen.‘

Sie stellte sich gegen den Eckpfeiler und bat Ramtha nachzusehen, ob sie jetzt über die Kerbe hinausrage, die ihr Vater dort eingegraben hatte, als er sie im vergangenen Frühjahr zum letzten Mal maß. Ramtha mußte sich dazu auf die Fußspitzen stellen; obgleich sie schon fünfzehn Jahre zählte, war sie etwas kleiner als ihre Freundin.

‚Du bist ungefähr einen Finger breit gewachsen‘, meldete sie, und dann bat sie: ‚Könntest Du mir den Mantel nicht wenigstens zeigen?‘

‚Wir müßten heimlich versuchen, Tante Culnis Kleidertruhe aufzumachen‘, sagte Larthi zögernd. Sie legte den Finger auf die Lippen; beide standen und lauschten. Summen von Stimmen und Geklirr von Bronzegeschirr drang aus dem Küchentrakt.

‚Sie ist gerade drüben, um die Sklaven zu beaufsichtigen, weil wir heute abend das Fest geben‘, flüsterte Larthi.

‚Was für ein Fest?‘ Auch Ramtha dämpfte ihre Stimme.

‚Zu Ehren von Vaters Freund, Avile Spurinna aus Ruma; er hat seinen Sohn Marce zur Ausbildung hergebracht.‘

‚Oh‘, sagte Ramtha; ‚und wie findest Du Marce?‘

‚Ziemlich dumm. Aber ich hab' noch kaum mit ihm geredet; sie sind erst gestern abend spät angekommen.‘ Larthis Antwort klang gelangweilt. Aber Ramtha fragte weiter, wie alt denn Marce

Weibliche Bronzestatuette aus Volterra. München. Antikensammlungen

wäre. Larthi gab vor, es nicht zu wissen, obwohl ihr klar war, daß er im gleichen Alter wie Ramtha sein mußte.

Marces Ankunft hatte Larthi tief verstimmt. Als ihr Vater ihr sagte, daß Marce in Zukunft bei ihnen wohnen werde, damit er ihn im Lesen und Schreiben unterrichten könne und ihn lehren, die göttlichen Zeichen vom Himmel mit Hilfe der heiligen Bücher zu deuten, da hatte sie plötzlich in ihm einen Nebenbuhler gefühlt. Larthi war bisher die einzige Schülerin ihres Vaters gewesen. Seit einigen Jahren schon brachte er ihr die von den Ahnen ererbte Kunst bei, den Willen der Götter zu erforschen mit all den vielfältigen Formen des Rituals, die in ihrer Familie seit Generationen bewahrt und ausgeübt worden waren. Ramtha mochte flink und anstellig sein, aber sie konnte weder lesen noch schreiben, auch wußte sie nichts von den Offenbarungen in den Büchern des Propheten Tages und der Nymphe Vecui. Larthi spürte deutlich, daß ihr Leben von dem ihrer Freundin verschieden sein würde – sie war auserwählt für ein besonderes Geschick.

Nun schien Marce ihre einzigartige Stellung zu bedrohen, drum hatte sie sich vorgenommen, diesem hergelaufenen Provinzburschen aus Ruma bald zu zeigen, wo er hingehörte.

‚Wenn Du meinen Mantel sehen möchtest, dann mußt Du aber ganz leise sein, damit Tante Culni uns nicht erwischt', sagte sie unlustig. Ein Anfall von Kopfweh war im Kommen. Sie drückte die Handfläche gegen ihre Schläfe. Wie schon öfters in den letzten Jahren gaben ihr rhythmische, schmerzhafte Stiche ein Warnzeichen, daß Vorahnung künftiger Ereignisse sie heimsuchen werde. Ihr Mantel – plötzlich durchdrang sie das Bewußtsein, sie werde ihn zum Fest tragen; der Vater werde es erlauben, ja wünschen. Einen Augenblick lang war sie von Freude erfüllt, aber das Hochgefühl verströmte rasch und statt seiner kam die Gewißheit, der Tag werde in schwerem Kummer enden. Während sie noch darum rang, die Ursache des bevorstehenden Unglücks zu erahnen, brach die Vision unvermittelt ab und nur Schmerz, verschärft von einem Gefühl der Hilflosigkeit, blieb zurück. ‚Vorsicht', flüsterte sie, als Ramtha sich auf Zehenspitzen der Kleidertruhe näherte, ‚wirf die Vasen nicht um.' Sie fuhr fort, ihre Schläfe zu reiben, während Ramtha die Vasen herunterräumte und den gewichtigen, mit Bronze beschlagenen Deckel öffnete.

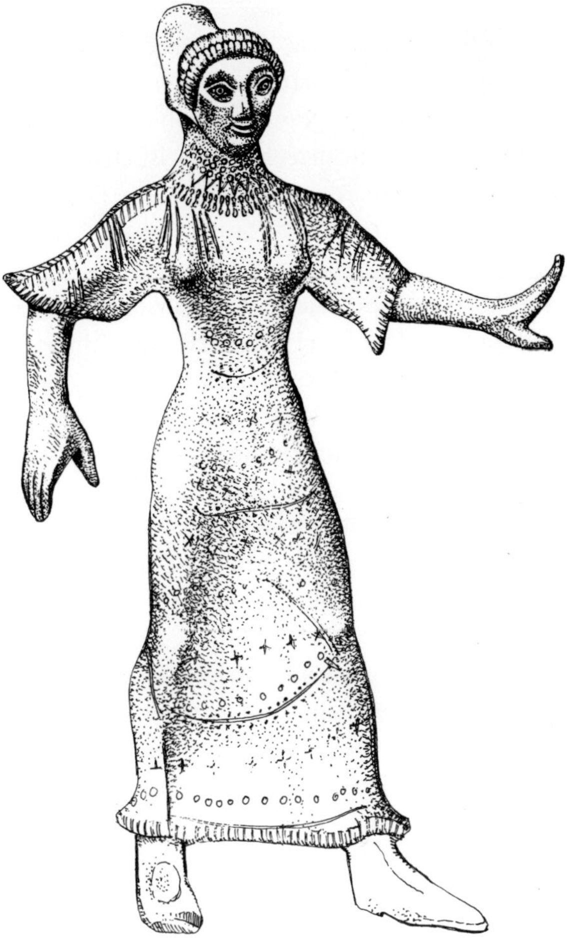

Bronzestatuette einer Schreitenden. Boston. Museum of Fine Arts

Tante Culni war eine leidenschaftliche Sammlerin griechischer Keramik, und Larthi hatte sie häufig in den Agylla genannten Stadtteil von Ceizra begleitet, wo der griechische Händler Erasistratos seine Niederlage und die ausländischen Handwerker ihre Werkstätten hatten. Gleich der Tante liebte Larthi die schönen Gefäße mit ihrer glänzend rot und schwarz bemalten Oberfläche. Doch während Tante Culni Vasen bevorzugte, die mit Blüten-

und Pflanzenmustern, Tierfriesen oder tanzenden Figuren geschmückt waren, hätte sich Larthi weit lieber solche mit Schlachtszenen ausgesucht. Voll Eifer pflegte sie die Namen zu entziffern, die in griechischen Buchstaben neben die einzelnen Figuren geschrieben waren und so die dargestellten Götter und Helden zu erkennen; denn die alten Erzählungen der Griechen waren ihr wohlvertraut. Culni war die ältere Schwester von Larthis Mutter, eine friedliche, häusliche Natur, die niemals unter plötzlichen Anfällen prophetischer Eingebung zu leiden hatte. Von der Mutter, die bei Larthis Geburt gestorben war, wurde dergleichen berichtet. Manchmal fragte sich Larthi, ob sie von ihr, außer der Gabe die Zukunft vorauszusehen, nicht auch eine gewisse Rastlosigkeit und die Freude an aufregenden Ereignissen geerbt habe. Ramtha würde eine besser passende Nichte für Tante Culni abgeben, dachte Larthi voll Bedauern, während sie ihre Freundin dabei beobachtete, wie sie den neuen Mantel aus der Truhe zog, ihn entfaltete und geschickt über ihre linke Schulter drapierte. Bewundernd strich Ramtha über die seidenweiche Wolle und untersuchte die Art der Stickerei ganz von der Nähe. Larthi beneidete sie plötzlich. Wie einfach und befriedigend doch Ramthas Dasein war – ungetrübt von schmerzhaften Visionen kommender Dinge. Einen Herzschlag lang sehnte sie sich danach, genau wie ihre Freundin zu sein, doch dann wies sie den Gedanken rasch von sich. Unausweichlich waren ihre Lebenslinien vorausbestimmt – kein Sterblicher vermochte dem ihm von den Göttern zugeteilten Geschick zu entgehen.

‚Aber natürlich kannst Du das', sagte sie gleichgültig zu Ramtha, die sie gefragt hatte, ob sie die farbige Blütenborte auf ihrem eigenen Mantel nachsticken dürfe.

‚Es macht mir gar nichts aus, wenn Du dasselbe Muster trägst'.

Als sie das Gewand zurückgelegt und die Truhe geschlossen hatten, bückte sich Ramtha nach den Krügen und Amphoren und stellte sie sorgfältig wieder auf den Deckel. Sie fragte: ‚Hat Deine Tante die Buchstaben auf den Gefäßen eingekratzt?' ‚Mi Culnaial', las Larthi ihr vor. ‚Das bedeutet, daß sie ihr gehören. Sie hat es aber nur auf ihre Lieblingsstücke geschrieben'.

‚Mir gefällt dieses Paar von gleichgroßen Vasen auch besonders gut. Was für zerbrechlich feine Henkel – so dünn wie Bänder!' rief Ramtha voll Begeisterung, während sie die Amphoren symmetrisch anordnete. ‚Aber jetzt muß ich wirklich heimgehen. Ihr werdet sowieso viel mit den Vorbereitungen für das Fest zu tun haben.'

Larthi gab keine Antwort. Sie fürchtete sich plötzlich vor einer Wiederkehr ihrer Vision und hätte Ramtha gerne bei sich behalten; aber ihr Stolz ließ nicht zu, ihrer Freundin, die stets zu ihr aufblickte, einzugestehen, daß sie Angst habe. Sie zwang sich zu einem Lächeln. Als Ramtha in die gepflasterte Straße hinauslief, winkte sie ihr nach.

2

Es war schwül, und die Stimmen der Gäste klangen aufdringlich laut. Der Geruch von Bienenwachskerzen, die in hohen Bronzekandelabern brannten, mischte sich mit dem von gebratenem Fleisch, Fisch und frischem Brotkuchen. Im großen Rechtecksaal waren an drei Wänden entlang die Speisebetten aufgestellt. Laris Matunas' Sklaven eilten zwischen Küche und Halle hin und her; einander zurufend, begannen sie nun die leeren Schüsseln abzuräumen. Das entstehende Geklirr übertönte völlig die Unterhaltung zwischen ihres Vaters Gästen, der Larthi bisher gelauscht hatte. Sie fühlte sich einsam und gelangweilt. Mechanisch ein paar Krümel von ihrem Mantel streifend, lehnte sie sich über den niedrigen dreibeinigen Tisch, der vor ihr stand und wählte unter den Überbleibseln des Mahls einen saftigen Fleischbrocken aus. Ihr Lieblingshund Krankru blickte wie gebannt zu Larthi auf;

Bankettszene und Musikanten. Wandmalerei aus der Tomba dei Leopardi. Tarquinia ▶

sein wedelnder Schwanz klopfte dabei gegen eines der kunstvoll gedrechselten hölzernen Beine ihres Speisebettes. Geschickt erhaschte er den ihm zugeworfenen Bissen, leckte sich das Maul und nahm geduldig seinen Wachtposten wieder auf. Ein paar Gänse, die den Weg vom Hof in den Saal gefunden hatten, verschlangen indessen gierig alle auf den Boden gefallenen Reste. Die Zweige frischen Grüns, mit denen die bemalten Wände und hölzernen Säulen geschmückt waren, hingen von der Hitze verwelkt herab. Larthi schob den Kranz, den alle Bankettteilnehmer trugen, aus der Stirne zurück und schaute müden Blicks zum mächtigen rauchgeschwärzten Firstbalken und dem Schachbrettmuster der Sparren und Ziegel des Satteldachs auf. Sie fragte sich, warum, nachdem sie sich monatelang darauf gefreut hatte, ihren neuen Mantel anzuziehen, sie nun so wenig Vergnügen daran fand. Vielleicht, weil niemand die geringste Notiz davon genommen hatte? Tante Culni hatte ihn ihr ohne jede Einwendung ausgehändigt und sie lediglich gebeten, den Mantel während des Essens mit Schonung zu behandeln. Eine Welle warmer Zuneigung für ihre Tante erfüllte Larthi plötzlich, und sie begann, Culni mit einer Mischung von Erstaunen und Bewunderung zu betrachten. Wie schön sie aussah! Ihr kastanienfarbenes Haar war hoch auf dem Hinterkopf aufgetürmt und vom Tutulus umwunden. In ihren Ohrläppchen glitzerten große Goldscheiben, auf die feine Muster von winzigen Goldkügelchen gelötet waren. Über einem leichten Ärmelchiton trug sie einen schweren roten Mantel mit grüner Borte. Ihre Schuhe aus weichem, roten Leder mit aufgebogenen Spitzen standen auf einer Fußbank unter dem Vorlegetisch neben den Sandalen von Marces Vater. Culni lehnte auf einer prachtvollen gestreiften Bettspreite, gerade im Begriff, ihrem neben ihr liegenden Verwandten zuzutrinken. Das Mahl war vorüber und die Sklaven dabei, Wassergefäße und Handtücher heranzubringen, damit die Gäste sich die Hände waschen konnten.

Tänzerin. Wandmalerei aus der Tomba dei Giocolieri. Tarquinia ▶

Goldfibel mit Staubgranulation aus der Tomba del Littore in Vetulonia. Florenz. Museo Archeologico

Larthi, die Marce zum Tischnachbarn hatte, stellte fest, daß er endlich aufgehört hatte zu essen. Bis jetzt war kein einziges Wort zwischen ihnen gefallen, da Marce, ausschließlich damit beschäftigt, sich zu bedienen, nichts von den guten Dingen, die vor ihm aufgestapelt waren, übrig gelassen hatte. Eben schaute er zum ersten Mal um sich, und sein Blick blieb auf Tante Culni haften, die seinem Vater die Trinkschale entgegen hielt. Er runzelte die Brauen. Larthi versuchte, ihn in ein Gespräch zu ziehen.

‚Weißt Du, daß die goldene Fibel am Mantel meiner Tante ein Erbstück von meiner Urgroßmutter ist, mit der wir beide verwandt sind?'

Marce schaute sie verblüfft an, ohne etwas zu sagen, und so fuhr sie fort: ‚Dein Vater und Tante Culni stammen beide von ihr ab, und Urgroßmutter gehörte derselben Familie an wie Tanaquil, die Frau des Lucumo Tarquinius.'

‚Zuhause bei uns gelten Frauen nicht für besonders wichtig, und von so einer Verwandtschaft ist mir nichts bekannt.'

Larthi war erstaunt über Marces mangelndes Interesse an Familiengeschichte. Sie selbst hatte stets das Gefühl gehabt, Tante Culnis Vorliebe für griechische Vasen und ihre eigene Leidenschaft für alles, was mit Griechenland zusammenhing, leite sich von diesen Vorfahren her. Da Marce vorgab, nichts von alldem zu wissen, erzählte sie ihm, daß Tanaquils Gatte Tarquinius Sohn eines edlen Griechen namens Demaratos aus Korinth gewesen sei; er habe sich in Tarchuna niedergelassen und dort eine etruskische Dame geheiratet. Tanaquil litt unter der Geringschätzung, mit der ihre adligen Mitbürger ihren halbgriechischen Mann betrachteten; sie bewog ihn, nach Ruma zu ziehen, um da sein Glück zu suchen. Vermutlich wurde, dachte Larthi im Stillen, die jetzt herrschende Generation der Tarquinier nicht gern an den fremden Vorfahren erinnert, wo die Familie nun seit langem in Ruma regiert hatte. Wie stolz war Larthi selbst darauf, daß es allein Tanaquils Eingebung und ihrer Deutung der Omina zu verdanken war, daß der erste Tarquinius nach Ruma gezogen und dort zum Königtum gelangt sei.

‚Leute in Roma, die etwas gelten, würden nicht billigen, daß die Etrusker ihren Frauen erlauben zu trinken und dabei noch mit Männern auf einer Couch zu liegen', sagte Marcc, indem er mit Mißfallen Tante Culni anblickte, die gerade wieder seinem Vater zutrank.

‚Was für eine seltsame Stadt Ruma sein muß', erwiderte Larthi gereizt; sie hatte den Verdacht, Marces Mutter, die von latinischer Herkunft war, habe ihm derartige Ideen beigebracht. ‚Vergiß nicht, daß auch in Deinen Adern das Blut der Rasenna fließt.'

Um ihm zu beweisen, wie wenig sie von seinen Vorurteilen hielt, rief sie dem griechischen Mundschenken Elachsantre zu, daß er zu ihnen herüberkommen solle. Gewöhnlich vermied sie es, mit ihm zu reden, da sie sich in seiner Gegenwart weniger selbstsicher fühlte, als sie das schätzte.

Larthis Vater hatte den Jüngling im Vorjahr gekauft, von einem ortsansässigen Adligen, dessen Schiffe im westlichen Meer Handel und Seeraub trieben; eines davon hatte vor Zankle ein rhodisches Handelsfahrzeug mitsamt der Besatzung und allen Passagieren aufgebracht. Elachsantre, Sohn eines reichen Kaufmanns, – seinem Vatter hatte das Schiff gehört – war von tiefem Groll über seine Versklavung erfüllt. Monatelang verweigerte

Lagernder Jüngling beim Bankett und Mundschenk. Wandmalerei aus der Tomba dei Leopardi. Tarquinia

er mürrisch jede ihm abgeforderte Dienstleistung. Aber seit es ihm gelungen war, eine Botschaft nach Hause zu senden, stimmte ihn die Hoffnung auf baldige Ankunft eines Lösegeldes etwas heiterer. Larthis Vater behandelte ihn mit gleichmäßiger Freundlichkeit, und Elachsantres Pflichten konnten kaum als schwer gelten. Larthi fand sogar, er sei in letzter Zeit etwas hochnäsig geworden.

Mit Absicht brauchte Elachsantre recht lange beim Füllen der Trinkschale seines Herrn aus dem mächtigen, zweihenkligen

Bronzegefäß, das mit Wasser vermischten Wein enthielt. Dann erst schlenderte er auf Larthis Speisebett zu, nicht etwa mit dem raschen, leichten Schritt, der einem Mundschenken geziemt; er ließ gemächlich das silberne Weinsieb und die Kelle in der Hand hin und her pendeln. Herablassend blickte er auf Marce herunter.

‚Elachsantre', sagte Larthi, ihre Verlegenheit verbergend, ‚gib dem Herrn Marce noch etwas Wein.'

‚Ich heiße Alexandros, Sohn des Timachidas', gab er zurück, ‚ und wenn hier irgend jemand mein Herr ist, dann wäre das einzig Laris Matunas.' Er wies mit dem Kinn auf Larthis Vater.

‚Weißt Du etwa nicht, daß Du Marce, den Sohn des Avile Spurinna zu bedienen hast, während er bei uns im Hause wohnt?' rief Larthi aus und warf entrüstet ihre dunklen Locken zurück.

Marce hatte sich aufgerichtet und musterte den Sklaven mit finsterem Blick. Elachsantre riß ihm die Trinkschale aus der Hand und ging damit zu dem Mischgefäß hinüber, indem er zähneknirschend etwas murmelte.

Larthi fühlte sich von der Spannung, die in der Luft lag, seltsam erregt. Der Gedanke, daß Elachsantre und Marce einander hassen würden, erschien ihr plötzlich nicht unangenehm. Sie schätzte, daß im Fall einer Auseinandersetzung zwischen den beiden es keineswegs sicher sei, daß Elachsantre gewinnen würde; obgleich er schon sechzehn und ziemlich hochgewachsen war, übertraf Marce ihn doch in der kraftvollen Breite des Körperbaus. Mit einem ganz neuen Interesse beobachtete sie nun Elachsantre, der gerade wieder zu ihnen herüberkam. Er war nackt, bis auf den Kranz in seinen dunklen Locken. Niemals zuvor war es ihr aufgegangen, daß er schön aussah, jetzt, da er nach Rasenna Weise seine Körperhaare vom Barbier auszupfen ließ.

Marce hatte sich wieder auf das Polster neben Larthi zurückgelehnt; Elachsantre trat mit trotzigem Gesicht heran, ihm die gefüllte Trinkschale zu reichen. Während er sich mit ausgestrecktem Arm über den niedrigen Dreibeintisch vorbeugte, schien er plötzlich das Gleichgewicht zu verlieren und stolperte nach vorn. Die Schale entglitt seiner Hand und ihr Inhalt ergoß sich über Larthi und Marce. Larthi stieß einen Schrei des Entsetzens aus. Die Flut roter Flüssigkeit erschien ihr wie ein furchtbares Vorzeichen. Sie sprang auf und bemühte sich, den Wein von sich abzuschütteln. Vergebens – ihr neuer Mantel war völlig davon durchtränkt. Auch Marce versuchte sich den Wein von Gesicht und Armen zu wischen und verwünschte dabei Elachsantre ob seiner Ungeschicklichkeit. Unruhe breitete sich im Saal aus. Larthis Vater befahl, weitere Kandelaber herbeizubringen, während Tante Culni nach ihrer Lieblingssklavin Peci schickte, damit sie das schluchzende Mädchen tröste und ihr reine Kleider bringe.

Einige der Gäste hatten zu viel getrunken und lachten unbändig über das Mißgeschick. Larthis Niedergeschlagenheit wurde zur qualvollen Unrast. Sie fühlte, daß ein weiteres unseliges Ereignis bevorstand. Während Peci ihr den rotverfleckten Mantel von der Schulter nahm und ihr einen frischen umhing, steigerte sich die Spannung in Larthis Körper bis zur Unerträglichkeit. Ihre Pulse hämmerten und heftige Kopfschmerzen raubten ihr fast das Sehvermögen. Sie versuchte ihrem Vater ein Zeichen zu geben – auch ihm mußte sich doch diese Vorahnung eines kommenden Unheils mitgeteilt haben. Er aber wandte sich gerade, um mit Marces Vater zu sprechen, und gab dann bekannt, daß jetzt die Tänzer und Musikanten hereingeführt werden sollten.

Während die Sklaven noch umhereilten, um die Tische wegzutragen und den Boden zu fegen, kamen bereits die Akrobaten und Flötenspieler in den Saal. Mit Bestürzung entdeckte Larthi unter ihnen Caile, den jüngeren Bruder ihres Vaters. Im flackernden Kerzenlicht wirkte er abgehärmt, und seine Reisekleider sahen zerdrückt und staubig aus. Larthi streckte ihm die Hand entgegen und versuchte ihn anzusprechen, aber er beachtete sie nicht und drängte sich zu ihrem Vater durch. Warum war er wohl schon jetzt heimgekehrt? Laris Matunas hatte ihn in den Süden des Landes geschickt, damit er sich dort um eine Erbschaftsangelegenheit kümmere, und sie hatten ihn keineswegs schon zurückerwartet. Aufgeregt verfolgte sie mit den Augen, wie Caile ihren Vater ansprach, der sich überrascht mit einer Willkommensgeste zu ihm umgedreht hatte. Das Stimmengewirr übertönte, was Caile zu seinem Bruder sagte, aber Larthi sah, daß ihres Vaters Gesicht ernst wurde und er mit den Fingern das übelabwehrende Zeichen machte. Die Hand in ihr Polster gekrallt, starrte Larthi angstvoll auf die beiden.

‚Wer ist denn das, der da gerade mit Deinem Vater spricht?‘ Marce stieß sie mit dem Ellbogen an. Larthi zuckte ungeduldig die Achseln. ‚Onkel Caile. Sei still, sonst kann ich nicht hören, was sie reden.‘

Larthis Vater streifte sich den Kranz vom Kopf, sprang auf und befahl Ruhe.

‚Verwandte und Freunde‘, sagte er mit tiefem Ernst, ‚beenden wir das Gelage, denn Caile hat Nachricht gebracht von einem furchtbaren Geschick, das die Bürger von Sybaris befallen hat. Laßt uns den Göttern opfern und sie anflehen, uns vor gleichem zu bewahren.‘

Schreckensrufe erfüllten den Saal und viele hoben die Hände, um Unheil abzuwenden. Dann klang es von allen Seiten: ‚Was ist geschehen?‘ ‚Berichte uns doch von Sybaris!‘ ‚Was wird denn jetzt aus unseren Handelsbeziehungen mit ihnen?‘

Alle drängten sich fragend um Caile. Der aber nahm sich Zeit. Gegen seines Bruders Speisebett gelehnt, bat er um Wein und goß das übliche Opfer aus der Schale. Dann trank er selbst, ehe er begann. ‚In Poseidonia hörte ich von der Katastrophe und entschloß mich, sofort heimzukehren, um dem Lauchume und euch die Nachricht zu bringen. Weil Gegenwind herrschte, mußte ich den Landweg nehmen – eine sehr anstrengende Reise! Ich bin halb verdurstet.‘ Er leerte die Schale und fuhr fort: ‚Im Haus des Königs, wo ich zuerst war, sagte man mir, daß er auf der Jagd sei; deshalb bin ich hierher geeilt.‘

Larthis Vater nickte bestätigend: ‚Ja, Vetter Velthur ist auf die Eberjagd gezogen, da ich die Omina günstig fand.‘

‚Laß uns über Sybaris hören!‘ rief da wieder einer der Gäste, und alle stimmten ein und forderten Caile auf, endlich zu erzählen, was geschehen sei.

Larthi, zwar tief beunruhigt, daß ihre Vorahnung sich als richtig erwiesen hatte, empfand doch eine gewisse Erleichterung. Die Spannung in ihrem Körper ließ nach; sie war imstande, dem Bericht ihres Onkels zu folgen.

Caile, der es genoß, im Mittelpunkt der Aufmerksamkeit zu stehen, wählte seine Worte mit Bedacht. ‚Wie ihr wißt, herrschte seit langem Feindschaft zwischen Sybaris und Kroton, weil sie Handelsrivalen waren und beide dasselbe Gebiet beanspruchten. Die Krotoniaten neideten den Sybariten ihre fruchtbaren Äcker und ihre reichen Bergwerke und auch den kurzen und gefahrlosen Landweg über ihre Kolonien Laos und Skidros nach Poseidonia, von wo aus ihre Güter uns erreichten. Denn die Bürger von Kroton müssen ja den langen Seeweg nehmen, um mit den Städten an der tyrrhenischen Küste Handel zu treiben. Da müssen sie sich dann mit den Chalkidiern auseinandersetzen, die den Verkehr durch die Meerenge überwachen und mit Seeräubern noch dazu. Ferner die Stürme, die Seereisen höchst gefährlich machen können; so erleiden die Krotoniaten immer wieder schwere Verluste. Aus diesen Gründen sind sie sehr viel weniger wohlhabend als die Sybariten.‘

Er hielt inne und bat um mehr Wein. Es wäre besser, wenn Onkel Caile sich selbst nicht so gerne reden hörte, dachte Larthi ungeduldig. Wie er sich in dieser Rolle des Überbringers schwerwiegender Nachrichten gefällt, die ihm mehr Wichtigkeit als gewöhnlich verleiht. Deshalb muß er auch, wenn immer möglich, die Tatsache erwähnen, daß wir eng mit dem König verwandt sind – als ob die Leute in Ceizra nicht wüßten, was für eine Stellung die Familie einnimmt, dachte Larthi mißbilligend.

Teitu, der alte Freigelassene, erschien eben mit frischen Kleidern und Sandalen für Caile und half ihm beim Anziehen. Sorgsam ordnete Caile die Falten seines Mantels in gefällige Linien, bevor er fortfuhr: ‚Ich brauche euch wohl kaum daran zu erinnern, daß in Sybaris selbst eine Art Bürgerkrieg herrschte. Ihr wißt alle, daß die Stadt gemeinsam von Achäern und Troizenern gegründet worden war, die dann feindliche Parteien gebildet hatten. Im folgenden haben die Achäer erst die Leute aus Troizen nicht mitregieren lassen und schließlich viele aus der Stadt vertrieben. Kürzlich wurde auch noch eine Gruppe von Adligen ins Exil geschickt; die baten in Kroton um Hilfe, weil sie in Sybaris wieder an die Macht wollten – ein feiner Vorwand für Kroton zum Krieg gegen ihre verhaßten Rivalen. Ohnedies stand noch eine alte Rechnung wegen Gesandtenmordes offen. Die Sybariten wurden vernichtend geschlagen, Sybaris selbst erobert und zerstört, die überlebenden Bürger umgebracht. Doch nicht genug damit: neiderfüllter Haß gegen die geschlagenen Rivalen trieb die Krotoniaten sogar dazu, den Lauf des Krathis abzuleiten, so daß der Fluß die Ruinen der Stadt überflutete, damit keine Spur von ihr erhalten bliebe, die etwa neue Siedler anziehen könnte. Das ist es, was ich euch zu berichten habe.‘

Schreck und Mitleid erfüllte alle im Saal. Larthi, entsetzliche Bilder von Mord und Zerstörung vor Augen, flüchtete sich zu ihrer Tante. Culni schloß das zitternde Mädchen schützend in ihre Arme, beide schluchzten bitterlich: unter den vielen griechischen Städten des Südens hatten die Sybariten den Rasenna am nächsten gestanden in ihren Bräuchen und in ihrer Vorliebe für schöne Dinge. Über Sybaris waren kostbare Gewebe aus Milet in Kleinasien und rare Kunstwerke aus noch weiter östlich gelegenen Ländern an die tyrrhenische Küste gelangt. Larthi dachte an ihren milesischen Mantel, der so unheilverkündend mit blutrotem Wein befleckt war, und weinte noch heftiger. Tante Culni rief Peci zu sich, damit sie das Mädchen zu Bett bringe. Larthi war gänzlich erschöpft und ließ es sich gefallen. Beim Verlassen des Saals sah sie ihren Vater das Opfer vorbereiten, und auch sie begann inständig darum zu beten, daß ihrem Volk ein Geschick wie das von Sybaris erspart bliebe.

3

Unaufhörlich trommelte der Regen auf die Dachziegel des Augurenhauses. Das einzige, was Larthi neben dem Geräusch des Wolkenbruchs draußen ausmachen konnte, war der durchdringende Ton der Doppelflöte, von deren Rhythmus begleitet die Sklaven in der Küche den Brotteig kneteten. Langweile begann schwer auf Larthi zu lasten. Vor vier Tagen war ihr Vater mit Caile, Marce und ein paar Sklaven ausgezogen, um dem König die Nachricht vom Fall von Sybaris zu bringen. Larthi hätte sie begleiten mögen, aber ihr Vater hatte die Bitte abgeschlagen. Das Vorwärtskommen in den fernen Sümpfen, wo der Lauchume jagte, sei zu beschwerlich für sie, und es lasse sich nicht voraussagen, wie lange sie brauchen würden, die königliche Gesellschaft aufzufinden. Teilnahmslos griff Larthi nach einem Flocken gekämmter Wolle in dem neben ihr stehenden hohen Weidenkorb. Tante Culni, die sich nicht wohl fühlte, hatte sich hingelegt, und das Mädchen saß ganz allein in der dunkelnden Halle. Sie beschloß, nach Ramtha zu schicken, aber das heftige Strömen des Regens ließ sie diesen Gedanken gleich wieder verwerfen. Mißmutig drehte sie den bronzenen Spinnrocken in der Hand hin und her und wünschte, als Junge geboren zu sein; das Verarbeiten von Wolle hatte sie immer als eine der lästigsten und ödesten Aufgaben der Frauen empfunden. Hätte sie doch stattdessen mit den Männern in die Küstensümpfe ziehen können, wo Tausende von Wasservögeln im Schilf nisteten und Reiher in der Lagune fischten. Sie malte sich aus, wie Vetter Velthur und seine Jäger sich an den Wildeber heranpirschten, hörte das drohende Grunzen der Wildsau, die mit ihren quiekenden Ferkeln jenseits im Unterholz abgeschnitten war, das wütende Hundegebell . . . Seufzend wandte sie sich wieder dem Wollkorb zu. Selbst der dumme und langweilige Marce als Gesellschaft wäre besser gewesen, als so allein dazusitzen. Aber den würde in Zukunft ihr Vater, der keinen Sohn hatte, wohl immer mit sich auf solche Züge nehmen.

Dies leise Geräusch, das sie neben dem Regengeplätscher zu hören glaubte, konnte kaum die Heimkehr der Männer ankünden – war sonst jemand gekommen? sie lauschte aufmerksam, doch nur der beharrliche Ton der Flöte hob sich vom Rauschen des Wassers ab. Ein paar Wollflöckchen waren vom hochgehäuften Korb heruntergefallen und hatten sich im Bronzebeschlag ihres Stuhlbeins verhangen. Larthi bückte sich, sie loszumachen. Als sie sich wieder aufgerichtet hatte und endlich mit dem Spinnen beginnen wollte, bemerkte sie plötzlich Elachsantre, der, in seine Chlamis gewickelt, mit vor der Brust verschränkten Armen neben der Tür lehnte. Wie lange hatte er wohl schon so dagestanden und sie beobachtet, fragte sich Larthi bestürzt, und ihr Herz begann auf unerklärliche Weise heftig zu schlagen. Sie hatte genau gehört, daß Tante Culni vor dem Zubettgehen Elachsantre befohlen hatte, alle Silberschalen und Gefäße zu putzen – damit konnte er noch nicht fertig sein.

Larthi gab vor, ihn nicht bemerkt zu haben. Sie hatte nicht mehr mit ihm gesprochen, seit er ihren Mantel befleckt hatte, und es war ihr immer noch unklar, ob er es mit Absicht getan hatte oder nicht. Elachsantre selbst schien ihr aus dem Weg gegangen zu sein.

Unvermittelt hörte es auf zu regnen, und die Stimme der Flöte durchdrang plötzlich den Saal mit Macht; es erschien dem Mädchen, als klopften ihre Pulse im selben drängenden Rhythmus wie die Musik.

‚Was für ein seltenes Vergnügen es doch ist, das Fräulein Larthi beim Spinnen zu sehen', vernahm sie nun Elachsantres ironische Stimme von ganz nah.

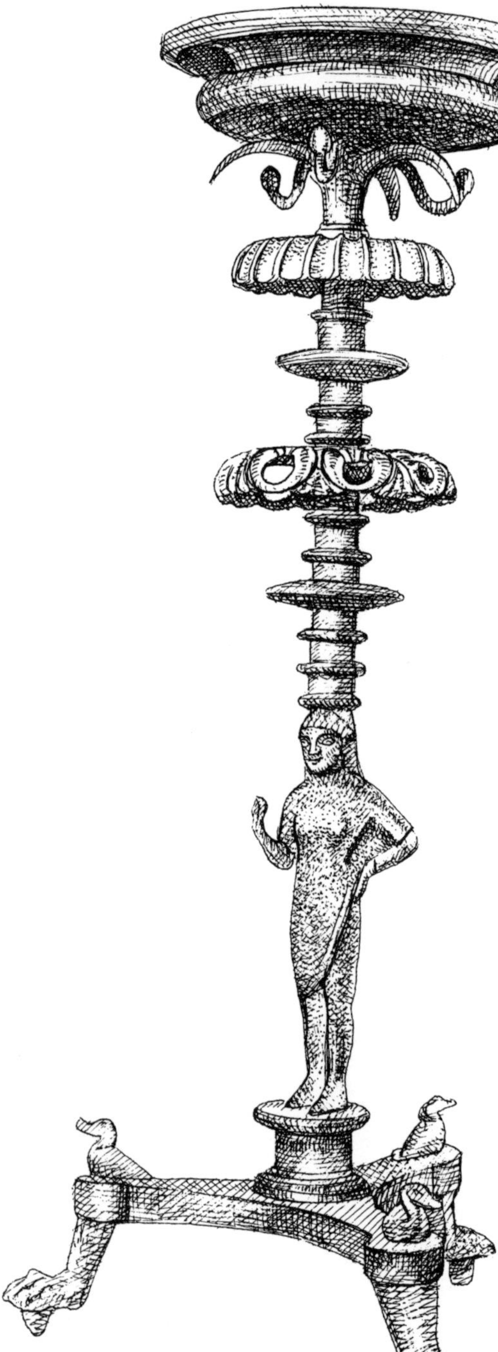

*Bronzenes Räucher-
gerät.
Karlsruhe. Badisches
Landesmuseum*

‚Es wäre besser, wenn Du Dich selbst an die Arbeit machtest und das Silber putztest, wie es Dir aufgetragen ist', gab sie zurück; ‚und hättest Du nicht meinen besten Mantel ruiniert, dann brauchte ich jetzt nicht die Wolle für einen neuen zu spinnen.'

‚Ich hab es wirklich nicht mit Absicht getan', verwahrte er sich in einem einschmeichelnden Tonfall, der Larthi unsicher machte.

‚Ach, natürlich hast Du's gewollt – um Dich dafür zu rächen, daß Du Marce bedienen mußtest. Du hast nur so getan, als ob Du stolpertest.'

‚Ich konnte mich einfach nicht zurückhalten, als ich den Kerl da sich neben Dir wälzen sah. Es ist mir unerträglich, Dich und ihn zusammen zu sehen!' Elachsantres Stimme klang merkwürdig tonlos.

Sie versuchte irgendetwas Gleichgültiges zu sagen. Indem sie eine Handvoll Wolle auf ihren Rocken steckte, bemerkte sie, daß er sich an Marces Gegenwart werde gewöhnen müssen. ‚Seine Verwandten in Ruma wissen, daß wir besser als jedes andere Volk die Zeichen vom Himmel deuten können, und sie möchten deshalb, daß Marce das hier lernt; auch die Zeremonien, wie Tempel und Städte geplant und in vorgeschriebener Weise gegründet werden. Du mußt doch einsehen, daß nur mein Vater Marce diese Riten beibringen kann und all das, was sie in Ruma die disciplina etrusca nennen . . .' Sie hielt inne in dem dumpfen Gefühl, daß Elachsantre ihren Worten keinerlei Aufmerksamkeit schenkte. Er stand jetzt direkt hinter ihr, und sie spürte, daß seine Sinne heiß und verwirrend auf sie gerichtet waren. Seine langen Locken berührten ihre Schläfe, als er sich nun über die Stuhllehne beugte und eine Hand über ihre Schulter gleiten ließ, ihre Brust umfaßte und sie zu liebkosen begann. Einen Herzschlag lang hielt sie den Atem an. Aber dann riß sie sich mit brennenden Wangen aus seinem Griff los und sprang auf. Ihr Spinnrocken fiel geräuschvoll zu Boden; in der darauffolgenden Stille wurde ihr bewußt, daß die Flöte verstummt war. Elachsantre atmete tief. Behutsam kam er nun um den Stuhl herum und stellte sich ihr gegenüber auf. Larthi blickte ihn nicht an, sondern heftete die Augen fest auf den Spinnrocken zu ihren Füßen. Nachdem sie so eine Weile wortlos gestanden hatten, bückte sich Elachsantre endlich, um ihn aufzuheben. Schweigend nahm ihm Larthi das Gerät aus der Hand und ließ sich wieder auf dem Stuhl nieder; ihre Knie waren plötzlich weich geworden, als habe sie eine Gefahr überstanden.

Langsam und besonnen sagte sie: ‚Warum erzählst Du mir nicht etwas über Deine Heimat und Deine Familie? Ich habe mich den ganzen Tag gelangweilt, und das mindeste, was Du tun kannst, ist, mich zu unterhalten, wenn Du schon zu faul dazu bist, das Silber zu putzen.‘

Er sah sie vorwurfsvoll an. ‚Du bist ganz genau so grausam, wie es die Griechen immer von Eurem Volk behaupten.‘

‚Ich weiß wirklich nicht, was Du mit diesem Gerede meinst,‘ gab Larthi überheblich zurück.

‚Erinnerst Du Dich etwa nicht an das, was die Leute von Ceizra den Phokäern antaten, die sie in der Seeschlacht im Sardinischen Meer gefangen hatten?‘

Larthi wich seinem anklagenden Blick aus.

‚Mitleidlos habt Ihr sie alle gesteinigt, sobald sie an Land gebracht worden waren!‘

Larthi biß sich auf die Unterlippe; sie wußte, daß er die Wahrheit sprach. Oft genug hatten ihr Vater und Tante von dem Frevel erzählt, der vor den Mauern der Stadt begangen worden war, und von der gottgesandten Strafe, die darauf folgte. Doch das ist vor langer Zeit geschehen, dachte sie aufbegehrend – ungefähr dreißig Jahre mußten seitdem vergangen sein – und alles ist damals getan worden, um die Götter und die Seelen der ermordeten Griechen zu beschwichtigen. Ihre eigene Familie hatte sich ganz besonders darum bemüht, die Missetat zu sühnen. Es war wirklich nicht gerecht, daß Elachsantre ihr diese Geschichte vorhielt, als ob sie persönlich etwas damit zu tun hätte.

Aber er brach von neuem los: ‚Und Ihr Tyrrhener seid die erbarmungslosesten Seeräuber im ganzen Mittelmeer! Immer wieder bringt Ihr Schiffe von friedlichen Handelsherren auf und verkauft freie Männer in die Sklaverei!' Er wandte sich ab, seine Tränen zu verbergen.

Larthi fühlte sich schuldbewußt und tief beunruhigt. ‚Alexandros', sagte sie sanft, indem sie aufstand und ihn am Arm berührte, ‚es ist nicht meine Schuld, daß Du hier als Sklave bist.'

Zum ersten Mal seit seiner Gefangennahme hörte er seinen Namen richtig Griechisch ausgesprochen. Langsam drehte er sich nach ihr um und maß sie finsteren Blicks.

‚Du weißt doch, wie sehr ich alles Griechische liebe,' fuhr sie fort; ‚ich würde wirklich gern viel über Deine Familie und Deine Vaterstadt hören – willst Du mir nicht den Gefallen tun, mir etwas darüber zu erzählen?'

Der Trotz in seinen Augen verschwand allmählich, schließlich lächelte er sogar. Sie zog ihre Hand von seinem Arm zurück und setzte sich wieder hin, innerlich triumphierend, daß sie es vermochte, ihm ihren Willen aufzuzwingen.

Er lehnte sich gegen den nächsten Pfeiler, zog ein Knie an und stemmte die Fußsohle gegen den Holzpfahl. ‚Wie genau auch immer ich versuchte, es Dir zu beschreiben, Du könntest es Dir doch nicht richtig vorstellen', sagte er langsam; ‚Lindos ist so unendlich viel schöner als Ceizra.'

Larthi gefiel es nicht, ihn so von seiner Heimatstadt prahlen zu hören, dennoch verhielt sie sich still, weil sie wirklich begierig war, mehr zu erfahren.

Elachsantres Augen schienen in die Ferne zu blicken. ‚Hoch auf dem Felsen hat Lindos eine großartige Akropolis und unten an seinem Fuß zwei vollkommen geschützte natürliche Häfen. Wenn Du da oben auf der Burg beim Tempel der Lindia stehst, dann kommst Du Dir fast wie ein Vogel vor – die Stadt tief unter Dir, die offene See auf der einen Seite und bewaldete Berge auf

Bronzefigur eines Jünglings.
Teil eines Räuchergeräts
aus Vulci.
München. Antikensammlungen

der anderen. Eure Stadt hier beherrscht weder das Meer noch das Land. Das Meer ist von Ceizra aus ja kaum zu sehen – es ist so weit weg, daß ich mich wie vom Lebendigen abgeschnitten fühle. Wie bringt Ihr es fertig, Handel und Seeräuberei in solchem Maß zu betreiben, wenn Ihr nicht einmal einen richtigen Hafen in Sichtweite habt?‘

Antefix mit Kopf einer Gorgo. Farbige Terracotta vom Portonacciotempel in Veii. Rom. Villa Giulia

‚Was für ein Unsinn!‘ unterbrach sie ihn. ‚Du weißt ganz genau, daß wir über drei ausgezeichnete Häfen verfügen – alle unsere Schiffe laufen sie an, und die der Griechen und Karthager auch.‘

‚Du hast eben noch nie einen guten natürlichen Hafen wie den unseren oder den der Syrakusier oder Tarentiner gesehen', sagte er mitleidig; ‚Eure Häfen sind ja nichts als Reeden mit ein paar Wellenbrechern.'

Sein überlegener Tonfall ärgerte Larthi und sie suchte nach einer Antwort. ‚Oh, aber ich bin sicher, daß weder Eure Häuser noch Eure Tempel annähernd so prächtig sind wie unsere.'

‚Im Gegenteil! Unsere Tempel sind aus Stein und wunderbar proportioniert, sehr viel schöner als Eure schwerfälligen Holztempel mit all den scheußlich grell bemalten tönernen Verkleidungsplatten.'

‚Was meinst Du nur mit grell? Eure Tempel sind doch gewiß auch bunt angestrichen.'

‚Ja, natürlich haben sie Farben an den Kapitellen und am Gebälk. Aber sonst ist der Stein nur ganz mit feinem Stuck überzogen, so daß er wie Marmor aussieht. Und der einzige Schmuck, den Kleoboulos am Tempel der Göttin anbringen ließ, als er ihn neu erbaut hatte, waren acht vom Feind erbeutete Bronzeschilde – die hängen immer noch da, oberhalb der Säulen an der Vorder- und Rückseite.'

‚Wann hat denn dieser Kleoboulos gelebt? War er einer Eurer Könige?' fragte Larthi, indem sie versuchte, sich so einen Steintempel mit Säulen an der Front- und Rückseite vorzustellen.

‚Nein, aber er gehörte einer der großen Familien der Stadt an und warf sich zum Tyrannen auf, als mein Vater ein Junge war. Bis heute noch gibt es das Lied von den Schwalben, das Kleoboulos für die Kinder von Lindos schrieb, daß sie singend herumzögen, Mittel für den Bau des Tempels aufzubringen.'

‚Oh, bitte sing mir doch dies Lied vor.'

‚Ich könnte es schon . . .', er zögerte; ‚aber ich will es nicht – es würde mich zu traurig machen.' Plötzlich sah er elend und heimwehkrank aus.

Larthi wollte ihn gern trösten, nur wußte sie nicht, wie.

‚Lebt Deine Familie in einem so großen und bequemen Haus wie dem unseren?' versuchte sie ihn schüchtern abzulenken.

‚Nein', sagte er mürrisch, ‚es ist kleiner als Eures und alles ist einfacher.'

Er schaute sich im Saal um. Die Farben der Terrakottaplatten an den Wänden waren in der zunehmenden Dunkelheit kaum mehr auszumachen. ‚Solche Wandgemälde gibt es bei uns nicht in den Zimmern, und wir haben nicht so viele kostbare Möbel und Silbergeschirr – und auch nicht so eine Unmenge von Sklaven, wie Ihr sie für nötig zu halten scheint.' Er begann ruhelos auf und ab zu gehen.

Sie überhörte die Bitterkeit in seiner Stimme. ‚Aber wie kann denn Dein Vater ohne Sklaven auskommen? Jemand muß doch das Haus besorgen und all die Arbeit auf den Feldern und in den Bergwerken tun.'

‚Natürlich haben wir ein paar Haussklaven', sagte er ungeduldig; ‚aber alle Bürger sind Freie: Händler und Bauern und Seeleute und Handwerker, die für sich selbst arbeiten und alle Angelegenheiten, die die Stadt betreffen in der Volksversammlung durch Abstimmung entscheiden.'

Larthi war verwirrt: für sie gab es nur Herren und Sklaven. Und was meinte Elachsantre wohl mit Volksversammlung? Um ihre Unwissenheit nicht preiszugeben, lenkte sie ab und fragte: ‚Reist Dein Vater selbst viel mit seinen Schiffen?'

‚Nein, er schickte immer seine Brüder und in letzter Zeit auch mich nach Asien und in den Westen; er selbst muß sich ja in unseren Warenhäusern am Hafen um alles kümmern, und natürlich verbringt er auch viel Zeit auf dem Marktplatz.'

‚Und Deine Mutter, begleitet sie ihn immer dabei?'

‚Elachsantre starrte sie an, als hätte sie etwas ganz Unerhörtes geäußert. ‚Nein, nie!' rief er. ‚Es würde ihr nicht einfallen auszugehen, wie Ihr das hier tut. Selbstverständlich verbringt sie ihre Zeit zuhause im Frauengemach, wie sich das gehört.'

‚Das muß aber schrecklich langweilig für sie sein', sagte Larthi verblüfft. ‚Hoffentlich kann sie dann wenigstens Freunde zu sich einladen und Gastmähler geben.'

‚Keine Dame aus guter Familie würde jemals an einem Gelage teilnehmen — sie ißt nur mit ihrem eigenen Mann zusammen. Und dieses Herumliegen auf den Speisebetten mit anderen Männern, das gibt es überhaupt nicht! Nur Freudenmädchen und Flötenspielerinnen gehen mit Männern gemeinsam zum Symposion.' Tadelnd fuhr er fort: ‚Es hat mich richtig abgestoßen, als ich herkam und sah, wie Du und Deine Tante sich so benahmen, und das noch gleich am Mittag und abends schon wieder!'

Heiße Empörung erfüllte Larthi. Zum zweiten Mal innerhalb einer Woche hatte sie solche beschränkten und kritischen Äußerungen von Ausländern mit anhören müssen. War es nicht vollkommen natürlich, daß Männer und Frauen ein Speisebett teilten und in Gesellschaft von Freunden Gastmähler und Tanz genossen?

‚Du brauchst mich keineswegs so zu beleidigen, nur weil Eure Gebräuche anders als unsere sind', brachte sie, sich mühsam beherrschend, heraus.

‚Nun ja, inzwischen ist mir langsam klar geworden, daß Ihr Frauen nicht so schamlos seid, wie das die Griechen sagen, aber . . .'

‚Schamlos!' unterbrach sie ihn aufgebracht und sprang vom Stuhl auf; ‚was fällt Dir denn ein?'

Elachsantre zögerte. ‚Los, sag's nur, was Dir auf der Zunge liegt — oder hast Du etwa Angst vor mir?' Ihre dunklen Augen funkelten ihn herausfordernd an.

‚Wenn Du's wirklich wissen willst, dann werd' ich's Dir schon sagen, was die Griechen von Euch halten', sagte er trotzig; ‚aber freuen wird's Dich wohl kaum.' Er sah sie von der Seite an.

‚Mir macht's nichts aus, was immer Du auch sagst.' Sie hatte die Arme vor der Brust verschränkt und versuchte ruhig zu erscheinen.

‚Also gut: die Griechen glauben, daß bei Euch Tyrrhenern die Frauen allen gemein sind, und daß Männer und Frauen ohne Unterschied schamlos miteinander schlafen und von keinem der Kinder, die geboren werden, genau wissen, wer ihr Vater ist.‘

Larthi war auf einen Augenblick so verstört, daß sie ihn nur sprachlos anstarren konnte. Dann aber brach es aus ihr heraus: ‚Wie wagst Du es, mir so eine Lüge zu erzählen? Du weißt ganz genau, daß das nicht wahr ist!‘ Zornige Tränen schossen ihr in die Augen. ‚Nie wieder werde ich mit Dir reden!‘ stieß sie hervor und rannte auf das Zimmer ihrer Tante zu.

In diesem Moment fingen die Hunde draußen an aufgeregt zu bellen. Larthi wußte, daß ihr Vater heimgekehrt sein mußte. Blindlings wandte sie sich um und stürzte in den Hof hinaus, der noch von Regentropfen glitzerte. Wild schluchzend warf sie sich da in die Arme von Laris Matunas und verbarg ihren Kopf an seiner nassen, lehmbespritzten Schulter. Er streichelte sie sanft, bis sie etwas ruhiger geworden war. Dann wischte er ihr die Tränen von den Wangen und blickte sie fragend an. Larthi versuchte gerade, ihm zu erklären, was sie so zutiefst verletzt hatte, als Marce mit seinem Maultier herankam und dem Stallburschen Cupe die Zügel zuwarf. Er würdigte Larthi keines Blickes. Da aber stahl sich Elachsantre aus dem Haus und rannte an Teitu vorbei auf die Sklavenwohnung zu. Marce nahm die Schultern zurück und starrte ihm nach, bis er außer Sicht war. Dann heftete er die Augen auf Larthi mit einem Gesichtsausdruck, der es ihr ganz unmöglich machte, ein Wort von dem Vorgefallenen zu sagen.

4

Sie waren in Tante Culnis Wagen unterwegs zu den Wettspielen. Laris Matunas hatte sich, begleitet von seinen Sklaven, schon am

Vortag aufgemacht, um die Vorzeichen zu studieren und gemeinsam mit den anderen Priestern und Haruspices in Gegenwart des Königs die Opfer zu vollziehen.

Während der Wagen über den steilen, steinigen Weg aus dem Westtor von Ceizra in die Ebene herabholperte, führte Teitu die Maultiere am Zaum, doch sobald sie die gerade Straße zum Hafen erreicht hatten, ergriff Marce stolz die Zügel.

Es war ein strahlend sonniger Morgen und der blaue Streifen des Meeres glitzerte am Horizont jenseits dichter, dunkler Pinienwälder.

‚Ich freu' mich so auf die Spiele', rief Larthi aus, indem sie aufgeregt die Reiter und zahlreichen Wagen voll buntgekleideter Menschen mit den Blicken verfolgte; ‚sie müßten wirklich öfter stattfinden!'

‚Aber Larthi', sagte Tante Culni tadelnd, ‚Du scheinst ganz den unseligen Anlaß der Spiele vergessen zu haben. Anstatt sie einfach als ein Fest zu betrachten, solltest Du bedenken, was für schreckliche Ereignisse einst zu ihrer Veranstaltung führten.'

‚Natürlich hab' ich das nicht vergessen; Du hast's mir ja oft genug erzählt,' gab Larthi zurück.

‚Warum finden denn die Spiele statt, und dazu noch so weit von Ceizra entfernt?' fragte Marce.

‚Es wurde uns vom Orakel des griechischen Gottes Apulu in Delphi so auferlegt,' war Tante Culnis feierliche Antwort.

‚Aber was haben denn die Griechen und ihr Orakel mit Euren Wettspielen hier zu tun?'

Larthi, die nur zu gut wußte, wie gerne ihre Tante diese Geschichte erzählte, warf rasch ein: ‚Erklär es doch dem armen, unwissenden Provinzler!'

Marce knallte zornig mit der Peitsche, und die erschreckten Maultiere fielen in einen sprunghaften Galopp, der den Wagen auf der zerfurchten Straße gefährlich schwanken ließ. Larthi und ihre Tante klammerten sich an die Seitenwände, um nicht herausgeschleudert zu werden. Culni war dabei ganz blaß geworden. Teitu rannte hinter ihnen her und ergriff die Tiere beim Zaum, indem er ihnen atemlos gut zuredete. Etwas wie Schuldbewußtsein überkam Larthi. Aber Marce war so schwer von Begriff, daß sie ständig in Versuchung war, ihn zu reizen.

‚Wenn Du jetzt Teitu die Zügel überlassen würdest, dann könnte ich Dir die Stelle zeigen, wo wir die griechischen Gefangenen bestatten ließen und die ersten Leichenspiele abhielten', sagte Tante Culni leise zu Marce. Sie deutete auf einen niedrigen, grasbewachsenen Rundhügel, der sich etwas weiter weg im Nordwesten abzeichnete. Marce schirmte mit der Hand seine Augen; das Gleißen des Meeres blendete ihn. Mit plötzlichem Interesse sagte er: ‚Hat es dort etwa eine Schlacht gegeben?'

‚Nein,' antwortete Tante Culni, ‚die Schlacht fand zur See statt, mit den phokäischen Griechen auf der einen Seite und uns und den Karthagern auf der anderen. Alle erlitten schwere Verluste. Aber die Phokäer verloren vierzig Schiffe; unsere Seeleute nahmen die Besatzungen gefangen und brachten sie hier an Land. Du mußt wissen', fuhr sie fort, ‚daß die Phokäer vor den Persern aus ihrer Heimat geflohen waren; sie segelten nach Korsika. Dort, in Alalia wohnte schon eine Gruppe ihrer Landsleute. Von da aus taten sie allen ihren Nachbarn auf der Insel viel Schaden, und auch uns in Ceizra: sie plünderten und brachten Schiffe auf. So kamen zu all dem alten Groll noch die Verluste in der Schlacht. Darum brachten unsere Seeleute nicht die phokäischen Gefangenen als Sklaven in die Stadt herauf, sondern steinigten sie und scharrten die Leichen ohne die vorgeschriebenen Riten neben der Straße nach Pyrgoi ein. Das aber hatte böse Folgen: Viele Schafe und Rinder gingen uns ein und, was schlimmer war, Einwohner von Ceizra, die an diesem Ort vorbeikamen, wurden verkrüppelt, gelähmt oder schlagflüssig.'

Jedes Mal, wenn Tante Culni an dieser Stelle der Erzählung ankam, bekam Larthi eine Gänsehaut; es fiel ihr auf, daß auch Marce betreten aussah.

‚Wie frevelhaft, diese Griechen nicht, wie es sich gehört, zu bestatten,' sagte er mißbilligend; ‚gewiß haben dann ihre Schatten diesen unseligen Ort heimgesucht.'

‚Du hast ganz recht,' fuhr Tante Culni fort. ‚Den Leuten von Ceizra wurde auch bald klar, daß sie ihre Missetat sühnen müßten, und so schickten sie nach Delphi, um vom Orakel zu erfragen, wie das am besten zu geschehen habe. Zum Führer dieser Gesandtschaft wurde unter den Edlen von Ceizra Sethre, der Bruder von Laris Matunas, erwählt, mit dem ich damals verlobt war.'

Marce blickte sie überrascht an.

Natürlich hat er wieder nicht die geringste Ahnung davon, daß seine eigene Verwandte die Braut meines Onkels war, dachte Larthi, erneut in Versuchung, Marce wegen seiner Unkenntnis auszuschelten. Aber schon sprach Tante Culni weiter, und ihre Stimme verriet Stolz und Bewegung.

‚Sethre Matunas war das Haupt der Familie; doch er erkrankte bald nach seiner Rückkehr aus Delphi und starb. Als dann meine Schwester Seianthi Sethres jüngeren Bruder Laris heiratete, zog ich mit ihr von Tarchuna hierher, um fortan in ihrem Hause zu leben, denn wir waren die letzten Sprossen unseres alten Stammes, und nur noch entfernte Verwandte verblieben in der Stadt.'

‚Ach, so verhält sich das also,' sagte Marce. ‚Mir war gar nicht klar, warum Du Dich in Ceizra niedergelassen hattest, wo unsere gemeinsamen Vorfahren doch immer in Tarchuna gelebt hatten. Meine Mutter erwähnte diesen Zweig der Familie nie, und vermutlich dachte mein Vater, daß ich wüßte, wie wir zusammenhängen.'

‚Ich kann mir vorstellen,' sagte Tante Culni freundlich, ‚wie schwierig es für Dich sein muß, all das zu behalten. Doch nun laß mich erzählen, mit welcher Botschaft des Orakels Sethre Matunas heimkehrte. Der Gott befahl uns, die erschlagenen Phokäer mit prächtigen Leichenspielen zu ehren, athletische Wettkämpfe und auch Pferde- und Wagenrennen abzuhalten; diesem heiligen Gebot haben wir bis auf den heutigen Tag Folge geleistet.‘

‚Jetzt versteh’ ich das Ganze,‘ sagte Marce. ‚Und ist das da drüben das Stadion für die Spiele?‘

‚Ja,‘ antwortete Culni, ‚aber ich fürchte, wir müssen hier aussteigen und zu Fuß gehen. Sieh nur, wie überfüllt die Straße ist.‘

Mit einiger Schwierigkeit ließ sie sich vom Wagenkasten herunter und befahl Teitu, auf Cupe zu warten, damit er ihm die Zügel abnehme. Langsam näherten sich die drei mitten durch das Gedränge von Menschen, Tieren und Karren der hölzernen Zuschauertribüne, die auf der Böschung rund um das Stadion errichtet worden war. Larthi, die sich erinnerte, wie hart die Holzbänke dort waren, hatte vorsorglich die Sitzpolster aus dem Wagen mitgebracht. Tante Culni stützte sich auf Marces Schulter und bewegte sich mit Vorsicht, als ob sie Schmerzen litte. Larthi, die das bemerkte, wurde plötzlich tief besorgt. Eine Welle von Zuneigung durchflutete sie; sie nahm sich fest vor, sich in Zukunft immer so zu verhalten, wie Tante Culni es schätze.

Marce war ganz offensichtlich beeindruckt von der Ehrerbietung, die ihnen von allen Seiten gezeigt wurde. Sie traten in das Stadion ein und begaben sich zu dem Teil der Tribüne, die dem Lauchume und den großen Familien vorbehalten war. Fast alle hatten schon ihre Sitze eingenommen. Viele Zuschauer mußten sich mit einem Platz auf dem grasbewachsenen Abhang vor der Tribüne begnügen, während die Sklaven nur in dem engen Raum unterhalb des hölzernen Aufbaus lagen oder kauerten, von wo aus sie kaum mehr als einen gelegentlichen Blick vom bevorstehenden Schauspiel erhaschen konnten. Ein paar Sklaven waren noch dabei, den Boden der Arena mit Hacken von Steinen und Unkraut zu befreien, während andere feinen weißen Sand ausstreuten.

Laris Matunas im Kultgewand stand neben seinem Vetter Velthur, umgeben von den vornehmsten der Adligen und ein paar anderen Priestern. Der Schreiber des Königs mit Wachstafel und Griffel hielt sich aufmerksam in der Nähe bereit. Die Männer sprachen eindringlich miteinander und schienen Larthi ungewöhnlich ernst. Als sie herangekommen waren, führte Laris Matunas seine Familie auf ihre Plätze zur Linken der Königsloge. Larthi folgte ihrem Vater stolz mit den Augen, wie er, aufrecht und würdevoll, an des Königs Seite zurückkehrte.

Um die Zuschauer vor der Sonne zu schützen, hatte man bunte Sonnensegel über den Tribünen ausgebreitet. Tante Culni ließ sich auf ihrem Kissen nieder, schloß die Augen und lehnte sich an einen der hölzernen Stützpfosten. Marce blickte munterer als gewöhnlich um sich, und Larthi nahm sich vor, ihn den Rest des Tages nicht mehr zu hänseln. Er betrachtete gerade aufmerksam den Purpurmantel des Lauchume mit der gestickten Borte, den goldenen Kranz auf seinem Haupt und sein adlerbekröntes Zepter. ‚Die Hoheitszeichen von Eurem König sind fast die gleichen wie bei uns,' sagte er zu Larthi, ‚und ich sehe eben, daß er auch einen Liktor mit dem Rutenbündel und der Axt hinter sich stehen hat. Ist der eingelegte Klappstuhl da drüben aus Elfenbein, wie der unseres Königs?'

‚Natürlich ist er das!' platzte Larthi heraus, ‚Dir ist offenbar immer noch nicht klar geworden, daß all diese Symbole der Königsmacht von uns Rasenna erfunden worden sind. Bei Euch in Ruma gibt es sie doch nur, weil der erste der Tarquinier sie dahin mitbrachte.' In diesem Augenblick entdeckte Larthi Ramtha und ihre Eltern auf einer weiter entfernten Tribüne. Sie winkte ihr lebhaft zu und zeigte sie Marce: ‚Kannst Du das blonde Mädchen in einem weißen, bestickten Mantel dort hinten sehen? Das ist meine beste Freundin Ramtha Vestiricinai. In der Pause werde ich Dich ihr vorstellen.'

Marces Antwort bestand in einem kurzen Knurren.

Plötzlich erschallten Trompetentöne, die den Beginn der Spiele ankündigten. Da die Opferhandlungen und die feierliche Prozession aller Wettkampfteilnehmer schon am Vortag stattgefunden hatten, wurde unmittelbar mit den Wettläufen angefangen. Wie gewöhnlich kamen zuerst Kurzstreckenläufe und dann die Langläufe. Dem Alter nach eingeteilt, starteten zunächst die Jungen, danach die Männer. Larthi verfolgte mit besonderer Aufmerksamkeit die Wettläufe, an denen Ramthas Brüder sich beteiligten. Zu ihrer Freude gewann Rasce, der Erstgeborene, in seiner Gruppe; aber der Jüngste, Arnza, war zu aufgeregt und rannte vorzeitig von der Startlinie los. Der Trainer verprügelte ihn für den Aufenthalt, der durch ihn entstanden war, und der arme Junge schlich sich mit kläglichem Gesicht davon. Jedesmal wenn wieder eine Anzahl von Läufern startete, entstand großes Ermutigungsgeschrei unter ihren Freunden und Parteigängern. Larthi taten die Wettkämpfer leid, die am Waffenlauf teilnahmen; das Gewicht ihrer schweren, bronzebeschlagenen Schilde allein, ganz abgesehen von der Hitze, machte dies zu einer besonders anstrengenden sportlichen Leistung. Doch der Anblick ihrer in der Sonne glänzenden Bronzehelme mit flatternden Büschen darauf war prachtvoll und erinnerte sie an die Geschichte von Achill, wie er Hektor um die Mauern Trojas verfolgte.

Als die Wettrennen vorbei waren, gab Larthi Ramtha mehrfach Zeichen, daß sie zu ihr herüberkommen solle; aber die Freundin war zu beschäftigt damit, ihrem einen Bruder zu gratulieren und den anderen zu trösten, und bemerkte Larthi deshalb nicht. Die meisten Zuschauer waren nun aufgestanden und diskutierten die Leistungen der einzelnen Läufer. Larthi wandte sich der Nachbartribüne zu; sie sah ihren Vater und die Adligen rund um den König in eine ernste Beratung vertieft, die kaum etwas mit den Wettspielen zu tun haben konnte. Sie rätselte noch daran, während ihre Augen weiter umherschweiften.

Der enge, schattige Raum unterhalb des Fußbodens der Königstribüne war jetzt fast völlig verlassen; die Sklaven, die von dort aus auf die Wettläufe gespäht hatten, waren herausgekrochen, sich etwas Bewegung zu verschaffen. Nur zwei von ihnen lagen noch eng beieinander auf dem Gras, den Rücken ihr zugekehrt. Sie schienen sich beim Liebesspiel für unbeobachtet zu halten.

Die Trompeten ertönten nun wieder, und gerade drehte sich Larthi gleichmütig ihrem Platz zu, da sah sie die beiden von einander ablassen und erkannte in ihnen plötzlich Elachsantre und einen der griechischen Sklaven des Lauchume. Marce, der neben ihr lehnte, war ihren Blicken gefolgt. Verächtlich sagte er jetzt: ‚Was für ein verweichlichter Kerl der Sklave da von Deinem Vater ist!'

Larthi war derartig aus der Fassung gebracht, daß ihr keine Antwort einfiel. Sie drehte sich auf dem Absatz um und setzte sich neben ihrer Tante nieder, indem sie vorgab, seine abschätzige Bemerkung nicht gehört zu haben. Die Augen starr auf die Arena geheftet, versuchte sie den Aufruhr von ihr unerklärlichen Gefühlen in sich niederzukämpfen. Warum brachte es dieser bloße Sklave, der sich auf so eine Art die Zeit vertrieb, fertig, sie tief zu verletzen? Es war demütigend! Sie beschloß, keinen weiteren Gedanken auf Elachsantre zu verschwenden – hatte sie sich doch sowieso schon geschworen, nie mehr mit ihm zu reden. Er sollte einfach aufhören, für sie zu existieren. Dieser Entschluß tat ihr wohl. Trotzdem war es ihr eine Erleichterung, daß Marce sie nicht längst beachtete. Jetzt waren nämlich die Schwergewichtler angetreten.

Die Box- und Ringkämpfe machten für die meisten Zuschauer den beliebtesten Teil der Spiele aus. Auch Marce schaute mit zunehmender Erregung in die Mitte des Stadions. Alle Teilnehmer waren große muskulöse Männer mit kurzgeschorenem Haar; sie trugen lediglich ein gefaltetes Tuch als Gürtel um die Taille und Lederriemen um Hände und Gelenke gewickelt. Schiedsrichter in kurzen Mänteln, mit Krummstäben ausgerüstet, achteten scharf darauf, daß alle die Regeln einhielten, während wie immer

Speerwerfer mit Diener und zwei Faustkämpfer. Wandmalerei aus der Tomba della Scimmia. Chiusi

die Flötenspieler dabei standen und jede Runde mit rhythmischer Musik begleiteten. Diensttuende Pagen hielten die kleinen, runden Salbölflaschen und bronzene Schaber ihrer am Wettkampf beteiligten Herren, auch in Wein getränkte Schwämme, um im Fall einer Verletzung damit bereit zu sein.

Ringkampf und Schiedsrichter. Wandmalerei aus der Tomba degli Auguri. Tarquinia ▶

Larthi machte sich weder aus den Box- noch den Ringkämpfen etwas. Obgleich viele der Teilnehmer guten alten Familien angehörten, fand sie ihr Aussehen ungeschlacht, und all die dumpf klatschenden Hiebe und das Gestöhn und die Begeisterung der Menge, wenn einer der Kämpen schwer getroffen oder zu Boden geworfen worden war, füllten sie mit Abscheu. Marce war dagegen völlig von dem Anblick gefesselt. Wiederholt boxte er mit geballten Fäusten die Luft und schlug dabei einmal sogar mit mächtigem Krach gegen die hölzerne Balustrade vor ihm. Tante Culni fuhr erschrocken auf. Während der Pause hatte sie mit geschlossenen Augen dagesessen, und Larthi hatte gehofft, daß sie eingeschlafen sei, daß der Beginn der schrillen Flötentöne sie nicht aufwecken möchte. Ängstlich spähte sie ihrer Tante ins Gesicht und beruhigte sich erst etwas, als Culni ihr mit schwachem Lächeln zunickte.

Endlich war der erste Teil der Wettkämpfe vorüber. Die Kampfrichter verkündeten die Namen der Sieger, die der Schreiber auf Wachstafeln notiert hatte; die Preise wurden verteilt. Jeder Sieger erhielt einen der prächtigen großen Bronzekessel, die während der Spiele zu Füßen der königlichen Tribüne ausgestellt gewesen waren. Danach drängten sich die Zuschauer aus dem Stadion, um frische Luft zu schöpfen und etwas zu essen. Schon war seit Beginn des neuen Tages, wenn die Sonne im Zenith steht, eine geraume Weile verflossen; drückende Hitze herrschte unter den Sonnensegeln. Larthis Vater hatte den Sklaven befohlen, Decken und Kissen im Schatten einer Piniengruppe auf dem Hügel jenseits des Stadions auszubreiten, und sie waren bereits dabei, dort eine Mahlzeit zu bereiten. Die meisten Leute hatten ihre Eßvorräte in Körben mitgebracht und stritten miteinander um Platz auf dem dürren Gras, so daß die Familie von Laris Matunas nur langsam durch die Menge vorwärtskam. Dem König bahnten seine Diener den Weg zu einem luftigen Zelt, das für ihn aufgeschlagen worden war. Larthi erhaschte einen Blick auf seine junge Frau, Veilia Hapisnai, die er, nach langem Witwertum, erst kürzlich geheiratet hatte. Auf ein weiches Polster gestützt, ruhte sie im Zelt und griff gerade lässig nach ein paar Trauben auf einer Silberschale. Larthi stellte fest, daß sie schwanger war.

‚Wo bleibt Elachsantre?' fragte Laris Matunas Teitu, als sie sich im Schatten niedergelassen hatten, ‚er sollte doch jetzt den Wein für uns bereit haben.' Obgleich eine angenehme Meeresbrise in den Zweigen über ihnen rauschte, fühlte Larthi sich wie erstickt.

‚Ich hab' ihn seit ein paar Stunden nicht gesehen, Herr', sagte Teitu und schickte den Haussklaven Thresu nach dem Mundschenk suchen, während er selbst Wein und Wasser aus den großen Amphoren holte, die gegen die rötlichen Pinienstämme gelehnt standen. Seit Tagen schon hatte Larthi sich auf diese Mahlzeit im Freien gefreut, aber aus irgendeinem Grunde war ihr der Appetit vergangen. Auch ihr Vater und ihre Tante griffen kaum zu. Nur Marce stürzte sich, wie stets, auf das Gebotene. Mit trokkener Kehle trank Larthi eine Schale Wasser und hörte abwesend zu, wie ihr Vater Tante Culni darüber berichtete, was er mit dem König und den anderen Adligen besprochen hatte: die Vernichtung von Sybaris wirkte sich bereits schwerwiegend auf den Handel von Ceizra aus. Ohne in ihr Bewußtsein zu dringen, gingen diese Worte an ihr vorbei, da sie in der Ferne Elachsantre und Thresu herankommen sah. Ihre Kehle war immer noch wie ausgetrocknet, und hastig trank sie eine zweite Schale Wassers.

‚Elachsantre', sagte ihr Vater streng, ‚Du hast Deine Pflicht vernachlässigt. Sollte das nochmal vorkommen, dann muß ich Dich auspeitschen lassen.'

Larthi griff nach einer Platte mit Obst und versuchte vergeblich, den Sklaven nicht zu beachten. Ohne zu antworten, stand Elachsantre mit störrischem Gesicht da, bis ihn Teitu auf den Weinkühler zustieß. Marce war dabei gewesen, sich dort die Trinkschale zu füllen und maß Elachsantre nun mit verächtlichem Blick. Larthi sah, daß er etwas zu Elachsantre sagte, als dieser auf ihn zustolperte. Elachsantre stutzte einen Moment, warf stolz den Kopf zurück und fiel dann wild mit den Fäusten über Marce her. Larthis Herz begann rasend zu kopfen, als Marce die Bronzekelle, die er noch in der Hand hatte, abwehrend erhob. Bevor Teitu eingreifen konnte, hatte Marce damit ausgeholt und Elachsantre an der Schläfe getroffen. Blut spritzte aus einer tiefen Wunde, und der Mundschenk stürzte mit einem Aufschrei zu Boden. Larthi und ihr Vater sprangen verstört auf, während Tante Culni ihre Augen mit den Händen bedeckte und in ihre Kissen zurücksank. Sie alle waren von dem Frevel entsetzt – Streit und Blutvergießen während der geheiligten Zeremonie der Wettspiele!

Allmählich wurde auch den in der Nähe Lagernden klar, was vorgefallen war, und sie umdrängten Marce, der so den Gottesfrieden gebrochen hatte, mit entrüsteten Ausrufen. Die blutbefleckte Weinkelle war seiner Hand entglitten und er starrte mit dumpfem Erstaunen auf Elachsantre herab. Larthi wußte nicht, wohin sich zuerst wenden: Tante Culni schien das Bewußtsein verloren zu haben, und Elachsantre lag, bleich und schwer blutend, mit geschlossenen Augen bewegungslos auf dem Gras. Marce hat ihn getötet, dachte sie, wie betäubt. Doch da sprenkelte Teitu gerade etwas Wasser über Elachsantres Gesicht, der daraufhin mit einem leisen Seufzer den Kopf auf die andere Seite drehte. Etwas erleichtert kniete Larthi neben ihrer Tante nieder und versuchte, sie durch Reiben von Händen und Schläfen zu beleben und ihr ein paar Tropfen Wein einzuflößen. Laris Matunas war es indessen gelungen die Menge zu beschwichtigen, und er machte sich auf, dem König und den anderen Priestern über den unglückseligen Zwischenfall zu berichten. Die Wettspiele mußten unverzüglich abgebrochen und eine Reinigungszeremonie abgehalten werden.

Teitu lief den Maultierkarren holen. Als er damit zurückgekommen war, half ihm Thresu, Tante Culni auf den Sitz heben;

Larthi war indessen in den Wagen geklettert, um sie auf der Heimfahrt zu stützen. Sie zögerte allerdings, den Ort zu verlassen, da Elachsantre immer noch nicht die Augen geöffnet hatte. Laris Matunas, der gerade mit seinen Priesterkollegen herankam, befahl ihr jedoch, mit Teitu die Tante nach Hause zu begleiten. Während der Wagen sich langsam durch die aufgeregte Menge den Weg bahnte, gelang es Larthi, die Culnis schlaffen Körper nur mit Mühe aufrecht hielt, einen letzten Blick zurückzuwerfen. Über die Köpfe der Umstehenden hinweg konnte sie eben noch Marce ausmachen: er war niedergekniet, hatte Elachsantres blutenden Kopf in seinen Schoß gebettet und versuchte gerade, einen Streifen von dem Leintuch abzureißen, auf dem die Speisen am Boden aufgestellt gewesen waren, um damit die Wunde zu verbinden.

5

Auf mehrfache Befragung hatten die Götter schließlich durch Zeichen kundgegeben, daß der Wiederaufnahme der unterbrochenen Spiele nichts im Wege stehe. Im Verlauf einer feierlichen Reinigungszeremonie war Marce kultisch entsühnt worden und verbrachte nun drei Tage fern von aller menschlichen Gesellschaft. Seine Abwesenheit empfand Larthi als angenehm. Sie saß in der Königsloge, um dem zweiten Teil der Wettspiele von hier aus zuzuschauen. Tante Culni hütete das Bett; sie war noch geschwächt von dem erlittenen Schock, die geheiligte Periode der Spiele durch eine Gewalttat geschändet zu sehen. Elachsantre wurde mittlerweile von einem griechischen Arzt, Sombrotidas, dem Sohn des Chrysos von Kos, behandelt. Der Freigelassene Teitu und seine Frau hatten den Verletzten in Pflege genommen, damit er, fern vom ständigen Lärm im Sklavenquartier, rascher genesen könne.

Larthis Stimmung wurde zunehmend besser. Die Loge des Königs war geräumig und bequem mit Kissen und kostbaren gewebten Decken ausgestattet. Da Veilia, deren Niederkunft jeden Augenblick zu erwarten stand, es für ratsam gehalten hatte, zu Hause im Palast zu bleiben, war Larthi das einzige weibliche Wesen in der Gesellschaft; doch nahm keiner der anwesenden Männer große Notiz von ihr. Sie beobachtete die Vorbereitungen die noch in der Mitte des Stadions stattfanden. Man hatte eine Grube für den Weitsprung ausgehoben und mit feinem Sand gefüllt. Die Wettkämpfer rieben sich gerade mit Öl ein und massierten ihre Glieder, während die Flötenspieler schon die Melodie anstimmten, deren Rhythmus zu dieser Sportart paßte. Als die Kampfrichter und ihre Gehilfen mit den Meßstäben bereit waren, erklang die Trompete, und die Athleten traten in einiger Entfernung hinter dem Absprungbrett an. Für Larthi war dieser Teil der Spiele bei weitem der interessanteste, da Geschicklichkeit und Können, nicht nur bloße Körperkraft, den Ausschlag gaben. Es bedeutete ihr eine wahre Freude, die durchtrainierten Gestalten zum Startbrett rennen und von dort in die Luft springen zu sehen, die Hände mit den Sprunggewichten zunächst weit nach vorne gestreckt, um dann, kurz vor der Landung, diese nach hinten zu schwenken und so den Schwung noch zu vergrößern. Die Kampfrichter maßen dann genau die Entfernung vom Startbrett bis zum Fußabdruck des Springers und markierten die erzielte Weite durch einen Strich im Sand.

Als Nächstes kam das Diskuswerfen, das Larthi gleichfalls wegen der disziplinierten Schönheit der Bewegung schätzte. Der Athlet, der in einem abgegrenzten Rechteck stand, hob die schwere Bronzescheibe in die Höhe, schwang sie dann tief nach unten und hinten und schleuderte sie schließlich nach vorne in die Luft, indem sein Körper wie eine losgelassene Spannfeder hochschnellte. Der Diskus blitzte im Aufsteigen in der Sonne, beschrieb eine Kurve und fiel mit dumpfem Prall zu Boden, wobei er kleine Sandfontänen aufspringen ließ. Wiederum wurde der Aufschlagspunkt von den Schiedsrichtern festgelegt und mit einem in den Boden gesteckten Stäbchen markiert, so daß die Ergebnisse leicht zu vergleichen waren.

Das Speerwerfen, das nun folgte, war gleichfalls ein vorbildliches Schauspiel genau abgewogener Bewegung: der Wettkämpfer rannte auf das Startbrett zu, mit dem Speer zunächst in Schulterhöhe in der angewinkelten Rechten, nahm dann die Hand weit zurück und streckte gleichzeitig zur Balance den linken Arm nach vorne und schleuderte schließlich, ohne auf die Startlinie zu treten, den Schaft los. Ein paar Teilnehmer allerdings verfehlten zweimal den richtigen Moment, traten über die Linie und wurden deshalb disqualifiziert. Andere wieder erlitten das Pech, die lederne Schlinge des Speerriemens schlecht gebunden zu haben, so daß sie vor dem Wurf vom Schaft abging; und in einem Fall stürzte der Speer wie ein lahmer Vogel zu Boden, da der Wurfriemen, anstatt reibungslos vom Finger des Athleten zu gleiten, sich in seiner Hand verfing. Nur diejenigen Würfe zählten als gültig, bei denen der Speer entweder im Boden stecken blieb, oder ein klar zu erkennendes Einschlagsloch hinterließ. Larthi erinnerte sich, daß, als sie zum ersten Mal den Spielen beigewohnt hatte, sie in dem Glauben war, daß die Speerwerfer auf die Wendemarke zielen müßten, die von den Wettrennen noch am Ende des Stadions aufrechtstand, und daß sie recht enttäuscht war zu erfahren, daß es sich bei diesem Sport nicht um genaues Zielen, sondern um die längste Wurfweite handelte.

Wiederum wurden die Sieger mit prächtigen Bronzekesseln belohnt, die vor der Tribüne aufgestapelt und sehr bewundert worden waren. Den Ausklang der Spiele sollten die Pferde- und Wagenrennen bilden, die nach einer Pause auf dem Rennplatz stattfinden würden.

Inzwischen wurde in der königlichen Loge ein Essen serviert. Da der Tag kühl war, bestand keine Notwendigkeit, einen schattigen Platz außerhalb des Stadions aufzusuchen. Das Sonnensegel über Larthis Kopf flatterte in einer angenehmen Meerbrise. Während sie sich gütlich tat, hörte Larthi der Unterhaltung zwischen dem Lauchume und den anderen Adligen zu.

Vetter Velthur hatte ihr immer eine gewisse Scheu eingeflößt. Der König war groß und breitschultrig und trug sein dunkles Haar und den spitzen Bart lang. Seine tiefe Stimme klang oft streng, und bei den seltenen Gelegenheiten, wenn er sich direkt an Larthi wandte, befiel sie stets eine Schüchternheit, unter der sie in Gegenwart von anderen Leuten niemals litt. In letzter Zeit aber war er ihr weniger unnahbar erschienen, und sie überlegte sich, daß dies wohl auf den Einfluß seiner schönen jungen Frau zurückzuführen sein könnte.

Im Augenblick allerdings schien der König beunruhigt von den Vorfällen der letzten Woche. Larthi hörte, wie er ihren Vater fragte, ob das frevelhafte Blutvergießen weiteres Unglück ankündigen könnte. Laris Matunas antwortete, daß die Auseinandersetzung zwischen einem Griechen und einem Jungen, in dessen Adern Rasennablut floß, Gefahr bedeutete. Zusammen mit den letzten unzeitigen Regenstürmen aus dem Süden könnte es ein Hinweis der Götter darauf sein, daß dort wohnende Völker Ceizra feindlich gesinnt seien. Als ob er im Zweifel über seine Interpretation der unheilvollen Ereignisse sei, fügte er hinzu, daß er, sobald die Spiele vorüber seien, die heiligen Bücher befragen werde, ob weitere Entsühnungsriten ratsam wären. Es könnte sein, daß noch neue Opferzeremonien nötig würden.

Larthi war peinlich berührt von ihres Vaters offensichtlicher Unsicherheit angesichts der üblen Vorzeichen. Auch der König blickte besorgt drein. ‚Wir haben schon jetzt genug Schwierigkeiten mit anderen Völkern‘, sagte er. ‚Ich erfuhr gerade durch einen Boten von Aranth, daß er Mühe hatte, seine Schiffe in Laos zu verproviantieren. Die Phokäer von Elea erkühnen sich jetzt, da Sybaris zerstört ist, die Kolonien der Stadt an der Tyrrhenischen Küste zu bedrohen – und Ihr wißt, wie nötig wir sie als Versorgungsstützpunkte haben.‘

‚Gewiß, Laos und Skidros sind jetzt, da wir den Landweg zum jonischen Meer verloren haben, lebenswichtiger denn je‘, gab Laris Matunas bedrückt zu.

‚Bei weitem das beste wäre, wenn wir die Insel Lipara einnähmen. Mit einer starken Besatzung dort könnten wir unseren Schiffen das unbehelligte Durchsegeln der Meerenge garantieren und sowohl die Phokäer wie die Chalkidier in Schach halten‘, bemerkte da Larce Alvethna, einer der großen Bergwerksbesitzer.

Der König stimmte ernsthaft zu: ‚Aranth riet mir das gleiche schon vor einiger Zeit – noch vor dem Verlust von Sybaris.‘

Larthi konnte sich ihres Vetters Aranth nur undeutlich erinnern; doch hatte sie ihn oft um das spannende Leben beneidet, das er führte. Er war der Sohn des Königs aus erster Ehe. Den größten Teil des Jahres war er mit seines Vaters Schiffen unterwegs und betrieb Handel zwischen den etruskischen Erzhäfen und den griechischen Städten Kyme und Pithekousai. Manchmal segelte er auch weiter nach Süden durch die Meerenge und gelegentlich sogar bis an die kleinasiatische Küste; dann blieb er mehrere Jahre fort. Wieviel Sehenswürdiges mußte ihm unter den fremden Menschen in den fernen Ländern, die er besucht hatte, begegnet sein – sie nahm sich vor, ihn danach auszufragen, wenn er einmal wieder einen Winter zuhause verbringen sollte.

‚Die Phokäer in Elea machen mir weniger Sorge als all die anderen Griechenstädte an der Meerenge und auch unsere sogenannten Verbündeten‘, hörte Larthi da Nerie Peipnas, einen greisen Adligen, der hinter ihr saß, mit altersheiserer Stimme sagen. ‚Ich traue den Karthagern nicht. Immer mehr versuchen sie, in unseren Einflußgebieten und Märkten sich breitzumachen – ich denke da besonders an Sardinien und Korsika.‘

Die anderen stimmten etwas zögernd zu, und der alte Mann fuhr in gereiztem Ton fort: ‚Wenn ich noch jünger wäre, dann würde ich wirklich diesem Betrieb nicht untätig zusehen. Neulich erst mußte ich meinen Enkelsöhnen sagen, daß sie nicht vertrauensvoll wie Schafe und sich auf ihr Glück verlassend ganz unbewaffnet nach Korsika segeln sollten. Wenn man so schlecht ausgerüstet auf die alljährliche Tributeinziehung von Harz, Wachs und Honig da zieht, dann muß man heutzutage mit frechen Piraten rechnen. Die Zeiten sind nicht wie früher – wir beherrschen das tyrrhenische Meer nicht mehr unangefochten.‘

Jünglinge und Pferde. Bemalte Terracottaurne aus Tarquinia. Museo Nazionale

Mit gerunzelter Stirn stand der Lauchume auf. ‚Laßt uns jetzt wieder an die Spiele denken', sagte er unwirsch; ‚die Sonne steht schon gegen Westen und es ist Zeit, daß wir zum Hippodrom hinübergehen.'

Larthi schlenderte hinter den Herren her zum Rennplatz. Er war weit größer als das Stadion und nicht mit Tribünen versehen. Die Zuschauer saßen auf der grasbewachsenen Böschung, von der die langgestreckte sandbestreute Bahn umgeben war. Hölzerne Startgatter befanden sich am Ende der einen Schmalseite, und die Wendemarke am halbrunden der anderen. Die Reiter tummelten schon ihre Pferde, während die Menge noch aufgeregt die Chancen der einzelnen Teilnehmer abwog. Larthi fühlte sich recht verloren. Ihr Vater sprach mit den Haruspices Larth Repesunas und Piana Velavesnas über die Befragung der heiligen Bücher am folgenden Tag; sie wußte, daß sie ihn dabei nicht stören durfte. Der König und die anderen Adligen waren zu den Pferden aus ihrer Zucht getreten, die von ihren Söhnen oder anderen Verwandten geritten wurden.

Larthi begann ziellos umherzuwandern, indem sie nach Ramtha oder sonst einem vertrauten Gesicht Ausschau hielt. Es hatte sich ein Wind erhoben, der über den Rennplatz fegte und Staubwolken von der Sandbahn auf die Böschung trieb. Larthi rieb sich die schmerzenden Augen. Es war zwecklos – sie konnte niemanden entdecken, der ihr Gesellschaft leisten würde. Im Weitergehen fiel ihr plötzlich auf, daß die meisten Leute um sie herum Sklaven waren. Ihre Menge erschreckte sie. Wie sehr sie uns an Zahl übertreffen, dachte sie beunruhigt, und dann noch all diese Fremden dazu, die wegen der Spiele von den Hafenstädten heraufgekommen sind. Für gewöhnlich machte es ihr Spaß, die Unterschiede in Tracht und Sprache dieser Leute zu beobachten, zu erraten, woher sie stammten. Aber heute erschien ihr der Andrang von so vielen fremdartigen Menschen irgendwie bedrohlich – die wild aussehenden Sardinier in ihren kurzen, rechteckigen Mänteln, die gepflegten Karthager in ihren enganliegenden Tuniken. Mit Schaudern erinnerte sie sich: man sagte ihnen nach, daß sie ihre erstgeborenen Kinder zu opfern pflegten. Plötzliches Händeklatschen und Gelächter in einiger Entfernung lenkten sie dann ab. Von der Höhe der Böschung aus, auf der sie stand, konnte sie einen Mast erkennen, der auf einem ebenen Platz zwischen dem Hippodrom und den Küstendünen errichtet worden war, von einer kleinen hölzernen Plattform bekrönt. Auf dieser kauerte ein Affe, und von ihrer Unterseite hing ein Beutel herab, der Eßwaren zu enthalten schien. Ein Junge hatte bereits mehrere Male versucht, an dem Mast hinaufzuklettern und den Beutel zu erreichen. Das Holz war offenbar mit Fett eingeschmiert; es gelang ihm nie, mehr als ein paar Ellen hochzuklimmen, gleich glitt er wieder herunter. Nach jedem dieser vergeblichen Versuche brach höhnisches Gelächter unter den Umstehenden aus. Als der Junge endlich aufgegeben hatte, dastand und seine schmerzenden Glieder betastete, drängte sich plötzlich ein hochgewachsener Neger durch die Menge. Er bückte sich am Fuß des Mastes, ergriff rasch eine Handvoll Sand, die er auf seine Arme und Beine rieb, und war im Nu bis zur Plattform hinaufgeklettert. Während der Affe mit Nußschalen nach ihm warf, hatte der Neger schon den Beutel mit einer Hand ergriffen und hielt ihn im Hinabrutschen triumphierend hoch. Alle drängelten sich um den Neger, der niedergekniet war, um den Inhalt seines Preises zu untersuchen. Der Schausteller versuchte indessen, die Umstehenden zurückzutreiben, um für eine weitere Vorstellung Platz zu schaffen. Er forderte Freiwillige auf, über ein gefährlich aussehendes Hindernis, eine aus drei astreichen Fichtenstämmen zusammengezimmerte, etwa schulterhohe Pyramide zu springen; niemand fand sich jedoch bereit, es zu wagen. Mit großer Geste drehte sich der Schausteller nun nach einem gedrungenen jungen Mann um, der in grellfarbenen kurzen Hosen selbstbewußt heranstolzierte. Larthi bezweifelte noch, daß es ihm gelingen würde, über die Spitze der Pyramide hinwegzukommen, ohne sich zu verletzen, da war er bereits nach kurzem Anlauf wie ein Ball in die Luft und über die höchste der Astspitzen hinweggesprungen. Mit Erstaunensrufen sahen die Zuschauer ihn heil auf den Füßen landen. Im nächsten Moment lief er schon auf seinen Händen im Kreis herum, vom Klatschen der Menge begleitet. Der Beifall erinnerte Larthi wieder an das Pferderennen, sie kehrte dem volkstümlichen Schauspiel den Rücken und eilte an die Seite ihres Vaters zurück.

Oben auf der Rennbahnböschung in der Mitte der südlichen Langseite war der Platz für den König und sein Gefolge bereitet. Sklaven hatten den elfenbeinernen Klappsessel aufgestellt und der Lauchume war gerade im Begriff, sich darauf niederzulassen. Larthi trat zu der Gruppe und betrachtete voll Bewunderung die zum Start aufgereihten Pferde. Es waren herrliche Tiere, wunderbar gepflegt; ihr Zaumzeug glänzte von Bronzezierrat. Ein Trompetenton erklang und die Reiter galoppierten los, mit donnerndem Hufschlag an der königlichen Gesellschaft vorbei, ans Ende der Bahn, um die Wendemarke herum, auf der anderen Langseite zurück, die Teilnehmer nun bereits in weiten Abständen voneinander und zwei der Pferde schon reiterlos. Es war das Rennen für Knaben und Larthi sah, daß während der letzten Runde der Sohn von Larce Alvethna die Führung nahm. Da konnte sich der Vater, der bisher voll ruhiger Würde neben dem König gesessen hatte, nicht mehr beherrschen; er sprang mit anfeuernden Rufen auf: mit mächtigen Sätzen gewann der Reiter eine weitere Pferdelänge Vorsprung und damit das Rennen. Unter dem Freudengeschrei seiner Familienmitglieder und Anhänger eilte Larce Alvethna zum Ziel, um zu seinem Sohn ein paar anerkennende Worte zu sagen und das Pferd lobend zu streicheln. Noch eine Anzahl von weiteren Rennen hatte stattgefunden, als das Wetter sich plötzlich verschlechterte. Die Sonne verschwand hinter einem dünnen Wolkenschleier und ein starker Wind blies von Süden. Es sah so aus, als drohe wieder Regen; Larthi hoffte, daß er nicht vor Abschluß der Spiele fallen würde. Denn endlich kamen jetzt die Wagenrennen an die Reihe.

Man hatte die leichten, zweirädrigen Wagen bereits zusammenmontiert. Vorne waren ihre hochgeschwungenen Brüstungn mit Leder oder Flechtwerk bezogen, während die niedrigeren Seitenteile lediglich aus gekurvten Bronzestäben bestanden. Je ein Pferdepaar wurde unter einem Joch angespannt. Die Wagenlenker, die kurze Tuniken in verschiedenen Farben und Schutzhelme trugen, stiegen in die Wagenkästen und knoteten die Zügel um ihre Hüften. Die Aufregung der Menge nahm merklich zu, und Larthi fiel auf, daß gewisse Zuschauergruppen einem bestimmten Wagenlenker, der zum Start heranfuhr, im Chor etwas zuriefen.

Auf den Trompetenstoß hin galoppierten sie los, verfolgt vom Gebrüll ihrer Anhänger, Staub wölkte auf und ein Hagel kleiner Steine prasselte, hochgeschleudert von Hufen und Rädern. Larthi lehnte sich weit vor, um besser sehen zu können, was am Ende der Bahn vor sich gehen würde. Da eine beträchtliche Anzahl von Wagen am Rennen teilnahm, war das Gedränge am Wendepfosten, den jeder so nah wie möglich zu umfahren suchte, sehr verwirrend. Obwohl viele an diesem Punkt gefährlich schlitterten, gelang es allen, bis auf drei, die Kurve ohne Unfall zu nehmen. Während der folgenden Runden manövrierten die Wagenlenker dort mit größerer Vorsicht. Aber als die Trompete die letzte Runde ankündigte, trieben alle ihre Gespanne zu einem rasenden Endspurt an. Auf der letzten Geraden löste sich der an zweiter Stelle befindliche Wagen, eben dabei, den an der Spitze liegenden zu überholen, plötzlich in seine Teile auf. Larthi konnte nicht genau erkennen, was geschehen war, aber unter den dort sitzenden Zuschauern erhob sich Schreckensgeschrei. Der Wagenlenker in der roten Tunika wurde in die Luft geschleudert, das erste und das zweite Gespann stießen zusammen in einem Gewirr von ausschlagenden und herumrollenden Pferden und zerbrochenen Wagenteilen. Ein dritter Rennwagen, der kurz dahinter gelegen hatte, vermochte gerade noch das enstandene Hindernis zu vermeiden. Sein Lenker schaute besorgt nach hinten, um sich zu vergewissern, daß nicht eines der übrigen Gespanne nahe genug war, ihn einzuholen. Glücklicherweise war an der Unfallstelle für alle hinreichend Raum, so daß keiner die Verletzten streifte; von denen, die dem Ziel zujagten, hatte niemand mehr Aussicht, den ersten Wagen noch zu überholen.

Während die Zuschauer sich auf die Rennbahn ergossen, um den Verwundeten beizustehen, wurde der Sieger mit wilder Begeisterung von einer Gruppe von Leuten begrüßt, die Larthi nie zuvor gesehen hatte. Auch der Wagenlenker selbst war ihr unbekannt: ein gut aussehender, etwas untersetzter junger Mann mit kurzen braunen Locken. Als sie sich nach ihrem Vater umdrehte, um ihn zu fragen, wer der Sieger sei, hörte sie, daß er gerade dem König auf die gleiche Frage antwortete: ‚Ich weiß auch nicht, wie er heißt, aber ich werde fragen.'

Er ging hinüber zu der Stelle, wo der Sieger eben von zweien seiner jubelnden Anhänger auf die Schultern gehoben wurde. Der König forderte mittlerweile jemanden aus seinem Gefolge auf, festzustellen, was für Verletzungen die Opfer des Unfalls erlitten hatten. Man erfuhr, daß beide Wagenlenker Glieder gebrochen hatten und daß die Kopfwunde des Rotgekleideten besorgniserregend war. Das Rad auf der Fahrbahnseite seines Wagens war beim Überholen plötzlich abgegangen, und er war mit dem Kopf voraus auf den Boden geschleudert worden. Seine verschreckten Pferde stießen danach mit dem anderen Gespann zusammen, das ebenfalls scheute und den Lenker zum Sturz brachte. Eines der Pferde war vom spitzen, abgesplitterten Ende der Deichsel durchbohrt und sofort getötet worden, während man zweien, deren Beine gebrochen waren, den Gnadenstoß hatte geben müssen. Es war ein trauriger Vorfall.

Larthi fühlte sich von Lärm, Staub, Verwirrung und Gedränge angewidert und wünschte nur, daß ihr Vater sie schnell nach Hause bringen könnte. Es bedurfte indessen einer geraumen Zeit, bevor es ihm gelungen war, sich wieder zu ihnen durchzuarbeiten. Mit nachdenklichem Gesicht sagte er zum König: ‚Der Mann heißt Thefarie Velianas. Über seine Familie konnte ich nicht viel in Erfahrung bringen, außer daß sein Vater ein sehr wohlhabender Kaufmann ist. Sie sind erst kürzlich vom punischen Hafen hierher gezogen und haben sich im Handelsviertel niedergelassen.' Er warf einen Blick über seine Schulter zurück. ‚Seine lautstarken Anhänger da sind offenbar zumeist Handwerker und Sklaven und seltsamerweise auch Karthager vom Hafen unten.'

Larthi sah, wie Vetter Velthur auf diese Auskunft hin die Stirn runzelte und dann geistesabwesend mit den Fingern seinen Bart durchfurchte. Plötzlich fielen vereinzelte große Regentropfen und der König erhob sich; seine Leibwache bahnte ihm einen Weg zu dem Platz, wo die Pferde und Maultierwagen warteten. Larthi rannte hinter den Männern her, indem sie sich den Mantel zum Schutz gegen den Regen und die starken Windstöße über den Kopf zog. Im Laufen spähte ihr Vater wiederholt forschend nach oben. Von einem scharfen Südsturm getrieben, eilten schwere, merkwürdig rostrote Wolken über ihnen dahin. Bevor der König und seine Begleiter den Schutz der Wagen erreichen konnten, durchnäßte sie ein von rötlichem Staub gefärbter Regenguß. Teitu und Cupe versuchten, die Maultiere zu beschwichtigen, die mit zurückgelegten Ohren unruhig hin und her traten und die Augäpfel rollten, so daß deren weiße Teile unheimlich in der einfallenden Dunkelheit aufschienen. Als Larthi und ihr Vater hastig in den Wagen stiegen, begann ein Wolkenbruch; herabströmende Wassermassen wischten alles Sichtbare aus.

Bärtiger im Purpurmantel und Diener mit Klappschemel. Wandmalerei aus der Tomba degli Auguri. Tarquinia ▶

6

Marce war über seine Wachstafel gebeugt und kratzte mühselig mit einem Bronzestylus Buchstaben in die weiche Oberfläche. Vor Anstrengung preßte er die Lippen fest zusammen, indem er versuchte, so genau wie möglich ein paar Zeilen zu kopieren, die Larthi ihm zuvor aufgeschrieben hatte. Als er schließlich mit dieser Aufgabe fertig war, richtete er den Kopf auf, kniff die Augen zusammen und betrachtete kritisch das Ergebnis. ‚Wie findest Du das?‘ fragte er und zeigte Ramtha seine Tafel.

Sie saß neben ihm auf einem Hocker im Schatten der Vorhalle von Laris Matunas' Haus. ‚Du wirst langsam besser‘, sagte sie ermutigend. ‚Ich kann jetzt die Buchstaben, die Du geschrieben hast, erkennen – nur müßten sie eigentlich in einer geraden Linie laufen, nicht so schief.‘

Marce beugte sich zu ihr hinüber, um einen Blick auf ihre eigene Schreibtafel zu werfen. Sie war mit gleichmäßigen Reihen säuberlicher Buchstaben bedeckt, die von rechts nach links liefen.

‚Für Dich mit Deinen kleinen Händen ist es auch leichter‘, brummte er; ‚ich bin einfach nicht daran gewöhnt, so etwas Dünnes festzuhalten.‘ Er legte den Stylus hin und verzog das Gesicht.

‚Ich weiß, daß es schwer für Dich ist; aber schau mal, Du würdest das Schreiben bestimmt einfacher finden, wenn Du den Griffel nicht in die Faust nähmest, als ob er ein Speer wäre – mehr so!‘ Sie nahm ihren Stylus, dessen Griff die Form eines nackten Knaben mit Tafel und Griffel hatte, zwischen Daumen und zwei Finger und fing eine neue Reihe an. Marce beobachtete sie voll Bewunderung. Alles an ihr war so ordentlich und hübsch. Rasch hatte sie die Reihe zu Ende geschrieben und sagte nun: ‚Natürlich hilft es, wenn man das Modellalphabet auf dem Tafelrahmen eingeschnitzt hat. Das ist sogar noch besser als Larthis Buchstaben nachzuschreiben. Möchtest Du nicht meine Tafel borgen, bis Du

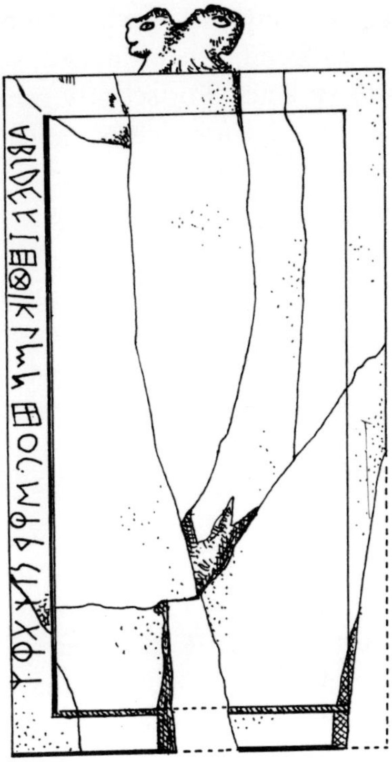

Elfenbein-Schreibtafel mit Modell des etruskischen Alphabets aus Marsiliana d'Albegna. Florenz. Museo Archeologico

etwas vertrauter mit den Buchstaben bist?' Sie strich sich die blonden Locken aus der Stirn und hielt ihm die Tafel hin.

Marce nahm sie entgegen. ‚Danke', murmelte er, während er ihr freundliches Gesicht betrachtete und sich fragte, warum es ihm angenehm war, von diesem Mädchen Hilfe und Rat anzunehmen.

Laris Matunas hatte seiner Tochter die Aufgabe übertragen, Marce Lesen und Schreiben beizubringen; dieser fand seine ersten Lektionen allein mit Larthi unerträglich. Ständig flößte sie ihm das Gefühl ein, er sei ungeschickt und dumm. Ihre ungeduldige und neckende Art brachte ihn rasch auf, und er betrachtete es als entwürdigend, einem bloßen Mädchen gehorchen zu müssen. So hatte er kaum Fortschritte gemacht. Während einer dieser unerquicklichen Unterrichtsstunden war unerwartet Ramtha erschienen mit der Bitte, teilnehmen zu dürfen. Larthi erlaubte es ihr gerne. Freilich wunderte sie sich über dieses plötzliche Interesse ihrer Freundin an Studien, doch es war ihr nur zu lieb, Marces langweiliger Gesellschaft ledig zu sein. Gewöhnlich ließ Larthi jetzt ihre beiden Schüler allein, nachdem sie ihnen eine Aufgabe gestellt hatte; und Marce fand, daß er sich richtig auf die Stunde zu freuen begann, zu der Ramtha herüberkam und sich mit ihrer Tafel neben ihn setzte.

Plötzlich ging ihm auf, daß er dasaß und sie unentwegt ansah. Ramtha errötete, er ergriff seinen Stylus und fing an, verlegen damit in den Elfenbeinrahmen der Wachstafel auf seinen Knien zu stechen.

‚Bitte', sagte Ramtha leise, ‚tu das nicht; die Tafel könnte leiden. Weißt Du, daß sie von meinem Urgroßvater stammt? Der hat sie für sich machen lassen, damals, als wir Rasenna die Buchstaben von den Griechen aus Kyme lernten; sie ist also schon recht alt.'

Marce befingerte die Tafel mit schuldbewußtem Gesicht. Nach einer kleinen Pause fuhr Ramtha fort: ‚Ich wollte Dich schon lang wegen der goldenen Kapsel fragen, die Du um den Hals trägst. Hier bei uns hängt man so eine Bulla voller Zaubermittel kleinen Kindern zum Schutz gegen böse Geister um; aber junge Männer tragen sie nur selten.' Sie berührte den linsenförmigen Goldanhänger auf seiner Brust und drehte ihn um. ‚Deine gefällt mir, obwohl sie nicht verziert ist wie die unseren.'

Marce konnte die Wärme ihrer Finger durch seine Tunika spüren. Er blickte auf die Bulla herunter und legte seine Hand täppisch über die ihre. Ein unbekanntes Gefühl, süß und beunruhigend zugleich, durchströmte ihn und erweckte in ihm den

Wunsch, etwas ganz Einzigartiges zu vollbringen – etwas, was ihn vor allen anderen auszeichnete.

Ramthas Hand glitt unter der seinen weg. Er sagte: ‚Lange werde ich die Bulla nicht mehr tragen. Nächstes Jahr, wenn ich mündig bin, lege ich sie ab und auch meine Toga praetexta'; er zupfte an der gewebten Purpurborte seines halbkreisförmigen Mantels.

‚Und was geschieht dann?' fragte Ramtha.

‚Dann weihe ich beides unseren Hausgöttern, den Laren, und ziehe stattdessen die Toga an, die dem erwachsenen Bürger zukommt.'

‚Bis dahin bist Du auch im Schreiben perfekt!' Sie lächelte und glättete das Wachs auf der Tafel mit dem Knopf am oberen Ende des Stylus. ‚Es ist nur noch ein bißchen Übung nötig'; damit legte sie ihm die Tafel wieder auf die Knie. Marce ergriff den Stylus mit Eifer und hatte binnen kurzer Zeit eine ganz erkennbare Abschrift der auf dem Rahmen eingegrabenen Buchstaben und Silben in das Wachs gekratzt. Stolz zeigte er es Larthi, die gerade über den sonnengrellen Hof kam. Überrascht von seinen unerwarteten Fortschritten, vermutete sie zunächst, daß Ramtha ihm die Tafel vollgeschrieben habe. Aber die Entrüstung ihrer Schüler über diesen Verdacht belehrte sie rasch eines besseren; sie bemühte sich, es wieder gutzumachen. Mit Marces Stylus fügte sie eine weitere Zeile zu denen, die schon auf der Tafel standen: Marce zichunce – Marce hat es geschrieben – las sie ihnen vor. Marce und Ramtha lächelten einander zu mit einem Blick, der Larthi plötzlich das Gefühl gab, daß sie nicht dazu gehörte.

Larthi war in den letzten Wochen sehr beschäftigt gewesen. Obgleich Teitu Elachsantre zu sich ins Haus genommen hatte, und seine Frau ihn dort pflegte, so gut sie es vermochte, mußte Teitu Larthi doch oft um Beistand bitten. Zwar heilte Elachsantres Schläfenwunde gut, aber er schien noch an Kopfweh und Schwindelanfällen zu leiden; und während der wenigen Gelegenheiten, wenn er versucht hatte aufzustehen, fing er gleich an, sich so seltsam zu benehmen und so zu reden, daß es Teitu unmöglich war, ihn zu verstehen. Als Larthi zur Hilfe gerufen wurde, fand sie, daß Elachsantre ins Griechischsprechen zurückverfallen war, und daß sie seinem Gemurmel kaum folgen konnte. Obgleich sie meistens zu erraten vermochte, was er brauchte, bedeuteten die Krankenbesuche des griechischen Arztes Sombrotidas eine große Erleichterung für sie. Nicht nur konnte sie dann das Übersetzen ihm überlassen; er schien auch einen besänftigenden Einfluß auf Elachsantre auszuüben.

Sombrotidas, ein kräftig gebauter Mann mit angegrautem Haar und Bart und hoher Stirn, hatte Larthi durch seine ruhige, aber feste Art beeindruckt. Sie wußte, daß er von der Insel Kos stammte, und daß er, bevor er sich in Agylla niederließ, weit gereist war. Er behandelte vor allem die im Griechenviertel lebenden Kaufleute und Handwerker. Dem Gerücht nach war er, Jahre zuvor, wegen eines Verstoßes gegen das Gesetz von Kos ins Exil geschickt worden. Beim Zuhören, wenn Sombrotidas dem unruhigen Elachsantre gut zuredete, lernte sie, ohne es zu merken, viel Griechisch; und seine Erzählungen über die Länder und Städte, die er während seiner langen Wanderschaft gesehen hatte, waren eine Quelle der Freude und Belehrung für sie. Fast bedauerte sie es, daß ein Moment kommen würde, wo Elachsantres Zustand die regelmäßigen Besuche von Sombrotidas nicht mehr erfordern würde.

Doch, obgleich Elachsantres körperliches Befinden sich sichtlich verbesserte, fuhr er fort, sich derart sonderbar zu verhalten, daß Larthi anfing, Angst vor ihm zu empfinden. Mit stumpfem Gesichtsausdruck lief er ziellos umher, leise vor sich hin murmelnd; gelegentlich brach er in unverständliche, gellende Schreie aus. Nach vielen Wochen, während derer er häufig Zeuge solch besorgniserregender Szenen gewesen war, gestand Sombrotidas Larthi seine Befürchtung, daß Elachsantres Verstand von dem

Schlag auf seinen Kopf für immer Schaden erlitten habe. Larthi fröstelte und machte das übelabwehrende Zeichen mit den Fingern. Würde göttliche Vergeltung ihr Haus befallen?

7

Tante Culni schien es endlich besser zu gehen. Eines Morgens, als Larthi gerade mit dem Unterricht fertig war, forderte Tante Culni sie auf, mit ihr in das Stadtviertel zu kommen, wo die Erzarbeiter ihre Werkstätten hatten. Larthi vermutete, daß ein Satz neuer Bronzeschüsseln für die Küche gebraucht würde. Handwerkern bei der Arbeit zuzuschauen, machte ihr stets Vergnügen, und da Tante Culni bereits angezogen unter der Tür stand und Peci mit Sonnenschirm und Fächer hinter ihr wartete, beeilte sich Larthi, in ihre Sandalen zu schlüpfen.

‚Ich will einen Bronzespiegel für Dich bestellen', bemerkte Tante Culni beiläufig unterwegs. Sie hatten sich auf der schattigen Straßenseite gehalten, und Larthi, die hinter ihrer Tante herging, war so von Entzücken überwältigt, daß sie einen Augenblick stehenblieb. ‚Oh, Tante Culni, woher wußtest Du . . .?' war das einzige, was sie herausbrachte. Im Geheimen hatte sie sich schon lange nach einem Spiegel gesehnt; es war immer schwierig, manchmal gar unmöglich, das eigene Spiegelbild in einer Schüssel voll Wasser zu erkennen. Larthi hatte deshalb gelegentlich den Spiegel ihrer Tante ausgeliehen. Culni hob dieses Prachtstück, dessen Rückseite mit eingelegten Silbermustern verziert war, über ihrem Bett auf; dort hing es an der Wand, von einer um den Elfenbeingriff geschlungenen Kordel gehalten. Das Viertel der Erzarbeiter lag am Stadtrand über dem breiten Bachbett im Nordosten. Es war ein geräuschvoller und übelriechender Stadtteil mit ungepflasterten Straßen und offenen Abwasserrinnen. Die schäbigen Häuser und Werkstätten der Handwerker drängten sich um

Bronzener Reliefspiegel mit Silbereinlagen. Herakles entführt Mlacuch. Aus Atri. London. British Museum

enge Höfe, angefüllt mit Metallbarren, Schrotthaufen und Säcken mit Holzkohle. Die Tätigkeit der Arbeiter rief ununterbrochenes Klappern und Klirren hervor: Bronzeblech wurde zu Gefäßen gehämmert, verbeulte Stücke repariert, Griffe mit Nieten angefügt. Beißender Rauch stieg aus zahllosen Schmelzöfen; die staubigen Wege wimmelten von Sklaven, die hochbeladene Esel führten und sich an engen Stellen gegenseitig stießen. Der Verputz der Lehmziegelhäuser war hier von den ständig vorbeistreifenden, weit ausladenden Lasten der Packtiere völlig abgekratzt.

Larthi fand dieses Getriebe höchst interessant; ihre Tante jedoch blickte mit Abscheu auf die von Fliegen schwirrenden Unrathaufen, die den Pfad versperrten, und die Menge der rußigen Männer, von deren schweißbedeckten Körpern ein saurer Geruch aufstieg. Der betäubende Lärm des Gehämmers ließ sie gequält die Augen schließen. Larthi merkte, daß der Besuch dieses Stadtteils ein Opfer für Tante Culni bedeutete.

Mit Erleichterung traten sie in den schattigen Eingang einer größeren Werkstätte. Der Meister, der ihnen entgegeneilte, führte sie ehrerbietig in einen Raum, der nach dem Hof zu lag. Ein Sklave brachte Sitzgelegenheiten.

‚Zeige uns, was Du an Spiegeln hast, Ranazu', sagte Tante Culni. Ihre Stimme klang müde. Die Hitze in dem fensterlosen, niedrigen Schuppen war erdrückend. Peci, die hinter ihrer Herrin stand, begann mit dem langstieligen Fächer ihr Kühlung zuzuwedeln. Während Ranazu ging, ein paar fertige Spiegel zu holen, saßen sie wartend im Halbdunkel. Ab und zu wurde der Raum vom Hof her plötzlich durch das Aufflackern des Feuers im Schmelzofen hell erleuchtet, hinter dem ein Sklave den Blasebalg betrieb. Larthis Augen gewöhnten sich allmählich an das schwache Licht, sie konnte nun eine Werkbank, einen Tisch und von der Wand hängende Geräte und weiße Holztafeln mit Zeichnungen darauf erkennen. Jetzt kehrte auch Ranazu zurück mit einer Auswahl fertiger Handspiegel, die schon in geschnitzte Griffe aus Bein oder Holz geschäftet waren. Die hochpolierten Spiegelseiten glänzten wie Gold, während die Rückseiten der Bronzescheiben mit ornamentalen Rahmen und Figurenszenen

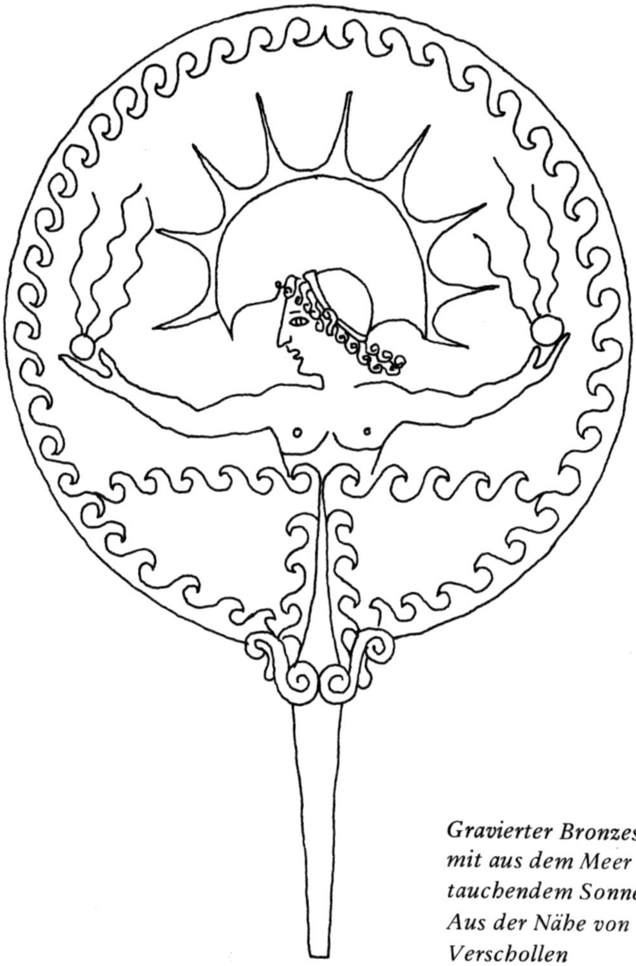

Gravierter Bronzespiegel mit aus dem Meer auftauchendem Sonnengott. Aus der Nähe von Orvieto. Verschollen

graviert waren. Tante Culni schaute sich jedes Stück kritisch an, bevor sie es an Larthi weiterreichte. Es war schwer, eine Wahl zu treffen. Obgleich sie die Spiegel etwas klein fand, gefiel Larthi die Dekoration von allen ihnen vorgelegten, und sie konnte sich für keinen entscheiden.

Gravierter Bronzespiegel mit Göttin zwischen zwei Knaben. Aus Praeneste. London. British Museum

‚Hast Du keine größeren?‘ fragte Tante Culni jetzt Ranazu, als ob sie Larthis Gedanken erraten hätte. ‚Diese scheinen mir zu klein, um wirklich nützlich zu sein.‘

Gravierter Bronzespiegel mit tanzender Mänade und Silen. Aus der Nähe von Viterbo.
Brüssel. Musées Royaux d'Art et d'Histoire

‚Ich hab' grad' vor kurzem eine Reihe von größeren gegossen; die sind jetzt mehr gefragt. Aber sie müssen erst noch poliert und graviert werden.'

Gravierter Bronzespiegel mit Eos und Kephalos. Berlin. Antikenmuseum

‚Zeige uns einen davon.'

Ranazu brachte nun einen Spiegel mit einer größeren Scheibe, dessen Oberfläche noch so rauh und glanzlos war, wie er aus der

Gußform gekommen war. Larthi erfaßte ihn beim Griffzapfen und hielt ihn hoch; er fühlte sich nicht zu schwer an. Tante Culni nickte zustimmend.

,Wir möchten einen gedrechselten Elfenbeingriff dafür. Und laß uns Deine Muster sehen – wegen der Dekoration.'

Er nahm eine Auswahl der Holztafeln von der Wand. Auf jeder war in Umrißlinien eine der Kreisform angepaßte Figurenszene gezeichnet. Larthi erkannte das von Strahlen umgebene Haupt von Usil, dem Sonnengott, die Liebesgöttin Turan mit zwei nackten Knaben, ein tanzendes Mädchen zwischen stupsnäsigen Satyrn, eine Opferziege, die zum Altar geführt wurde, ein Gelage und schließlich zwei Figuren der griechischen Sage: Eos, die geflügelte Göttin der Morgenröte, die den von ihr geliebten schönen Sterblichen Kephalos in den Armen davon trägt. Die Gruppe war von einem zierlichen Efeukranz umgeben.

,Dieses Muster hätte ich am liebsten', sagte sie, unwiderstehlich von der Darstellung angezogen.

,Du hast gut gewählt', sagte Tante Culni lächelnd, und Larthi fühlte, daß ihre Entscheidung für ein griechisches Thema ihrer Tante gefallen hatte.

Ranazu versprach, die Gravierung von einem seiner geschicktesten Handwerker ausführen zu lassen und den Spiegel sobald wie möglich abzuliefern.

Als sie schon im Herausgehen waren, hörte Larthi, wie Ranazu den Sklaven zurief, sich bereitzuhalten: die Bronze im Schmelztiegel oben auf dem Ofen war gußfertig. Zu gerne wäre sie dageblieben, um diesem aufregenden Schauspiel beizuwohnen; aber da Tante Culni es offenbar eilig hatte, aus der lauten und unbehaglichen Umgebung wegzukommen, konnte sie nur wünschen, der Schmiedegott Sethlans möge dem Unternehmen günstig geneigt sein.

Es war angenehm, wieder das westliche Ende der Stadt zu erreichen, wo die guten Familien wohnten. Die rechteckigen

Häuser hier waren groß und lagen in beträchtlichen Abständen voneinander, so daß auch die leichteste Seebrise sie alle erreichte. Doch selbst hier herrschte Schwüle, und ein muffiger Geruch stieg aus der Entwässerungsrinne unter dem Straßenpflaster. Die Steine warfen das Sonnenlicht erbarmungslos blendend zurück. Japsend lagen die Hunde in einem immer schmaler werdenden Schattenstreifen am Fuß der Hausmauer, und selbst Krankru hob kaum den Kopf, um die Heimkehrenden zu begrüßen.

8

Laris Matunas und seine Priesterkollegen hatten die heiligen Leinenbücher zu Rat gezogen: welcher der Götter war für die Vorzeichen verantwortlich, die den König so beunruhigten? Was mochte ihre Bedeutung sein? Welche Maßnahmen waren nötig zur Versöhnung der himmlischen Mächte? Das Ergebnis dieser Forschungen war unheilverheißend. Es ergab sich, daß drei Gottheiten insbesondere von der Entweihung der althergebrachten Riten beleidigt waren; ihr Zorn bedrohte das Wohlergehen der Stadt. Sowohl innere als auch äußere Feinde hatten sich gegen die bestehende Ordnung verschworen. Eine solche Gefahr war nur abzuwenden durch die Errichtung eines großen neuen Heiligtums, dem Himmelsherrscher Tinia und den Göttinnen Uni und Menrva geweiht. Dieser Tempel sollte sich an einem hochgelegenen Ort erheben, der das gesamte Gebiet von Ceizra überschaute. Die genaue Lage für den zu begründenden Bau war durch Vogelschau festgelegt worden: man hatte drei Adler beobachtet, die an drei aufeinanderfolgenden Tagen die Stelle stundenlang umkreisten. Dieser durch den göttlichen Willen bestimmte Platz lag nahe einer kleinen Bergsiedlung landeinwärts vom Hafen Pyrgoi. Alle praktischen Vorbereitungen für den Beginn des Unternehmens waren schon von den dortigen Einwohnern unter Aufsicht des

Gutsherren Venel Leinies getroffen worden. Der günstigste Tag für die Einweihungszeremonie war nun festgelegt, und Laris Matunas, unterstützt von seinen Kollegen Piana Velavesnas und Larth Repesunas, sollte als Stellvertreter des Königs die Riten durchführen. Velthur Velchanas persönlich würde dann bei Vollendung des Tempels den Bau den Göttern weihen.

Der Ort lag weit von der Stadt entfernt. Die Priester und ihre Angehörigen und Gehilfen mußten deshalb mit drei Tagen für das Unternehmen rechnen, da für die Gründungszeremonie selbst ein ganzer Tag nötig war.

Laris Matunas mit Larthi, Marce und den Sklaven brach schon vor Sonnenaufgang auf. Sie verließen die Stadt durch das Westtor und wandten sich dann nach Norden, indem sie den Felsrücken mit dem größten der Friedhöfe von Ceizra rechts oberhalb liegen ließen. Im Vorbeireiten küßte Larthis Vater mit frommer Geste seine Rechte und erhob sie dann zum Gruß der heroisierten Verstorbenen; alle folgten seinem Beispiel. Im blassen Licht des Morgengrauens ragten die zahllosen Grabhügel unheimlich drohend über ihrem Pfad auf.

‚Warum sind Eure Gräber so viel größer als unsere?' fragte Marce. ‚Begrabt Ihr da etwa außer den Familienmitgliedern auch Eure Freigelassenen?'

Laris Matunas erklärte ihm, daß solche Gräber nur für die Aristokraten errichtet würden: sie hätten groß zu sein, weil sie vollständige Häuser für die Toten enthielten; Zimmer, Pfeiler, Türen, Fenster und Bettgestelle seien völlig aus dem Felsen gehauen, damit den Verstorbenen im Jenseits all das zur Verfügung stünde, dessen sie im Leben bedurft hatten.

‚Ich verstehe das', sagte Marce; ‚aber was wird aus den Sklaven, wenn sie sterben?'

‚Sie werden einfach außen vor den Hügeln bestattet', antwortete Laris Matunas. ‚Doch mein Freigelassener hier könnte sehr wohl einen Platz im Eingang unseres Grabes finden.' Er blickte sich freundlich nach Teitu um, der trotz seines Alters rüstig neben dem Sklaven herschritt, der den Packesel führte.

‚Ich hoffe, daß da auch Platz für Peci sein wird', sagte Larthi rasch, denn sie war der Sklavin ihrer Tante sehr zugetan.

Sie hatten den Friedhof hinter sich gelassen und überquerten abgeerntete Felder, als die Sonne über den Hügeln im Osten aufstieg. Die schräg einfallenden Strahlen ließen die große Stoppelfläche gold-braun wie Bronze aufscheinen. Der Boden der Küstenebene hier war äußerst fruchtbar und zählte zu den ertragreichsten der Gegend; ein Großteil davon war königlicher Besitz.

Marce wollte wissen, warum so nah am Meer gelegenes Land nicht versumpft sei. Laris Matunas deutete auf den Einstiegschacht eines unterirdischen Kanals, der aus dem porösen Felsen neben dem Pfad ausgehauen war und sagte: ‚Mein Großvater war für die Anlage der Entwässerung hier verantwortlich; er hat das ganze Netz von Abzugskanälen geplant, das jetzt noch im Gebrauch ist.'

Haufen feuchter, dunkler Erde, die an der Mündung des Schachtes abgelagert waren, zeigten, daß erst kürzlich Sklaven die unterirdischen Gänge ausgeräumt hatten. ‚Wie Du siehst, müssen wir ständig darauf achten, daß diese Abwässerkanäle nicht verstopft werden und daß ihre Mündungen an der Küste nicht versanden, sonst würde das Land wieder zum Sumpf.'

‚Unser Forum in Roma ist von König Tarquinius entwässert worden, und alle unsere Wünschelrutengänger sind Etrusker', sagte Marce.

Zum ersten Male glaubte Larthi in Marces Stimme so etwas wie Stolz darüber entdecken zu können, daß auch er etruskisches Blut in seinen Adern hatte. Ihr Vater strich sich den kurzen Bart und sagte: ‚Seit undenklichen Zeiten sind wir Rasenna für unser Können auf diesem Gebiet berühmt gewesen.'

‚Und auch für die Landvermessung und -aufteilung', fügte Marce zu Larthis Überraschung hinzu.

Gerade kamen sie an einem aufragenden Stein vorbei, der die Tular, die Grenzen des königlichen Besitzes, markierte; Larthi hielt an und sagte zu Marce, er solle ihr die daraufstehende Inschrift vorlesen. Die rauhe Oberfläche des Blocks machte es schwer, die ungleichmäßigen Buchstaben zu erkennen.

,Tinia hat diesen Stein geheiligt . . .', stotterte Marce und hielt inne. Larthi entzifferte ungeduldig den Rest für ihn. Es war eine Verfluchungsformel für Frevler, die versuchen könnten, den Stein zu versetzen.

,Die Prophetin Vecui belehrte unsere Vorfahren darüber, daß es Tinia war, der die Besitztumsgrenzen festlegte; er kannte die Gier der Menschen nach Land', erklärte Laris Matunas, wie stets darauf bedacht, Marce Ursprung und Bedeutung des in den heiligen Büchern Offenbarten beizubringen.

Mittlerweile hatten sie den Fuß der Bergkette erreicht; der Pfad wand sich nun aufwärts durch einen lockeren Mischwald aus Eichen, Kastanien und Tannen. Im Höherkommen gewannen sie gelegentlich einen Ausblick auf das ferne Meer. Hell flirrten auf der strahlend blauen Fläche die Segel von Schiffen, die längs der Küste fuhren.

Larthi war dankbar für den Schatten unter den Bäumen. Es war heiß geworden, und seit sie einen Spiegel besaß, war ihr bewußt, daß eine weiße Haut ihr besser stand als eine sonnenverbrannte; früher war es ihr gleichgültig gewesen, ob sie braun wurde oder nicht, aber seit kurzem hatte sie angefangen, sich eine milchweiße Haut wie die von Veilia zu wünschen. Die Frau des Königs verließ niemals das Haus, ohne daß eine Sklavin den Sonnenschirm über sie hielt. Seit der Geburt eines Sohnes war Veilia noch schöner geworden als zuvor, und im Geheimen wünschte sich Larthi, so auszusehen wie sie.

Als die Sonne im Zenith stand und der neue Tag begonnen hatte, hielten sie in einer Lichtung an, um auszuruhen und etwas zu essen. Am jenseitigen Ende der Waldwiese hatten Köhler ihren

Meiler errichtet und waren dabei, Feuer anzulegen. Thresu konnte dies zum Kochen benutzen, während Cupe die Tiere mit Fußfesseln zum Weiden versah und Teitu Decken unter einer verknorpelten alten Eiche ausbreitete. Mächtige Kastanien- und Tannenstämme lagen, schon ohne die Borke, am Rande der Lichtung gestapelt zum Transport in die Ebene. Ihre Größe erstaunte Marce. Er war nie zuvor in einem so riesigen Wald gewesen; doch erinnerte er sich daran, daß Leute in Ruma, die ausgedehnte Reisen ins Innere gewagt hatten, mit Scheu von den undurchdringlichen Wäldern der Ciminischen Berge sprachen. Der sonnendurchleuchtete, offene Forst, der sie hier umgab, erschien ihm jedoch nicht im geringsten bedrohlich.

‚Wozu braucht Ihr all die Stämme?‘ fragte er Laris Matunas, der sich gerade unter der Eiche niedergelassen hatte, nicht ohne sich vorher zu vergewissern, daß kein unglückverheißender Vogel im Gezweig verborgen saß.

‚Als Bauholz für Schiffe, für die Bergwerke, für die Erzverhüttung.‘

‚Wo sind denn die Bergwerke?‘

Larthi deutete nach Nordwesten. ‚In den Hügeln da drüben‘, sagte sie unbestimmt.

Aber Marce fragte weiter: ‚Und wer arbeitet da?‘

‚Unsere Sklaven‘, antwortete Laris Matunas.

Larthi hoffte, daß Marce nicht noch mehr über die Minen wissen wollte. Weil widerspenstige Haussklaven manchmal zur Strafe in die Bergwerke geschickt wurden, stellte sie sich die Minen dunkel und schrecklich vor und wollte lieber nicht genauer darüber nachdenken.

Da Teitu und Thresu nun mit dem Essen erschienen, wurde Marces Aufmerksamkeit abgelenkt, und er widmete sich den Speisen mit der üblichen Gründlichkeit. Satt und schläfrig von der Hitze und dem Gesumm der Insekten legten sie sich dann nieder. Da störte sie plötzlich das Getön eines Horns auf, das aus dem Wald jenseits des Meilers erklang. Gleich darauf trat in die Lichtung ein Mann mit Ziegenfellschurz, einer spitzen Filzkappe auf dem struppigen Haar und einer Trompete in der Hand. Hinter ihm her trottete eine große Herde von Schweinen, die unter den abgefallenen Blättern des Vorjahres schnüffelnd nach Eicheln und Kastanien suchten. Larthi brach bei diesem Anblick in Lachen aus, während Marce erstaunt sagte: ‚Wie merkwürdig, daß die Schweine hier dem Horn des Hirten nachlaufen. Unsere Schweine müssen immer mit einem Stock entlanggetrieben werden.‘

‚Dir ist doch gewiß schon aufgefallen, daß bei uns Hörner und Flöten weit mehr im Gebrauch sind als anderswo‘, bemerkte Laris Matunas, der sich langsamer als die jungen Leute aufgerafft hatte; ‚unsere Haustiere kennen den Ton genau und folgen ihm.‘

‚Ja, aber auch wilde Tiere!‘ rief Larthi. ‚Onkel Caile hat mir erzählt, daß er einmal auf der Jagd einen Hirsch ins Netz gelockt hat, nur dadurch, daß er ganz sanft auf seiner Flöte blies.‘

Ihr Vater schwieg, aber sein Lächeln bedeutete ihr, was er von dieser Geschichte hielt. Hirt und Herde verschwanden in der Ferne, und Larthi, dem immer leiser werdenden Rascheln im Unterholz lauschend, fragte sich, warum Cailes Erzählung nicht wahr sein sollte. Erinnerte sie sich doch der griechischen Geschichte von Orpheus, der seine Lyra so schön spielte, daß nicht nur Menschen, sondern auch Tiere dem bezaubernden Klang folgten.

Nachdem Thresu und Cupe mit dem Zusammenpacken fertig waren, zogen sie weiter. Allmählich führte der Pfad zwischen großen Felsbrocken in einen Talboden hinunter. Sie mußten von ihren Maultieren absteigen. Unten kreuzten sie einen Bach, dessen Wasser zwischen farnbewachsenen Ufern in glasig gewölbten Stufen über dunkle Steinplatten hinabrauschte. Sie folgten seinem Lauf bergab. Die Bäume standen hier locker verteilt, und bald kamen zwei mit Buschwerk bedeckte Felskuppen in Sicht, die sich hoch über ihnen zur Linken auftürmten.

‚Der Platz für den neuen Tempel liegt etwas jenseits des Sattels dort', erklärte Laris Matunas ermutigend, denn er hatte gemerkt, daß Larthi anfing, müde zu werden.

‚Bis wir da hinaufkommen, wird es Nacht', sagte sie kleinlaut. Da streckte der Vater schweigengebietend plötzlich seinen Arm aus. Sie folgte seinem Blick und entdeckte einen Specht am Stamm einer Tanne rechts von ihnen. Der Vogel breitete die Flügel aus und verschwand lautlos zwischen den Baumwipfeln.

‚Ein gutes Omen', flüsterte Laris Matunas. ‚Wäre der Specht auf uns zu geflogen oder gar quer über unseren Weg nach links, das wäre äußerst unheilverkündend gewesen.'

Larthi fühlte sich recht erschöpft. Sie war mehrmals auf den moosbewachsenen Steinen ausgerutscht; an einer ihrer dicken Holzsandalen hatte sich das Bronzescharnier gelockert und unter ihrer rechten Fußsohle eine wunde Stelle verursacht. Nur der Gedanke, daß es ihrem Vater leid tun würde, ihr erlaubt zu haben, mitzukommen, verhinderte sie daran, sich zu beklagen.

Während sie sich langsam bergauf arbeiteten, versuchte Laris Matunas, Larthi mit Geschichten über ihr Ziel abzulenken. ‚Das ist eine uralte Siedlung', sagte er; ‚und schon zu der Zeit, als die Rasenna noch nicht die Herren im Lande waren, haben Menschen hier gelebt. Es gibt da in den Felsen viele Höhlen, die diese Leute als Häuser und Gräber benutzt haben; selbst heute noch finden die Hirten, die dort Unterschlupf suchen, Steinwerkzeuge und Waffen dieser früheren Menschen.'

Endlich hatten sie die letzten Bäume hinter sich gelassen. Sie erblickten eine Paßhöhe, auf der ein paar Häuser standen, überragt von einer steilen Felskuppe. Auf den Bergwiesen an ihrem Fuß weideten zahllose Schafe, deren Blöken schon schwach zu ihnen herüberklang.

‚Dort drüben übernachten wir.‘ Laris Matunas deutete auf das Dorf und Larthi faßte wieder Mut. Doch der Abend war schon eingefallen, als sie die ersten Hütten erreichten. Bald waren sie von bellenden Hunden, Kindern und Landleuten umringt, die voll Erstaunen die Unbekannten anstarrten. Laris Matunas schickte Teitu voraus, um Venel Leinies ihre Ankunft anzumelden. Er war der Grundbesitzer hier; sein geräumiges Haus stand im Schutz der Felswand. Atemschöpfend wandten sich Larthi und Marce zurück, um den Blick auf den steilen Bergabhang zu genießen, den sie erklommen hatten. Wälder und Küstenebene waren schon in blaue Schatten getaucht, und die sinkende Sonne tönte das Meer in der Ferne mit der Farbe welkender Rosen.

‚Du kannst gerade noch unseren Hafen Pyrgoi erkennen‘, sagte Larthi.

‚Und am Ufer diesseits der Landzunge dort liegt das Heiligtum der Göttin Uni‘, fügte ihr Vater hinzu.

‚Das Gebiet von Ceizra ist viel größer als ich dachte‘. Marces Stimme klang erstaunt. ‚Verglichen mit Roma ist Eure Stadt ganz klein, aber mir war nicht klar, daß Euch so viel Äcker und Weiden und all diese Wälder gehören.‘

‚Die Leute hier oben sind meistens Hirten. Die großen Käse, die Du so gerne ißt, werden hier gemacht.‘ Laris Matunas lächelte ihm zu: ‚Du kannst sicher sein, daß Venel Leinies einen ordentlichen Vorrat davon hat.‘

Selbst Larthi wurde hungrig bei diesem Gedanken, und sie war froh, Teitu mit mehreren Sklaven zurückkehren zu sehen, an ihrer Spitze einen äußerst dicken Mann, dem sein Umfang nur ein langsames Vorankommen gestattete. Venel Leinies erwies sich als ebenso freundlich wie fett. Mit schweißbedecktem Gesicht entschuldigte er sich für die Verzögerung und die Einfachheit ihres Empfangs. Larthi merkte, daß ihr Gastgeber ihren Vater als den Stellvertreter des Königs mit großer Ehrerbietung behandelte. Als die Reisenden sich gewaschen und ausgeruht hatten, ließen sie

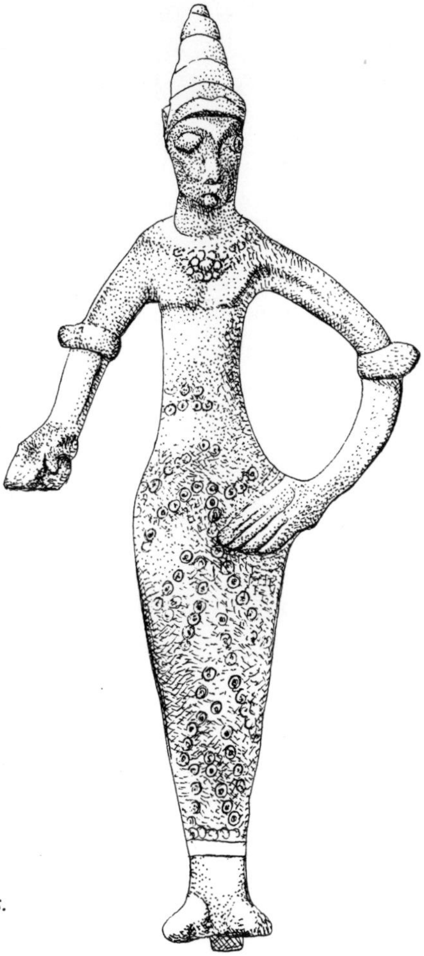

Bronzene Votivfigur eines Mädchens.
Berlin. Antikenmuseum

sich mit der Familie von Venel Leinies und den beiden Priesterkollegen, die mit ihren Sklaven auf einem anderen Weg von Ceizra heraufgekommen waren, zu einem ländlichen Gelage nieder.

Thana, die jüngste der sieben Töchter ihres Gastgebers, hatte sofort eine Zuneigung zu Larthi gefaßt und lief während des

Essens mehrmals zu ihr hin, um ihr einen selbstgeflochtenen Kranz oder einen besonders guten Bissen zu bringen.

Nachdem das Mahl vorüber war und Larthi eine Weile mit dem kleinen Mädchen gespielt hatte, flüsterte Thana plötzlich, daß sie ihr jetzt ein Geschenk machen werde. Sie trippelte hinaus, um es zu holen. Ihre kleine Faust war fest geschlossen, als sie zurückkam, und sie hielt die Hand neckend hinter ihrem Rücken versteckt. ‚Was glaubst Du, daß ich hier für Dich habe?‘

‚Eine Blume?‘ riet Larthi mit Absicht falsch.

Thana schüttelte entzückt den Kopf.

‚Einen Stein?‘

Die Kleine blickte unsicher drein. ‚Ich weiß nicht‘, stotterte sie und öffnete zögernd das Fäustchen. Larthi erblickte etwas, das wie eine aus hellfarbigem Stein hergestellte Pfeilspitze aussah.

‚Unser ältester Hirt, Lathite, hat's mir gegeben, und Vater sagt, daß es sehr alt ist. Lathite hat's in der großen Höhle gefunden. Möchtest Du's haben?‘

Larthi nahm das Geschenk aus der heißen kleinen Hand entgegen. Die Pfeilspitze fühlte sich hart und scharf an, als wäre sie erst gestern gefertigt worden.

‚Wie schön! Hab' vielen Dank dafür.‘

Als Larthi sie später ihrem Vater zeigte, sagte er, daß er nie zuvor etwas so fein aus Stein Gearbeitetes gesehen habe; er schlug ihr vor, sie solle die Pfeilspitze in Gold fassen lassen und sie als Anhänger an ihrer Halskette tragen.

9

Venel Leinies' Frau mit ihrer gesamten Familie, die in der Umgebung lebenden Adligen und alle die Dorfbewohner, die nicht zur Arbeit benötigt wurden, hatten sich auf einem Grashügel versammelt, der den Platz überschaute, wo die Einweihungszeremo-

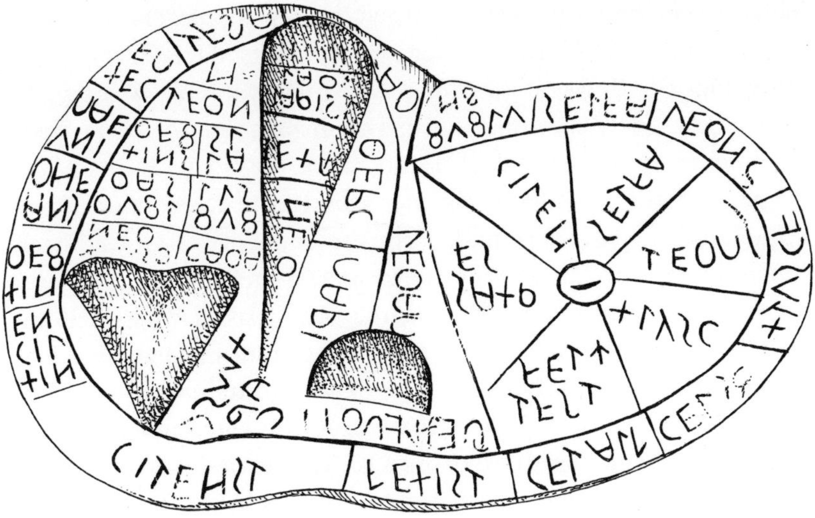

Bronzemodell einer Schafsleber mit in einzelnen Feldern eingetragenen Namen etruskischer Götter. Piacenza. Museo Civico

nie stattfinden sollte. Larthi und Marce standen in der vordersten Reihe, damit sie den Riten ganz von der Nähe folgen konnten. Von Flötenmusik begleitet, wurde zunächst ein Opfer vollzogen. Die dafür bestimmten makellos schönen Tiere – ein Schwein, ein Schaf und ein Stier – waren mit Wollbinden festlich geschmückt. Während Laris Matunas bestimmte Gebete sprach, wurden die Tiere auf einem Altar aus Rasenstücken von Opferdienern getötet. Als die Eingeweide des Schafes herausgenommen worden waren, trat Laris Matunas an den Altar heran, um die Leber zu untersuchen. Den linken Fuß auf einen niedrigen Felsblock stützend, hielt er die Leber in der linken Hand und richtete sie nach der Nord-Südachse des Himmels aus. Im Norden beginnend und von da nach Osten, Süden und Westen fortschreitend, berührte er nacheinander mit der Rechten sorgfältig alle Teile der Leber, wie sie den Sitzen der Götter in den sechzehn himmlischen Regionen entsprachen. Bald konnte er verkünden, die Leber sei vollständig fehlerlos geformt und jede Gottheit in den ihr zugehörigen Ort eingegangen. Die Vorbedeutung war günstig. Marce hatte jedes Wort und jede Bewegung von Laris Matunas während dieses wichtigen Akts der Zeremonie aufmerksam verfolgt. Auch er hielt eine Leber in seiner linken Hand, aber die seine war ein aus Bronze gefertigtes Modell. Auf der Oberfläche waren vierzig einzelne Felder eingraviert und darin die Namen der Götter nach Reihenfolge der ihnen zugehörigen Himmelsregionen. Dieses Lehrmodell einer Leber hatte Marce von Laris Matunas bekommen. So konnte er sich mit der Kunst vertraut machen, ihre einzelnen Abschnitte in Beziehung zu den Unterteilungen der Himmelszonen zu bringen. Jede davon wurde von einer anderen Gottheit regiert: denn der Mikrokosmos ist Spiegel des Makrokosmos.

Larthi beobachtete ihren Vater voll Stolz. Hochgewachsen überragte er seine beiden Kollegen und bewegte sich mit angeborener Würde und Autorität. Über seinem kurzärmeligen Leinenhemd trug er eine Schafhaut mit dem Fell nach innen, die auf der Brust mit einer großen Bronzefibel von altertümlicher Form zusammengehalten wurde. Eine in zylindrischer Spitze auslaufende Kappe, unter dem Kinn mit zwei Bändern gebunden, bedeckte sein dunkelbraunes Haar. Die beiden anderen Netśvis hatten das gleiche traditionelle Kostüm angelegt.

Das gesamte für den zukünftigen Tempel bestimmte Gebiet war mit Wollbinden und Kränzen abgegrenzt. Knaben und Mädchen, deren Eltern noch am Leben waren, besprengten den Boden mit Zweigen von fruchttragenden Bäumen, die sie in Eimer voll frischen Quellwassers tauchten. Nachdem die den Göttern zukommenden Teile der Opfertiere auf den Altar gelegt worden waren, flehte Laris Matunas Tinia, Uni und Menrva an, den Beginn des Unternehmens zu fördern und sich seiner Vollendung günstig zu erweisen. Dann stellte er sich im geweihten Bezirk mit dem Rücken nach Norden auf, in der Rechten den in einer Spirale endenden Augurenstab. Mit der Spitze dieses Lituus zog er den heiligen Kreis, legte er jene Achsen fest, die den sichtbaren Raum – Himmel wie Erde – vierteilen, indem er die Hauptpunkte des Kompasses mit zwei Linien verband, die sich in dessen Zentrum rechtwinklig kreuzten. Während er diesen Linien mit den Augen folgte, bezeichnete er, die im Kult vorgeschriebenen Worte aussprechend, was Vorn und Hinten, Links und Rechts war. Bei dieser Handlung hörte Larthi Marce murmeln: ‚Pars antica, pars postica, pars familiaris, pars hostilis.' Dann wandte er sich Larthi zu, unerwartet lebhaft: ‚Unsere Auguren unterteilen das templum genau auf dieselbe Weise.'

‚Pssst!' flüsterte Larthi und legte den Zeigefinger auf die Lippen. ‚Du darfst die Zeremonie nicht stören – Vater muß die Himmelsregionen beobachten.'

Sie blickte starr in die Ferne, wo ein Krähenschwarm die Felsspitze über Venel Leinies' Haus lärmend umflog; ihr heiseres Gekrächz war besorgniserregend – wie, wenn diese unheilträchtigen Vögel auf die heilige Stätte zuflögen?

Während alle in völliger Stille warteten – nur Laris Matunas bewegte die Lippen –, da erschien plötzlich vom Nordosten ein großer Adler und segelte langsam und majestätisch über die atemlose Menge. Seine Priesterkollegen kehrten sich mit überraschten Blicken zu Laris Matunas um. Begeistert von diesem außerordentlichen Omen, das ihm zuteil geworden war, beriet er sich kurz mit ihnen und verkündete dann, daß dieses günstigste aller Vorzeichen von Tinia selbst stamme: es sei von der glückverheißenden ersten Himmelsregion ausgegangen. Ein freudiges Gemurmel der Zufriedenheit kam von der ganzen Versammlung.

Mit seinen Kollegen und Gehilfen schritt Laris Matunas nun dazu, den Grundriß des Tempels auf dem Boden zu markieren, indem er die Sonne zur Orientierung und das Groma zum Vermessen benutzte. Der Bau sollte aus drei nebeneinander liegenden Zellen mit blinder Rückwand bestehen; der mittlere, etwas breitere Kultraum war dem Tinia vorbehalten, den Bildern von

Rekonstruktion eines archaischen Tempels

Uni und Menrva die beiden Seitenräume. Eine tiefe Vorhalle mit Säulen und eine zu ihr hinaufführende Treppe sollten die Fassade des Tempels bilden. Davor war ein Altar innerhalb einer geräumigen Umfriedung geplant. Inzwischen war eine Opfergrube ausgehoben worden, in der Laris Matunas jetzt die Reste der geschlachteten Tiere zusammen mit Votivgaben aus Gold, Silber und Bronze niederlegte. Danach wurde der mächtige, mit Bändern geschmückte Grundstein zu seinem Platz über der Grube gezerrt, und die Priester sprachen die herkömmlichen Gebete, indem sie die Wollbinden berührten. Damit war die Einweihungszeremonie vollzogen.

Als Laris Matunas danach wieder zu seiner Familie trat, fragte ihn Marce sogleich, warum in einem so kleinen und unbedeutenden Ort ein derart großer, dreizelliger Tempel errichtet würde.

‚Eigentlich haben doch nur wirkliche Städte ein dem Jupiter, der Juno und der Minerva geweihtes Kapitolium. Wir sind in Roma gerade dabei, einen riesigen neuen Tempel für die drei kapitolinischen Götter zu bauen.' Laris Matunas unterdrückte ein Lächeln. ‚Wie klein auch immer diese Siedlung sein mag, so ist sie doch Teil unserer Stadt Ceizra. Das Ausschlaggebende aber ist, daß wir dem ausdrücklichen Willen der Götter Folge leisten: vergiß nicht, daß Tinia selbst die Form des Heiligtums bestimmt hat, das hier errichtet werden soll.'

Venel Leinies zeigte ihnen nun die schon zugehauenen Blöcke für die Grundmauern des Tempels – sie stammten aus einem nahen Steinbruch –; mächtige Stapel von gut ausgetrocknetem Holz lagerten auf einem ebenen Platz unfern der Baustelle. Der Baumeister aus Ceizra sollte während der Arbeiten im Haus von Venel Leinies wohnen, um die Handwerker ständig beaufsichtigen zu können. War der Rohbau vollendet, dann werde man die in Holz ausgeführten Teile des Tempels mit Tonverkleidungen versehen. Werkstätten in Ceizra verstanden sich auf die Kunst, solche Bauteile – in Modeln geformt, gebrannt und bunt bemalt – herzustellen.

‚König Tarquinius hat den etruskischen Bildhauer Vulca von Veii nach Roma holen lassen, damit er eine Tonstatue des Jupiter für unser neues Kapitol macht', sagte Marce voll Stolz. Laris Matunas sah ihn freundlich an und blinzelte dabei seiner Tochter zu. Da begriff Larthi, daß es von nun an nicht mehr nötig sein werde, Marce daran zu erinnern, wem Ruma alle seine zivilisatorischen Errungenschaften verdankte.

10

Larthi fühlte sich seltsam bedrückt und voll Unruhe; einer ihrer Anfälle von Kopfweh schien sich anzukündigen. Doch wollte sie

Tante Culni, die nach mehrtägiger Bettlägerigkeit darum bat, in den Obstgarten geführt zu werden, ihren Wunsch nicht abschlagen. Obgleich Tante Culni recht schwach und unsicher auf den Beinen war, bestand sie darauf, daß sie nichts als frische Luft brauche. Als Larthi mit ihr aus dem Haus in die Herbstsonne hinaustrat, war sie betroffen von der krankhaften Blässe ihrer Tante. Bisher hatte Culni sich geweigert, sich von Sombrotidas untersuchen zu lassen, obgleich er Elachsantres wegen regelmäßig zu ihnen kam. Jedesmal, wenn Larthi vorschlug, sie sollten ihn zu Rat ziehen, lehnte Tante Culni es ab: sie habe keinerlei Schmerzen. Es war indessen nur zu augenfällig, daß ihre Kräfte täglich abnahmen; ihr schönes, kastanienfarbiges Haar war glanzlos geworden und zeigte sogar ein paar graue Strähnen. Larthi suchte ihre Besorgnis unter fröhlichem Geplauder zu verbergen. Tante Culni klammerte sich an ihren Arm, als sie langsamen Schrittes im Schatten der Obstbäume dem Nutzgarten zugingen. Im Lauf der Jahre hatte Tante Culni mit Peci und Fastis Hilfe den Garten besonders schön und ertragreich gemacht. Der Anblick von farbenprächtigen Blumen, strotzendem Gemüse und reifendem Obst hatte sie stets mit Freude und Genugtuung erfüllt; doch heute murmelte sie nur: ‚Wie vernachlässigt alles ist.' Mit traurigem Kopfschütteln deutete sie auf die Kräuterbeete: ‚Schau nur, wie das von Unkraut wuchert.'

‚Fasti hat all die Äpfel und Birnen gepflückt und in der Vorratskammer untergebracht', sagte Larthi entschuldigend, ‚und Peci wollte Dich gern pflegen, da ist sie wenig zum Jäten gekommen.'

‚Fasti sollte sich einen von den Sklaven, die die Feldarbeit tun, zur Hilfe holen, wenn sie den Garten nicht allein in Ordnung halten kann. Die Apfelbäume hier müßten bald beschnitten werden.'

Um sie abzulenken, sagte Larthi: ‚Weißt Du, ich glaube, daß Elachsantre in letzter Zeit öfter hier gewesen ist. Sombrotidas hat mir erzählt, daß er beobachtet hat, wie er unter den Bäumen umherging. Das hat Sombrotidas gefreut, denn er glaubt, es könnte einen beruhigenden Einfluß auf Elachsantre haben.'

Sie waren inzwischen am Ende des Gartens angekommen; dort stürzte das Felsplateau, auf dem die Stadt lag, steil zum Tal hin ab. Larthi hielt sich gerne da auf: der Platz gewährte einen herrlichen Blick aufs Meer und die belebte Straße, die nach Süden in die Küstenebene führte. Zahllose Schwalben kreisten und schossen ohne Unterlaß zwitschernd an den honigfarbenen Klippen hinauf und hinab.

Tante Culni, die kaum je bis hierher kam, trat von der niedrigen Brüstung über dem Absturz zurück und sagte: ‚Laß uns wieder ins Haus gehen. Es hat mich ganz schwindlig gemacht, hinunterzuschauen. Ich wünschte auch, die Leute würden nicht all den Abfall da hinwerfen.'

Selbst Larthi mußte zugeben, daß dieses Stück ihres Gartens recht vernachlässigt wirkte: zerbrochene Werkzeuge und Pfähle lagen umher, und wilde Rosen und Winden hatten ein Dickicht gebildet, das den Pfad einengte. Plötzlich krallte sich Tante Culnis Hand in Larthis Arm. ‚Ich glaube, ich sehe da drüben einen schwarzen Feigenbaum', sagte sie aufgeregt.

Larthi blickte rasch nach der dunklen Ecke, auf die sie deutete, und erkannte die gewundenen Äste des Baumes im Schatten eines Gewirrs von Efeu. ‚Du hast recht', sagte sie, während ein durchbohrender Stich von Kopfweh durch ihre linke Schläfe fuhr.

‚Ich kann nicht verstehen, wie sie einen so unheilvollen Baum haben übersehen können!' Tante Culnis Stimme klang beunruhigt. ‚Wir müssen ihn sofort abhacken lassen und verbrennen. Geh' und hole Fasti und zwei von den Sklaven mit Äxten und einer Säge.'

Erschöpft und bestürzt ließ sie sich auf den Rand eines verschütteten Brunnenschachts sinken, während Larthi zum Haus eilte, um die Sklaven herbeizurufen.

Als sie mit ihnen zurückgekommen war, befahl Tante Culni den Männern, den Baum zu fällen und seine Wurzeln auszugraben. ‚Nichts darf übrigbleiben, sonst könnte uns ein schreckliches Geschick befallen.‘

Obgleich Larthi sie dringend bat, sich nun auszuruhen, wollte Tante Culni nicht auf sie hören. ‚Nein, ich muß selbst überwachen, daß die Arbeit gründlich gemacht wird.‘

Beim Kreischen der Säge bekam Larthi eine Gänsehaut. Als die Sklaven den Stamm fast ganz durchgeschnitten hatten, stürzte er plötzlich mit Ächzen um und krachte zu Boden; gerade noch konnten die Männer beiseite springen. Als sie dann begannen, die Wurzel herauszuhacken, da rief Fasti, die neben ihnen gekauert hatte: ‚Herrin, die Erde hier ist ganz lose. Es sieht mir so aus, als ob jemand da am Fuß des Baumes vor kurzem erst gegraben hätte – ich war's bestimmt nicht.‘

‚Geh' und schau es Dir an; ich bin einfach nicht im Stande dazu‘, sagte Tante Culni zu Larthi.

Die preßte die Hand gegen ihr schmerzende Schläfe, ging zu dem Baumstumpf und bückte sich, um die Erde zu untersuchen. Zweifellos war die Krume hier frisch und lose. ‚Nimm den Spaten und grabe vorsichtig nach‘, wie sie Fasti an. ‚Wir müssen der Sache auf den Grund gehen.‘

Fasti hatte kaum zwei Schaufeln voll herausgehoben, da fiel Larthi etwas metallisch Glänzendes zwischen den Wurzeln der Feige auf. Sie hieß Fasti einhalten und zog aus dem Loch einen Streifen von Bleiblech, der zusammengerollt und von einem Nagel durchbohrt war. Als sie die Rolle gerade gebogen und an einem Grasbüschel saubergewischt hatte, zeigte sich, daß es ein längliches Täfelchen war, auf das jemand etwas eingeritzt hatte. Larthi trat an einen sonnigen Platz, um besser sehen zu können und entdeckte, daß es eine griechische Inschrift war.

‚Was bedeutet es?‘ fragte Tante Culni ängstlich und mühte sich, aufzustehen.

‚Es ist ein Fluch', antwortete Larthi, schwach vor Kopfweh, als sie die Buchstaben entziffert hatte. Einen Augenblick lang erwog sie, ob sie ihrer Tante die Wahrheit vorenthalten könne; dann sah sie ein, daß es unmöglich war, ihr etwas derartig Ernstes zu verheimlichen: ‚Ich habe den verhaßten Marce und die Familie Spurinna und die gesamte Familie des Laris Matunas mit einem Fluch belegt und sie alle den Unterweltgottheiten geweiht', übersetzte sie leise und zögernd.

Tante Culni stockte der Atem, während die Sklaven ihre Werkzeuge fallen ließen und entsetzt aufschrien.

‚Seid ruhig!' herrschte Larthi sie an und versuchte sich zusammenzunehmen. ‚Das ist nichts als die sinnlose Tat eines Verrückten. Es hat keine Bedeutung. Grabt jetzt sofort diese Wurzel aus und verbrennt sie und den Baum bis auf den letzten Ast!' Sie trat an den Brunnenrand und kratzte mit dem Nagel die Inschrift auf dem Bleitäfelchen aus; darauf warf sie beides in die Tiefe des Schachtes und erhob die Hand in der übelabwehrenden Geste.

‚Komm, Fasti', sagte sie, ‚wir müssen Deine Herrin ins Haus zurückbringen.'

Die Sklaven machten sich höchst widerwillig an die Arbeit, während Larthi und die Magd Culni stützten, die immer wieder krampfhaft nach ihrer Kehle griff.

Sie waren erst ein paar Schritte vorangekommen, da hörten sie zwischen den Bäumen jemanden nach Tante Culni rufen.

‚Was gibt's?' rief Larthi zurück. Der Klang der Stimme flößte ihr Angst vor einer weiteren Schreckensnachricht ein. ‚Komm und hilf uns', fügte sie dann erleichtert hinzu. Der sie gesucht hatte, war Marce.

Doch er atmete heftig und sah verstört aus. ‚Du brauchst Dich nicht aufzuregen', suchte Larthi ihn zu beruhigen; aber plötzlich wurde ihr bewußt, daß auch ihm ein Unglück zugestoßen sein mußte. Mechanisch fuhr sie fort: ‚Tante Culni hat sich zu viel zugemutet und muß sich sofort hinlegen. Ich fühle mich auch nicht besonders wohl; könntest Du sie vielleicht mit Fasti zusammen ins Haus tragen?' Marce preßte die Lippen zusammen und nickte, indem er Tante Culni aufhob, die sich schlaff und mit geschlossenen Lidern an seine Schulter lehnte. Sorgsam trug er sie zu ihrem Bett und legte sie sanft nieder. Fasti rannte, um Peci zu holen und eilte dann, Sombrotidas herbeizubringen.

Während Larthi sich über ihre Tante beugte, sie wärmer zuzudecken, flüsterte Marce ihr hastig zu: ‚Ein Bote von meinem Vater ist eben eingetroffen. Vater ist unterwegs nach hier mit König Tarquinius und seinen Verwandten. In Roma ist eine Revolution ausgebrochen, und die königliche Familie mußte ins Exil gehen.

11

Seit zwei Wochen war das Dasein voll der ungewöhnlichsten Ereignisse, und bei all dem Kommen und Gehen von Königen, Ratgebern und Botschaftern fand selbst Larthi, das Leben könne zu aufregend sein. Alle bestehende Ordnung schien wie umgestürzt, und die Zukunft ungewiß und bedrohlich. Von ihrem Vater erhaschte Larthi nur gelegentlich einen Blick, da der König ständig seine Gegenwart forderte. Avile Spurinna war als Gesandter der verbannten Tarquinier unterwegs und hatte seinen Sohn mit sich genommen. Nun, da Marce nicht mehr im Hause war, begann Larthi ihn plötzlich sehr zu vermissen. In letzter Zeit hatte er sich aus einer Bürde für sie in eine Stütze verwandelt. Weil ihr Vater häufig abwesend sein mußte und Tante Culni bettlägerig geworden war, lastete die Verantwortung für den Haushalt nun hauptsächlich auf Larthis Schultern. Das beängstigende Benehmen von Elachsantre vergrößerte ihr täglichen Sorgen. So hatte das Bewußtsein von Marces verläßlicher Gegenwart ihr eine Erleichterung bedeutet.

Nicht nur sie allein wünschte ihn zurück. Ramtha war ein paar Mal mit ihrem Schreibtäfelchen erschienen, als ob ihr vor allem an der Fortsetzung des Unterrichts läge; sie war auf Neuigkeiten erpicht.

‚Marce und sein Vater sind nach Tarchuna gereist, und ich weiß noch nicht, wann sie wieder hier sein werden', sagte Larthi, die den wirklichen Grund von Ramthas letztem ausgedehnten Besuch erraten hatte.

Ihre Freundin sah verstört drein und flüsterte: ‚Oh, ich hatte gehofft, daß Marce auf immer hier bleiben würde, jetzt, wo sein Vater und der König von Ruma nach Ceizra gekommen sind.'

‚Niemand weiß, was der Ratschluß der Götter ist. König Tarquinius hat gerade seine beiden Söhne nach Veii geschickt, um von dort Hilfe und Truppen zu erbitten und Marces Vater versucht dasselbe in Tarchuna. Danach wird er vielleicht sogar nach Clevsina gehen, um König Porsenna zu bewegen, daß er aus dem Spiel bleibt.'

‚Will denn König Tarquinius nach Ruma zurückkehren?' fragte Ramtha erstaunt. ‚Ich hätte Angst, wieder dahin zu gehen, nach allem, was geschehen ist.'

‚Natürlich möchte er wieder an die Macht. Aber es mag ihm schwer werden, weil er so viele Feinde dort hat.'

‚Wer sind die denn nur, und warum wollen sie ihn plötzlich nicht mehr zum König?'

‚Das ist wahrhaftig nicht leicht für uns zu verstehen. Vater hat mir erklärt, daß es in Ruma eine Menge von Parteien gibt, die sich alle aus verschiedenen Gründen zusammengetan haben, die Königsfamilie zu vertreiben. Das ist ihnen schließlich gelungen, als der König auf einem Feldzug abwesend war. Sein ältester Sohn entkam zwar von Ruma nach Gabii, ist dann aber dort erschlagen worden; nur die beiden anderen konnten entfliehen und mit ihrem Vater zusammen herkommen.'

,Es muß schrecklich sein, so vom eigenen Volk gehaßt zu werden', sagte Ramtha nachdenklich.

,Aber die Einwohner von Ruma sind doch keineswegs alle Rasenna', erinnerte sie Larthi. ,Ganz im Gegenteil. Und all die anderen, die nicht unseres Blutes sind, trachten natürlich danach, sich von Herrschern zu befreien, die sie als fremde Tyrannen empfinden. Du weißt vielleicht nicht, daß die Tarquinier das Volk dort zu vielen Arbeiten gezwungen haben, die hier Sklaven tun; zum Beispiel haben sie das Forum entwässern lassen und auf dem Burgberg einen riesigen neuen Tempel errichtet – das könnte schon die Leute gegen sie aufgebracht haben.'

,Aber ich hörte gestern auch ein Gerücht, daß selbst von den Rasennafamilien, die in Ruma leben, einige sich mit gegen die Tarquinier verschworen haben, und das kann ich einfach nicht verstehen', fuhr Ramtha fort.

,Oh, ich bin überzeugt, daß es in Ruma eine Menge von nicht mit den Tarquiniern verwandten Rasennafamilien gibt, die sie um die Macht beneiden. Vater sagte mir auch, daß König Porsenna von Clevsina Parteigänger dort hat, die ihn gerne zum Herrscher hätten. Du mußt wissen, daß Ruma den Fluß überwacht und Kontrolle über all die Waren ausübt, die mit dem Schiff zur Küste gebracht werden; Clevsina hat keinen eigenen Hafen und braucht dringend einen.'

,Ich wünschte wirklich, daß all die Rasennastädte auf gutem Fuß miteinander stünden', sagte Ramtha seufzend.

,Ich auch', stimmte Larthi zu; ,aber Neid und Unruhe herrscht eben überall. Ich glaube, daß es noch eine weitere feindliche Partei in Ruma gibt; das sind die durch Handel reich Gewordenen, die gute Beziehungen mit den Karthagern unterhalten wollen, damit sie im Süden der Stadt an der Küste entlang ohne Hindernis ihre Waren verschiffen können. Diese Leute verübeln den Tarquiniern ihre Freundschaft mit den Griechen von Kyme, die natürlich mit den Karthagern auf dem Kriegsfuß stehen.'

Ramtha griff sich an die Stirn. ‚Wie verwirrend das alles ist! Ich kann es immer noch nicht begreifen. Marce hat mir erzählt, wieviel die Tarquinier für Ruma und die Rasenna dort getan haben. Der König hat Marces Vater sogar ein schönes Haus geschenkt an der Straße, die sie Vicus Tuscus nennen. Ich wäre stolz darauf, von so einer Familie regiert zu werden.‘

Larthi mußte lächeln; Ramtha war wirklich rührend in ihrer Parteinahme für Marce und alle seine Verwandten. ‚In letzter Zeit habe ich viel über all dies nachgedacht‘, sagte sie dann, wieder ernst werdend, ‚und ich fürchte fast, daß eines Tages auch hier so etwas wie in Ruma geschehen könnte.‘

Ramtha starrte sie entsetzt an. ‚Aber nein! Alle Leute in Ceizra verehren den Lauchume und seine Familie; gewiß würde nie jemand hier unseren König stürzen wollen!‘

‚Das hoffe ich auch‘. Larthi hatte die Hand flehend erhoben: ‚aber können wir je wissen, was die Götter mit uns vorhaben?‘ Sie umarmte dann Ramtha und sagte tröstend: ‚Ich lasse es Dich sofort wissen, wenn wir etwas von Marce gehört haben.‘

12

Larthi stand vor dem Haus neben dem mit Wäsche hoch beladenen Maultierkarren; das Leinenzeug sollte in dem Bach gewaschen werden, der außerhalb der Stadt nahe dem kleinen Heiligtum des Selvans entsprang. Sie drängte Cupe und die Mägde zur Eile: Der Sommer war vorbei, die Tage wurden kürzer. Ramtha kam die Straße herauf. Sie trug einen Korb am Arm und rief schon von weitem: ‚Meine Mutter hat mich geschickt. Die Äpfel hier sind für Deine Tante. Wie geht es ihr?‘

‚Möchtest Du sie selbst sehen?‘ fragte Larthi und gab Cupe Zeichen, die Maultiere anzutreiben, ‚ich muß ihr gleich die Medizin geben.‘

‚Ich hoffe, daß Besuch sie nicht stört', sagte Ramtha beim Eintreten.

‚Nein. Aber Du wirst sie sehr verändert finden', warnte Larthi, während sie das kleine Gefäß holte, das Sombrotidas ein paar Tage zuvor gebracht hatte. ‚Bitte versuche, sie das nicht merken zu lassen.'

Tante Culni lag im Bett, den Oberkörper gegen große, quastenverzierte Kissen gelehnt. Sie hatte gerade gehustet und rang sichtlich nach Atem. Larthi zog die herabgeglittenen, gestreiften Wolldecken herauf und hüllte die mageren Schultern ihrer Tante wieder damit ein. Die Kranke vermochte Ramtha nur anzulächeln, und diese strengte sich an, durch ununterbrochenes Geplauder ihren Schrecken über Culnis abgezehrtes Aussehen zu verbergen.

‚Willst Du das Holzkohlenfeuer nicht etwas näher haben?' fragte Larthi, indem sie den mit Rädchen versehenen, oben offenen Bronzekasten ans Bett heranzog,, es ist recht kalt hier.'

‚Bitte nicht', flüsterte Tante Culni, als Larthi anfing, die schwelenden Holzkohlenstückchen mit dem, wie eine menschliche Hand geformten, bronzenen Schürhaken umzuwenden und sie anzublasen. ‚Mir ist warm genug, aber mehr Luft brauche ich. Ich habe Peci schon gebeten, das Tuch vom Fenster wegzunehmen; aber das hat nichts geholfen.'

‚Die Medizin von Sombrotidas wird Dir das Atmen sicher ein bißchen erleichtern', sagte Larthi sanft und goß ein paar Tropfen der Flüssigkeit in eine Schale mit Wasser.

‚Ich muß ihn sprechen', sagte Tante Culni mühsam, als sie getrunken und einen weiteren Hustenanfall überstanden hatte; ‚es ist wegen Elachsantre. Ich habe viel über ihn nachgedacht: wenn wir nur das Richtige täten, dann würde es mir vielleicht besser gehen . . .'. Sie lehnte sich erschöpft in die Kissen zurück und schloß die Augen.

‚Kannst Du einen Augenblick hier bei ihr bleiben, während ich Peci rufe?' fragte Larthi ihre Freundin, die Tante Culnis bleiches

Gesicht verschreckt anstarrte. ‚Beeile Dich bitte', flüsterte Ramtha, ‚ich könnte es nicht aushalten, wenn ihr etwas zustieße und ich allein mit ihr wäre.'

Bei all ihrer Eile, nach dem Arzt zu schicken, fragte sich Larthi doch verwundert, was Tante Culni wohl von Sombrotidas wolle. Laris Matunas hatte es abgelehnt, Elachsantre zu bestrafen, da dies die Lage nur verschlimmern könne. Elachsantre war deshalb weiter im Haus verblieben, wo er wie ein Gespenst umherirrte, von allen gemieden und nur mit sich selbst redend. Larthi schien er bereits einer anderen Welt anzugehören; der Anblick seines schmalen, von der tiefen Narbe verunstalteten Gesichtes erfüllte sie mit einer Mischung von Furcht und Mitleid. Als sie an Tante Culnis Bett zurückgekehrt war, sprang Ramtha sichtlich erleichtert von ihrem Schemel auf. ‚Deine Tante schläft', wisperte sie, ich gehe wohl besser jetzt heim. Soll ich sie morgen wieder besuchen?'

‚Tu das', antwortete Larthi, ‚und vielleicht haben wir dann schon Nachricht aus Tarchuna.

Die Dunkelheit war bereits eingebrochen, als Sombrotidas ankam. Peci trug zwei Kerzenhalter ins Zimmer, spießte Wachskerzen an die vier Zinken, die vom oberen Ende des Ständers ausgingen, und zündete die Dochte mit einem brennenden Holzspan an. Das flackernde Licht schien den kleinen Erzfiguren, mit denen die Kandelaber bekrönt waren, geheimes Leben zu verleihen. Der Arzt betrachtete sie voll Bewunderung. ‚Eure Bronzegeräte sind ebenso schön wie nützlich', sagte er. ‚Zuhause kannte ich ja nur Öllampen, aber ich habe mich jetzt an die Kerzenbeleuchtung der Tyrrhener gewöhnt.' Er beugte sich in seinem Stuhl nach vorn und wärmte seine ausgestreckten Hände an der Glut, die vom Holzkohlenfeuer ausstrahlte. ‚Wie praktisch ist auch dies', fuhr er fort, ‚wie kunstvoll!' Er streichelte eines der vier kleinen Pferdevorderteile, mit denen die Ecken des bronzenen Kohlenbehälters geschmückt waren.

Larthi, die dazu neigte, griechische Dinge höher als alles andere einzuschätzen, war von solcher Anerkennung angenehm überrascht. ‚Ich bin froh, daß unsere Bronzegeräte Dir gefallen. Nach Elachsantres Reden hatte ich immer den Eindruck, die Griechen hielten uns für Barbaren und verachteten, was wir machen.‘

Goldene, mit Granulation verzierte Schale aus Praeneste. London. Victoria and Albert Museum

‚Da irrst Du aber; Tyrrhenische Bronzen sind in Griechenland berühmt, und was Euer goldenes und silbernes Tafelgeschirr angeht, so ist es unserer Meinung nach unübertroffen.‘

Es schien, als habe Tante Culni Sombrotidas' Worte gehört, denn sie bewegte sich plötzlich und öffnete die Augen. ‚Peci‘, sagte sie langsam, ‚bring mir aus der Truhe die goldene Schale, die meiner Großmutter gehört hat; sie ist in ein Leinentuch gewickelt.‘

Larthi staunte. Neben ihren bemalten griechischen Vasen war diese Schale Tante Culnis kostbarster Besitz. Niemals wurde sie benutzt und nur höchst selten vorgezeigt. Was hatte sie jetzt damit im Sinn?

Peci legte das Leinenbündel sorgsam auf Tante Culnis Schoß.

‚Larthi, wickele meine Schale aus und zeige sie dem griechischen Arzt.‘

‚Gehorsam trat Larthi heran und knotete die Zipfel des Tuches auf. Als sie das Gefäß herausnahm und Sombrotidas reichte, ließ das Kerzenlicht die zahllosen Goldkügelchen, die der geriefelten Außenseite in Mustern aufgelötet waren, glitzern, wie die Sonne das windgerauhte Meer schimmern läßt.

Sombrotidas tat einen tiefen Atemzug, ergriff die Schale und drehte sie bewundernd mit beiden Händen. ‚Dies ist die schönste Arbeit, die ich je gesehen habe‘, rief er. ‚Ich erinnere mich, daß man mir einst in Kameiros auf Rhodos alten Schmuck zeigte, der mit solchen Goldkörnchen besetzt war; aber das Stück ließe sich doch kaum vergleichen, weil es viel kleiner war und nicht so sorgfältig ausgeführt.‘

‚Ich bin Dir sehr verbunden für Dein Kommen und dafür, daß Du diese Schale so hoch einschätzt‘, sagte Tante Culni nun zu Sombrotidas.

‚Ich komme gern in dieses Haus, und ich habe gelernt, viele Dinge hier und in Eurer Stadt zu schätzen.‘

‚Darf ich Dich in einer Sache, die mich sehr bedrückt, um Rat fragen?‘

‚Deine Nichte hat mir gesagt, daß es sich um Alexandros, den Sohn des Timachidas, handelt.‘

Tante Culni nickte und fuhr fort: ‚Es war der Wille der Götter, daß dieser Jüngling in unseren Diensten Schaden genommen hat, und obgleich es nicht unsere Schuld war, fühle ich doch, daß wir versuchen sollten, das Unheil wieder gutzumachen.‘

Sombrotidas stimmte mit ernstem Nachdruck zu.

‚Wir hier in dieser Stadt haben nie das Unrecht vergessen, das wir ehedem den Griechen angetan haben. Fern sei von uns, daß einem von ihnen neuerlich Böses zugefügt werde. Und doch ist es geschehen, und wir müssen es büßen. Als wir uns vor vielen Jahren bemühten, die Steinigung der Phokäer zu sühnen, da sandten wir dem Gott Apulu in Delphi wertvolle Gaben; heute noch birgt sie das Schatzhaus unserer Stadt dort im Heiligtum. Du, der Du Delphi kennst, vermagst mir sicher zu sagen, ob auch diese Schale dem Gott als Weihgeschenk annehmbar erscheinen würde.‘

Sombrotidas erhob sich von seinem Stuhl und hielt die Goldschale in die Höhe, bevor er feierlich sagte: ‚Dies Stück ist wahrhaft einer solchen Ehre wert und wird gewiß dem pythischen Gott Freude bereiten.‘

Mit schwachem Lächeln fuhr Culni fort: ‚Ich habe viel darüber nachgesonnen, wer dies Geschenk nach Delphi bringen soll. Zunächst hatte ich gehofft, es selbst zu tun, doch jetzt fühle ich, daß meine Lebenszeit die ihr zugemessene Spanne erreicht hat.‘

Der Gedanke, daß ihre Tante sterben könne, war Larthi nie zuvor gekommen. Von Schmerz überwältigt, kniete sie neben dem Krankenbett nieder und brach in Tränen aus. Tante Culni legte ihre abgezehrte Hand auf Larthis Schulter: ‚Weine nicht, Larthi. Es ist das Geschick aller: jedem einzelnen von uns ist das Los von Leben und Tod zugeteilt, ebenso wie die Lebensdauer unseres Volkes unabänderlich von den Göttern festgelegt worden ist . . .‘. Ein Hustenanfall unterbrach sie. Peci, die abends immer einen mit Honig gesüßten Kräutertrank für ihre Herrin bereitete, eilte mit dem Gefäß herbei und gab ihr daraus zu trinken. Sombrotidas betrachtete stumm das Spiel des Kerzenlichts; er schien tief in Gedanken.

Tante Culni sprach als erste wieder. ‚Dann dachte ich daran, Elachsantre statt meiner nach Delphi zu senden; doch ich fürchte, sein Zustand macht das unmöglich. Es sei denn, jemand, der sich seiner annimmt und ihn sicher vor den vielen Gefahren der langen Reise behütet, begleitete ihn.'

Delphi. Eine felsige Meeresküstc, fern darüber am Hang ragender Bergketten das Heiligtum, ein strahlender Tempel, von zahllosen Statuen aus Marmor und Bronze umgeben, von Adlern umkreist . . . Larthi verlor sich in diesen Traum, kaum noch drang Tante Culnis Stimme an ihr Ohr.

‚Schließlich habe ich mit meinem Schwager diese Pläne besprochen: er schlug vor, Elachsantre nicht nur nach Delphi zu schikken, sondern zurück in seine Heimat und das Haus seiner Väter.'

Larthi, plötzlich in die Gegenwart zurückgerufen, war von dieser Wendung der Dinge völlig überrascht. Wie wenig ahnte sie doch von dem, was in den ihr am nächsten Stehenden vorging! Ihr Vater war bereit, einem Sklaven die Freiheit zu schenken und ihn heimzusenden, obgleich er die gesamte Familie mit einem tödlichen Fluch belegt hatte. Jeder andere Herr hätte Elachsantre auspeitschen lassen, ihn ins Bergwerk oder zur Arbeit in die Sümpfe geschickt! Dann sah sie, wie Sombrotidas den Kopf hob und sich Tante Culni zuwandte.

‚Ein Gott muß Laris Matunas diesen Gedanken eingegeben haben', rief er aus. ‚Schon seit Monaten denke ich selbst daran, nach Delphi zu ziehen und das Orakel wegen der Beendigung meines Exils zu befragen; niemand weilt im Alter gerne fern der Heimat. Wenn ich dort alle Opfer vollzogen habe, wird mir die Pythia als einem der Asklepiaden kaum eine Antwort verweigern. Ist doch mein Vater Chrysos, der Sohn des Nebros, auf der Seite der Delphier im Heiligen Krieg gefallen und die Promanteia, das Recht, den Gott vor allen anderen Ratsuchenden zu befragen, meiner Familie zugestanden worden. Sollte die Antwort des weithintreffenden Gottes günstig lauten' – Sombrotidas erhob die offenen Hände im Gebet –, ‚dann werden die Priester des felsigen Pytho mich mit Apollons Lorbeer und dem Wasser der heiligen Quelle reinigen, und ich werde nicht länger von meinem Frevel befleckt sein. Als Entsühnter werde ich Deine strahlende Goldschale dem Phoibos Apollon weihen und dann Alexandros mit mir nach Kos nehmen. Von dort wird ihn sein Vater gewiß in einem seiner Schiffe abholen und heim nach Lindos bringen.‘

Tante Culnis tief eingesunkene Augen leuchteten bei Sombrotidas' Worten. ‚Du hast mir ein großes Gewicht von der Seele genommen.‘ Mit der Geste der Bittflehenden fügte sie hinzu: ‚Laßt uns die Götter um Hilfe anrufen!‘

Alle stimmten in ihr Gebet mit ein.

Während Peci die rinnenden Kerzen gerade richtete und die Goldschale sorgfältig wieder einwickelte, sagte Sombrotidas nachdenklich: ‚Ich werde bis zum Frühjahr warten müssen, wenn die Schiffahrt wieder aufgenommen wird. Soll ich mittlerweile Alexandros zu mir ins Haus nehmen, so daß ich mich mehr um ihn kümmern kann und ihn auf die Reise vorbereiten?‘

Dankbar blickte Tante Culni zu ihm herüber. ‚Das muß sein Herr entscheiden. Aber ich glaube, Laris Matunas wird erkennen, daß Dein hilfreicher Plan Eingebung der Götter ist, die wohl kaum wünschen können, Elachsantre noch länger in diesem Haus zu sehen.‘

Larthi fühlte sich plötzlich seltsam erleichtert. Sicherlich würde jetzt, nachdem ihre Tante dem Delphischen Gott ihre Schale versprochen und ihr Vater Elachsantre die Freiheit zurückerstattet hatte, der Fluch seine Macht verlieren und alles Unglück von der Familie weichen. Freudig erregt begleitete sie Sombrotidas aus dem Haus und dankte ihm beim Abschied vielmals, doch vergaß sie darüber zu fragen, was er vom Zustand der Kranken halte.

13

Tante Culnis Kräfte nahmen täglich ab. Verzweifelt hatte Larthi nachgegrübelt, wie sie die Götter umstimmen und dazu bewegen könne, die Lebensdauer ihrer Tante zu verlängern. Einer Eingebung folgend, suchte sie dann mit Peci zusammen das Viertel der Bronzegießer auf. In einer der Werkstätten, die Weihgeschenke herstellten, erwarb sie die Bronzestatuette einer vornehmen Dame. Die etwa handhohe Figur, schön modelliert und nach dem Guß ziseliert, ähnelte in Haltung und Tracht Tante Culni. Larthi war überzeugt, die Darbringung dieser Figur im Stadtheiligtum der griechischen Hera werde die Göttin geneigt machen, ihr Gebet um Tante Culnis Gesundheit zu erhören.

Ramtha hatte sich erboten, ihre Freundin in den Tempel zu begleiten. Sie stand schon wartend da, als Larthi aus dem Krankenzimmer trat.

‚Ich muß Peci noch sagen, daß sie für meine Tante heißes Wasser bringt, dann können wir gehen.' Es war kalt und neblig geworden und Larthi hatte gefröstelt, als sie neben dem Bett saß. Tante Culni wollte stets das Fenster offen haben und klagte darüber, daß der Rauch des Holzkohlenfeuers sie husten mache. Da war Larthi auf den Gedanken gekommen, einen ledernern Weinschlauch mit heißem Wasser füllen zu lassen, um die Kranke im Bett warm zu halten.

Ramtha hatte einen dicken Wollmantel an, und Larthi schlang den ihren ebenfalls fest um sich. Nachdem sie die Bronzefigur aus der Truhe geholt hatte, machten sie sich auf den Weg zum Marktplatz. Tante Culni gegenüber hatte Larthi kein Wort über ihren Plan verlauten lassen, aber Peci wußte davon und war voll Zuversicht. Beide konnten es nicht ertragen, tatenlos zu warten, bis Sombrotidas im Frühjahr die Goldschale nach Delphi bringen könnte. Tante Culnis Kräfte verfielen so rasch, daß es dann schon zu spät sein mochte.

Bronzene Votivstatuette einer betenden Frau aus Perugia. Berlin. Antikenmuseum

‚Eines verstehe ich nicht ganz: warum bringst Du das Weihgeschenk nicht zum Tempel von Uni oder Thanur?‘ sagte Ramtha mit sanftem Vorwurf. ‚Glaubst Du nicht, daß unsere eigenen Göttinnen besser helfen?‘

‚Ich kann es nicht sagen, aber ich habe das Gefühl, Tante Culni wäre es lieber, wenn ich Hera statt Uni um ihre Heilung anflehe. Erinnere Dich doch daran, daß der Fluch auf Griechisch und von einem Griechen geschrieben war.‘

Jenseits von tiefhängenden Wolkenbänken zog ein Dreieck von Wildgänsen mit melancholischem Ruf nach Süden. Der Winter war ungewöhnlich früh eingebrochen, und in der eintönig düsteren Landschaft, die sie vom Stadtplateau aus überschauten, bildete das trockene Laub der Eichen auf den sonst schon kahlen Waldrücken im Nordosten der Stadt den einzigen warmen Farbton.

Als sie die auf den Marktplatz mündende Straße erreicht hatten, fiel ihnen die große Menschenmenge dort auf. ‚Wie merkwürdig', sagte Ramtha, ‚der Markt ist doch längst vorbei, ich verstehe nicht, warum hier noch so viele Leute sind.'

‚Es ist wirklich seltsam – und nur Gemeine und Sklaven. Was wollen die alle hier? Oh, sieh' nur, da ist Onkel Caile!'

Ohne sie zu bemerken, war er an ihnen vorbei auf das Haus von Vetter Velthur zugeeilt. Larthi rannte ihm nach und ergriff ihn am Arm. ‚Onkel Caile, sag, was geht hier denn vor?'

Er drehte sich um und rief empört aus: ‚Es ist ein Skandal! Während der König in der Lauchumna Recht spricht, werden hier auf dem Markt aufrührerische Reden gehalten. Die Kerle müssen sich den Moment geradezu ausgesucht haben. Beim zufälligen Vorbeigehen kam mir da allerlei zu Ohren, und es ist höchste Zeit, daß ich es dem Lauchume melde.' Damit hastete er davon.

Larthi war von dem Gehörten verblüfft. Wer versuchte diesen Mob aufzuwiegeln, gerade in dem Augenblick, da die Mitglieder aller Adelsfamilien der wöchentlich stattfindenden Gerichtssitzung beiwohnten?

Ramtha sagte zögernd: ‚Hältst Du es für klug, weiterzugehen? Diese Leute gefallen mir gar nicht.'

‚Ich bin nicht gewohnt, mich von jemandem aufhalten zu lassen', gab Larthi zurück und trat hochmütigen Gesichts auf den Marktplatz. Ramtha folgte ihr zaudernd. Was der Anlaß des Aufruhrs gewesen sein mochte, ließ sich nicht mehr entscheiden. Larthi war nicht im Stande, auch nur eine einzige angesehene Persönlichkeit zu entdecken, die zur Menge gesprochen haben könnte. Kleinere Menschengruppen standen zwar noch diskutierend und gestikulierend umher, aber der Großteil der Versammelten war im Aufbruch begriffen. Zwar beachtete niemand die beiden Mädchen, doch stießen mehrfach eilig davonstürzende Männer unversehens mit ihnen zusammen. Fast waren sie am jenseitigen Ende des Marktplatzes angekommen, da traten aus einem Knäuel von Streitenden zwei Burschen an sie heran und riefen ihnen Schimpfworte zu. Empört und ängstlich zugleich, entschloß sich Larthi, an ihnen vorbeizugehen, ohne Notiz zu nehmen.

‚Ah, die große Dame ist zu hochnäsig, so etwas wie einen Sklaven überhaupt zu bemerken‘, sagte der eine hämisch, ‚aber ich werd' ihr schon beibringen, wer jetzt hier an die Herrschaft kommt!‘ Er riß an ihrem Mantel, so daß sie ihm ins Gesicht sehen mußte.

‚Wenn Du nicht sofort meinen Mantel losläßt, werde ich Dich auspeitschen lassen‘, brachte sie, mühsam ein Zittern der Stimme beherrschend, heraus.

Ramtha hinter ihr flüsterte: ‚Bitte sei still! Komm' weg von hier!‘

‚Warte nur, was ich mit Dir machen werde‘, schrie der Angreifer und packte sie am Arm, ‚die Zeiten sind vorbei, auf uns herumzutrampeln!‘

Schon hatte sich ein Ring von Zuschauern gebildet. Sie jubelten dem Burschen zu und stachelten ihn zu weiteren Taten an. Um Larthi auf die Knie zu zwingen, begann er, ihr den linken Arm zu verdrehen. Mit der Bronzefigur in ihrer Rechten versetzte sie ihm einen Schlag genau aufs Schlüsselbein. Aufschreiend ließ er ihren Arm los und griff nach der getroffenen Stelle.

Entrüstungsgebrüll unter den Zuschauern – dann plötzliche Stille. Bevor ihr Feind sich wieder auf sie stürzen konnte, stieß ihn ein wohlgekleideter junger Mann zur Seite. Ihm folgte eine mit Stöcken bewaffenete Schar. Sein Gesicht erschien Larthi irgendwie bekannt. Er herrschte die Menge an, daß sie sich aus dem Weg machen sollten, und ließ die beiden Sklaven von seinen Gefolgsleuten festnehmen. Zu Larthis unendlicher Erleichterung gehorchten ihm die Leute, ohne zu murren. Sie schienen seine Autorität anzuerkennen, auch als er ihnen dann befahl, den Marktplatz zu verlassen.

Nach überstandener Gefahr fühlte Larthi sich jetzt dem Zusammenbrechen nahe, doch weinte Ramtha derart hysterisch, daß Larthi zunächst versuchte, sie zu beruhigen. Als Ramtha endlich zu schluchzen aufgehört hatte, wandte sich Larthi, immer noch mit wildklopfendem Herzen, ihrem Retter zu und sagte:

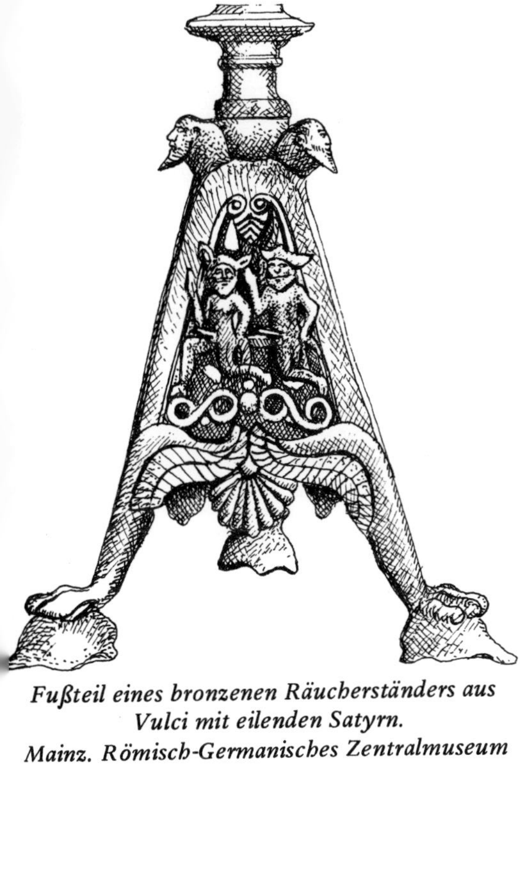

Fußteil eines bronzenen Räucherständers aus Vulci mit eilenden Satyrn.
Mainz. Römisch-Germanisches Zentralmuseum

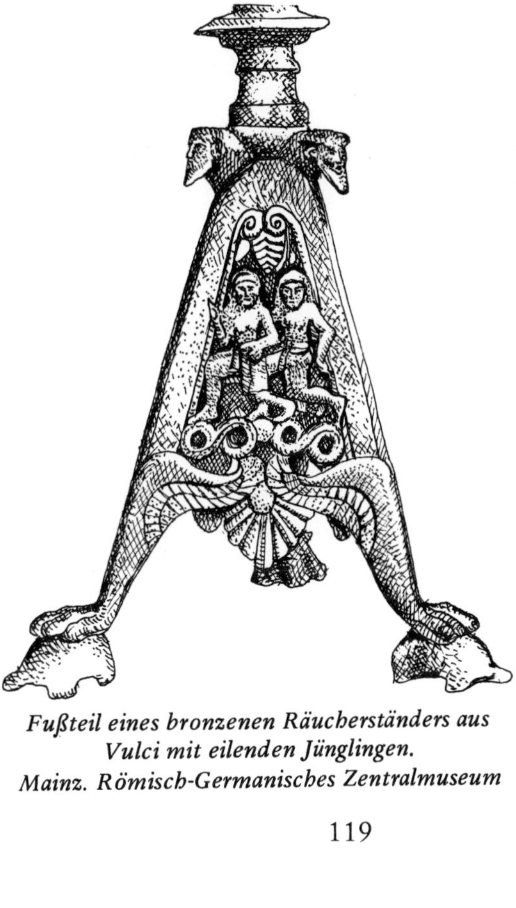

Fußteil eines bronzenen Räucherständers aus Vulci mit eilenden Jünglingen.
Mainz. Römisch-Germanisches Zentralmuseum

‚Danke Dir für Deine Hilfe. Die Göttin selbst, zu deren Heiligtum wir unterwegs sind, wird es gewesen sein, die Dich gesandt hat, damit ich ihr meine Weihgabe bringen kann.‘

‚Larthi!‘ rief Ramtha klagend aus, und ihre Tränen begannen wieder zu fließen, ‚Du wirst doch jetzt nicht mehr zum Heratempel gehen wollen! Stell Dir vor, wenn noch welche von diesen Kerlen sich in der Gegend herumtrieben!‘

‚Laris Matunas’ Tochter kann unbesorgt gehen – ich werde sie begleiten‘, sagte der junge Mann, indem er Larthi länger anblickte, als sie das für gehörig hielt. ‚Das ist wirklich nicht nötig. Ich habe keine Angst. Die Göttin hat mir ja eben schon ihren Schutz erwiesen.‘ Beim Sprechen kam ihr der Gedanke, daß ihr Retter ein wenig Hercle ähnelte, dem Helden, der Hera verteidigt hatte, als sie einst von Satyrn belästigt wurde. Er war von so kräftigem, untersetzten Körperbau und trug sein lockiges Haar so kurz geschnitten, wie man es bei Bildern von Hercle sah, und sein dicker Knotenstock wirkte fast wie eine Keule.

‚Aber ich würde mich viel sicherer fühlen‘, äußerte Ramtha, ‚wenn Du erlaubtest, daß unser Helfer uns begleitet‘. Sie schaute ihn an. ‚Wie ist Dein Name?‘

Als er ihn nannte – Thefarie Velianas – erkannte ihn Larthi plötzlich wieder. Er war der Sieger im Wagenrennen vor ein paar Monaten gewesen. Unterdes befahl Thefarie Velianas seinen Begleitern, die beiden jetzt sehr kleinlauten Sklaven in Gewahrsam zu bringen. Larthi schwankte, was zu tun sei. Sein Angebot, sie zu begleiten, schmeichelte ihr zwar, verursachte ihr aber auch Bedenken. Schließlich nahm sie es an, weil sie nicht undankbar erscheinen wollte. Sie schüttelte ihre noch ganz verwirrten Haare zurück und befestigte ihren Mantel wieder ordentlich. ‚Gut‘, sagte sie dann zu Ramtha; ‚laß uns also gehen. Sollte Thefarie Velianas mit bis zum Tempelplatz kommen wollen, dann werde ich ihn nicht daran hindern. Sind wir erst in der Umfriedung, dann kann uns wirklich niemand mehr etwas antun.‘

Bronzener Räucherständer.
Am Fußteil Herakles, der
eine Göttin verteidigt.
Aus Vulci.
Mainz. Römisch-Germani-
sches Zentralmuseum.

‚Da bin ich aber sehr erleichtert', sagte Ramtha.

Zusammen gingen sie die Straße hinunter, an deren Ende das breite Dach des Tempels mit seinen farbigen Schmuckziegeln sich vor dem bleigrauen Himmel abzeichnete. Es überraschte Larthi etwas, daß Ramtha eifrig mit Thefarie Velianas plauderte. War sie nicht kurz zuvor noch wie außer sich gewesen? Sie selbst fühlte sich so erschöpft, daß ihr nach keinerlei Unterhaltung zumute war. Dennoch entging ihr nicht, daß Thefarie Velianas sie häufig von der Seite anschaute, wenn er nicht gerade Ramthas hastige Fragen beantwortete. Obgleich er sich nie direkt an sie wandte, empfand Larthi, daß ihm mehr an ihr als an Ramtha zu liegen schien. Abermals fühlte sie sich geschmeichelt und beinahe geneigt, an der Unterhaltung teilzunehmen, doch irgend etwas hielt sie davon ab: nicht nur Erschöpfung, auch ein inneres Hemmnis, das sie sich nicht zu erklären wußte. Drum suchte sie sich für die Aufgabe zu sammeln, die sie im Tempel erwartete. So viel war in der einen Stunde seit Verlassen des Hauses geschehen, daß es ihr vorkam, als hätte sie selbst sich in dieser Zeitspanne verwandelt – sie fühlte sich nicht mehr als Kind. Aber sie verbannte nun die beunruhigenden Fragen nach der Ursache des Aufruhrs und den Gründen, weshalb die Menge ihrem Retter gehorcht hatte, aus ihrem Kopf – es hieß in Worte zu fassen, was sie der Herapriesterin sagen wollte.

Als sie die breite Platform erreicht hatten, auf der innerhalb einer Umfriedungsmauer der Tempel stand, hielt sie an und sagte zu Thefarie Velianas: ‚Bitte, bemühe Dich jetzt nicht weiter. Aber sei nochmals bedankt. Ich werde es auch meinem Vater berichten, was Du für uns getan hast.'

‚Es ist nicht der Mühe wert, darüber zu reden', sagte er rasch, ‚nur tut mir leid, daß Ihr belästigt worden seid, und ich hoffe, daß Ihr das Ganze schnell vergeßt.' Plötzlich schien er sehr in Eile und, nachdem er Ramtha kurz gegrüßt hatte, wandte er sich in eine der verlassenen Seitenstraßen und verschwand schnell um eine Ecke. Ramtha sah ihm nach und redete immer weiter, bis Larthi sie erinnerte, im Tempel solle man Gedanken und Zunge zügeln. Schuldbewußt legte Ramtha den Finger auf die Lippen und folgte Larthi zum Eingang, bei dem ein Wasserbecken für die kultische Reinigung stand. Beide wuschen sich die Hände; Larthi tauchte auch die durch den Kampf mit dem Sklaven befleckte Weihfigur ins Wasser. Sie grüßten dann die Göttin, indem sie die Finger der rechten Hand küßten und sie feierlich beim Eintritt erhoben. Keine von beiden war je zuvor in diesem Heiligtum gewesen, da es fast ausschließlich von Bewohnern des Griechenviertels benutzt wurde. Bei dem brennenden Altarfeuer vor dem Tempel standen vier griechische Frauen in Begleitung eines alten Mannes, um eine Opferhandlung zu vollziehen. Larthi winkte Ramtha, die sich zurückhielt, ihr zu folgen; es lag ihr daran, die Zeremonien von der Nähe zu beobachten. Zwischen Opfergrube und Brunnen gingen sie dann an einem gefrorenen Wasserbecken entlang, in das eine offene Rinne führte. In der Nähe des Altars stellten sie sich schüchtern hinter den Griechinnen auf. Larthi fiel ein, was Elachsantre über griechische Frauen gesagt hatte: offenbar stimmte es, daß man ihnen nie erlaubte, allein auszugehen; selbst hier im Heiligtum wurden sie von einem Mann überwacht – der Greis war vermutlich einer ihrer Verwandten. Außer ihm war der Opferdiener der einzige andere Mann. Er stand etwas abseits mit einer weißen Kuh, die feierlich bekränzt und mit Wollbinden geschmückt war. Die Herapriesterin, eine hochgewachsene Frau in Tante Culnis Alter, hielt einen flachen Korb; darin lag das Opfermesser unter Gerstenkörnern und einer Girlande von immergrünem Blattwerk. Nachdem sie zunächst rechts herum den Altar umschritten hatte, hielt sie ihm gegenüber an und ergriff eines der darauf brennenden Scheite. Sie tauchte es in ein Wassergefäß, das ein Mädchen hinter ihr hertrug. Die Priesterin besprengte damit erst den blutbespritzten Altar, dann die Kuh und die Opfernden. Danach durfte jeder eine Handvoll der Gerstenkörner aus dem Korb nehmen. Die Priesterin wandte sich betend dem Altar zu. Fast alles von dem, was sie sagte, verstand Larthi. Doch drängte es sie, der Göttin auch ihr eigenes Gebet zuzuflüstern. Mit Inbrunst flehte sie darum, Tante Culni möge wieder genesen. Währenddessen warfen alle die Opferteilnehmer Gerstenkörner auf den Altar und erhoben dann die Rechte. Als die Priesterin ihre Anrufung beendet hatte, antworteten die Frauen mit einem langausgezogenen rituellen Singsang.

Die Priesterin schnitt nun ein Haarbüschel vom Kopf der Kuh und warf es in die Flammen. Dann händigte sie dem Opferdiener das Messer aus und trat zur Seite. Er zwang das Tier zu Boden, indem er auf dessen Rücken kniete. Ihm ins Maul greifend, zog er ihm den Kopf nach hinten und schnitt rasch die Kehle durch. Dampfend strömte das Blut in eine Bronzeschale, die, niederkniend, eine Dienerin hielt. Das Opfertier wurde gehäutet, ausgeweidet und ihm entnommen, was für die Göttin bestimmt war. Unterdes hatte die Priesterin den Altar mit dem Blut besprenkelt und an einem Spieß das Herz und was sonst zum Opfermahl gehört, gebraten. Fleischstücke, die der Priesterin zustanden, wurden auf einem Steintisch beiseite gelegt, die der Göttin geweihten in Fett gewickelt und verbrannt. Zu all diesen Verrichtungen erklang unaufhörlich Flötenmusik. Was an Fleisch übrig geblieben war, holten sich die Griechinnen beim Opferdiener ab und machten sich zur Heimkehr fertig.

Die Priesterin hatte sie verabschiedet und wandte sich einem kleinen Seitengebäude zu. Da faßte sich Larthi ein Herz, trat vor sie hin und sprach von ihrer Sorge um die Tante und ihrer Hoffnung, die Göttin durch die Weihung einer Figur genädig zu stimmen. Geduldig hörte sich die Priesterin ihr ungelenkes Griechisch an und sagte dann: ‚Mein Kind, ich habe gesehen, daß Ihr beide an unserer Opferhandlung teilgenommen habt; ich bin sicher, die Göttin wird Dein Gebet erhören und Deine Gabe annehmen.‘ Als sie die Bronzestatuette aus Larthis eiskalter Hand entgegen nahm, mahnte sie: ‚Ihr solltet nicht länger im Freien bleiben – der Winter ist dieses Jahr besonders früh und hart.'

‚Ich bin fast erfroren', murmelte Ramtha und hielt sich die blau angelaufenen Hände vor den Mund, um sie anzuhauchen. Uns ist auf dem Hinweg so etwas Schreckliches zugestoßen, daß ich jetzt Angst habe, heimzugehen.'

Die Priesterin hatte nur halb verstanden. ‚Was ist Euch geschehen, meine Kinder?' ‚Sei still!' sagte da Larthi rasch, ‚es ist nicht wert, darüber zu reden. Dank der Göttin sind wir schließlich sicher hergelangt.'

‚Vielleicht geht Ihr besser heim, bevor die Dunkelheit einbricht', sagte die Priesterin. ‚Ich werde der Herrin Hera Deine Weihgabe darbringen und mein Gebet dem Deinen hinzufügen.'

Sie lächelte freundlich, als Larthi ihr in ihrem schlechten Griechisch dankte, und schickte dann die Mädchen mit guten Wünschen für heile Rückkunft weg. Etwas ruhiger geworden, verließen sie das Heiligtum.

14

Die Totenklage bei der Bahre hatte die ganze Nacht angehalten. Gerade waren die Klagefrauen, die sich zum Zeichen der Trauer ohne Unterlaß an die Brust geschlagen, die Haare gerauft und mit den Fingernägeln die Wangen zerkratzt hatten, erschöpft aus dem Haus gegangen. Tante Culni war am Vortag gestorben. Larthi hatte sie mit Fastis und Pecis Hilfe aufgebahrt. Sie wuschen und salbten die Tote mit parfümiertem Öl aus einem Alabastergefäß, zogen ihr die kostbarsten Gewänder und Schmuckstücke an, hüllten sie in einen bestickten Mantel und bedeckten ihr Haar mit einem Schleier. Auf das gedrechselte und bemalte Totenbett war eine dicke Matratze und eine hohe Kopfstütze gelegt worden, so daß Tante Culni wie schlafend zu ruhen schien. Neben ihr stand eine kleine Magd mit dem langstieligen Fächer, um die Fliegen fernzuhalten, und zur Reinigung der Luft wurde Weihrauch auf einem bronzenen Ständer verbrannt.

Während des ganzen Tages waren Mitglieder aller Adelsfamilien der Stadt erschienen, um der Verstorbenen Ehrerbietung zu erweisen, indem sie den Leichnam berührten und dann die Hände klagend zum eigenen Haupt führten. Im Hinausgehen blieben sie alle vor dem Tor bei einem großen, am Rand zerbrochenen Tongefäß voll Quellwasser stehen, das Larthi, altem Brauch gemäß, aus einem Nachbarhaus hatte bringen und dort aufstellen lassen. Die Abschiednehmenden tauchten Lorbeerzweige ins Wasser und bespritzten sich damit zum Zeichen der Reinigung von der Berührung mit der Toten, ihrem Haus und den trauernden Hinterbliebenen.

Laris Matunas kümmerte sich inzwischen um die Begräbnisvorbereitungen. Tante Culni sollte im Familiengrab neben ihrem Verlobten Sethre Matunas bestattet werden. Der riesige Grabhügel auf dem im Norden der Stadt gelegenen Friedhof war etwa fünfzig Jahre zuvor von Larthis Großvater errichtet worden; er bedeckte vier verschiedene Gruppen von Gräbern, die alle schon vor Generationen für die Vorfahren aus dem Felsen gehauen worden waren. Der ins jüngste Grab hinabführende Eingangskorridor war mit Steinplatten verschlossen; sie mußten herausgenommen und das Grabinnere ausgeräuchert und aufgeräumt werden.

Tante Culnis Verwandter Avile Spurinna, der ein paar Tage zuvor mit Marce aus Tarchuna zurückgekehrt war, half Laris Matunas bei diesen Vorbereitungen.

Während sie auf den Leichenwagen wartete, der Tante Culni in feierlicher Prozession zum Grabhügel bringen sollte, saß Larthi verloren in ihrer Trauerkleidung da. Peci brachte ihr gerade eine Schale mit honiggesüßter Milch und sagte: ‚Trinkt das, Herrin, es wird Euch gut tun.‘

Klagender. Wandmalerei aus der Tomba degli Auguri. Tarquinia ▶

Larthi, die zu erschöpft war, um dagegen aufzubegehren, daß sie plötzlich mit ‚Herrin' angeredet wurde, hieß die Magd sich gleichfalls einen heißen Trank holen. Keine von beiden hatte letzthin viel Zeit gehabt, an Essen oder Trinken zu denken. Betäubt von Schmerz starrte Larthi wie blind vor sich hin; ihre kalten Hände umklammerten die dampfende Schale. Warum hatte Tante Culni sterben müssen, trotz all ihrer Gebete und der Weihgabe an Hera? Sie war doch noch nicht alt und stets freundlich und geduldig gewesen. Hatte Elachsantres Fluch ihren Tod herbeigeführt, oder war er schon längst von den unerbittlichen Göttern vorausbestimmt? Furcht vor der bevorstehenden Begräbniszeremonie und vor der sie erwartenden Bürde neuer Verantwortung machte Larthi schaudern. Nun gab es niemanden mehr, bei dem sie sich Rat holen konnte – wer würde ihr zukünftig helfen in den schweren Stunden ihres Lebens als Frau?

Tante Culnis Bahre lag auf dem alten zweirädrigen Wagen, der einzig für Begräbniszeremonien diente. Neben dem Leichnam wurden die kostbarsten Besitztümer der Verstorbenen aufgeladen. Peci und Fasti hatten mit besonderer Sorgfalt die von ihrer Herrin so geliebten, vom Töpfer Nikosthenes signierten, griechischen Amphoren in Schaffelle gehüllt, damit ihre zerbrechlichen Henkel während des Transportes zum Grab nicht zu Schaden kämen.

Als alles auf dem Wagen untergebracht war, ergriff Teitu das vorderste Maultier am Zügel. Der Zug setzte sich, von Musikanten angeführt, in Bewegung: Familienmitglieder, Freunde, Totenpriester und Sklaven, die Körbe mit Opferspeisen, Gefäße mit Getränken und Behälter voll von Grabbeigaben trugen.

Es war ein kalter, klarer Morgen. Die kahlen Zweige der Bäume am Weg zeichneten sich scharf gegen den blaßblauen Himmel und den dunkleren Streifen des fernen Meeres am Horizont ab. In den winterlichen Olivenhainen ließen die Sklaven, die dort die reifen Früchte herabgeschlagen und aufgesammelt hatten, von der

Arbeit ab und standen ehrfurchtsvoll still, während die Prozession vorüberzog. Das Friedhofsgebiet lag oben auf einem Tuffplateau. Als die Höhe erreicht war, bog der Wagen ein und folgte mit quietschenden Rädern den Furchen einer vom jahrhundertelangen Gebrauch tief in den Felsen gegrabenen Straße zwischen Grabhügeln und unterirdischen Kammern.

Der riesige grasbewachsene Tumulus der Familie lag hart an der Gräberstraße. Seine aus dem anstehenden Stein gehauene runde Basis war von fünf vorspringenden Bändern als Gesims bekrönt. Zwischen der Basis und der Straße erhob sich ein aus großen Tuffblöcken errichteter Altar. Larthi sah, daß alles für ein Opfer dort vorbereitet worden war. Oberhalb der Bekrönung, rechts vom Altar, gähnte die dunkle Höhlung des Grabeingangs. Eine improvisierte Rampe aus Holz führte von der Straße dort hinauf, um den Transport der Bahre und den Abstieg in die Grabkammer zu erleichtern. Larthi hatte das Familiengrab noch nie zuvor betreten, nie an einer Bestattungszeremonie teilgenommen. Seit dem Tode ihrer Mutter, vierzehn Jahre zuvor, war keiner ihrer Verwandten gestorben, und die jährlich wiederkehrenden Totenopfer wurden stets von Laris Matunas allein vollzogen. Larthi, völlig erschöpft von Kummer und Mangel an Schlaf, hoffte, daß die Riten nicht zu lange dauern würden.

Nachdem die Bahre vom Wagen gehoben und neben dem Altarsockel abgesetzt worden war, begannen die Totenpriester ihre kultischen Handlungen, von Flötenmusik begleitet. In der strengen Reihenfolge, wie sie die heiligen Bücher des Acheron vorschrieben, brachten sie Tieropfer, Brot, Trankopfer und Weihrauch dar, indem sie eine Gottheit nach der anderen anriefen. Vanth, die geflügelte Dämonin, die Geleiterin der Seele in die Unterwelt, wurde zuerst beschworen. Dann wurde Calu, der furchtbare Totenherrscher in der Wolfskappe und seine mächtige Gemahlin angefleht, die in ihrem Reich Neuangekommene mit Gnade zu empfangen und sie vor dem hammerschwingenden

Dämonen zu bewahren – vor Charun und vor Tuchulcha mit dem Geierschnabel und schlangenstarrenden Haar. Schließlich wurde die große Mutter angerufen und gebeten, die Seele freundlich aufzunehmen und ihr ein neues, höheres Dasein zu gewähren. Um Culni den Übergang vom sterblichen Leben zum immerwährenden der Heroen zu sichern, mußten die weiblichen Familienmitglieder und Mittrauernden einen langsamen, feierlichen Rundtanz um die Bahre vollführen; jeden Schritt, jede Bewegung heiligte uralte Tradition.

Als das Ritual außerhalb des Grabes abgeschlossen war, ergriffen Laris Matunas und Avile Spurinna die Bahre und trugen sie, von den Priestern angeführt, die Rampe hinauf und in das Grab hinunter. Larthi und Marce folgten. Die Luft im Inneren war feucht und drückend von Weihrauchdämpfen. Vorsichtig stiegen sie hinunter über die glitschigen Steintreppen, die von kleineren Grabräumen flankiert waren. Sie erreichten einen querrechteckigen, atriumähnlichen Raum. Im Aussehen erinnerte er Larthi an die Halle ihres eigenen Hauses, nur daß hier alles von geringerer Größe und aus dem Felsen gehauen war. Totenbetten von unterschiedlicher Form für Männer und Frauen begleiteten die lange Eingangsseite beiderseits der Tür und die kurzen Seitenwände des Raums. Die Wand dem Eingang gegenüber öffnete sich mit drei Türen zu nebeneinanderliegenden, dunklen Alkoven; in jedem von ihnen trennte eine niedrige, für Grabbeigaben bestimmte Bank zwei steinerne Bettstellen voneinander. Tante Culnis Bahre stand in der Mitte des Atriums; die flackernden Kandelaber gaben nur wenig Licht. Während die Priester die letzten Riten vollzogen, wanderten ihre unheimlich vergrößerten Schatten ruhelos über die bemalten Wände und die Felsendecke des Raumes.

Larthi schrak davor zurück, in die düsteren Kammern zu blikken, in denen sie die Skelette ihrer Vorfahren wußte. Bronzene Weihrauchständer voll schwelender Harzkörner standen zwischen den drei Türöffnungen, die von einem Wulst umrahmt und von

Bronzenes Räuchergerät aus Orvieto.
Kopenhagen. Ny Carlsberg Glyptotek

weit ausladendem Gebälk bekrönt waren. Ihrer Furcht Herr zu werden, starrte Larthi krampfhaft auf den ihr gegenüberliegenden Eingang. Dort war ein Stück des Felsens abgearbeitet worden, offenbar, um einer besonders breiten Bahre Einlaß zu schaffen. Sie erinnerte sich plötzlich daran, daß Tante Culni ihr erzählt hatte, Onkel Sethre sei ein ausnehmend großer, breitschultriger Mann gewesen. Von den Totenbetten im Atrium selbst war noch keines in Benutzung, aber eine Menge von Grabbeigaben – Bronzegefäße, schwarz-gebrannte, einheimische Töpferware, Waffen und schön bemalte griechische Vasen – waren bei früheren Bestattungen auf ihnen abgestellt worden. Larthis Augen fielen auf eine mit einem Viergespann bemalte griechische Kanne, die umgestürzt dort lag; auf ihrem Fuß war eine Inschrift eingekratzt, die zeigte, daß diese Vase einst Larthis Mutter gehört hatte. Unfähig, sich länger zu beherrschen, brach sie zum ersten Mal seit Tante Culnis Tod in Tränen aus. Sie suchte ihr Schluchzen zu unterdrücken; da fühlte sie, daß Marce ihre Hand ergriff und sie tröstend in der seinen hielt. Voll Dankbarkeit ließ sie es zu. Ihre Väter trugen nun die Bahre in Sethre Matunas' Alkoven und legten Tante Culnis Leichnam auf das rechts befindliche Bett. Es bekundete durch seine hausartige Rahmenform, daß eine Frau dort ruhen sollte.

Die Priester hatten mittlerweile auf einem kleinen Tragherd Nahrungsmittel verbrannt und die verkohlten Reste auf die Tellerchen eines Opfertabletts verteilt. Der Geruch des Brandopfers sollte die Seele im Jenseits erreichen, während die geschwärzten Überbleibsel als Symbol eines immerwährenden Speisevorrats dienten. Schälchen, die Wein, Milch und Honig enthielten, wurden ebenfalls auf das Tablett gestellt, daneben eine Schüssel mit Eiern, Sinnbild der ewigen Erneuerung des Lebens.

Diese Dinge des täglichen Daseins, die Tante Culni dargebracht wurden, schienen Larthi plötzlich den Gedanken an ihren Tod erträglicher zu machen; sie stellten nicht nur eine für die Verstorbene notwendige Nahrung dar, sondern waren gleichzeitig etwas Vertrautes, eine Art Band mit der Vergangenheit und mit den Zurückgebliebenen. Und ein weiterer tröstlicher Gedanke stieg in Larthi auf: die Familie durfte fortdauern. Das Blut ihrer Mutter und Tante floß ja auch in ihren eigenen Adern; in ihr würden sie weiterleben.

Die Riten waren abgeschlossen. Alle standen im Atrium, den Alkoven zugewandt, und nahmen mit einem letzten Gruß von ihren Toten Abschied. Dann verließen sie das Grab, das, bis zur nächsten Gedenk- und Opferfeier, wieder versiegelt wurde. Der Trauerzug kehrte nach Hause zurück, und dort war für alle, die am Begräbnis teilgenommen hatten, ein großes Mahl vorbereitet worden. Obgleich sie sich jetzt mit Tante Culnis Tod ausgesöhnt fühlte, wurde Larthi von einem unüberwindlichen Schlafbedürfnis befallen. Als der Hauptgang vorüber war, glitt sie unbemerkt aus der Halle. Beim Hinausgehen hörte sie, wie Avile Spurinna ihrem Vater berichtete, er habe sowohl in Tarchuna wie in Veii nur lauwarme Unterstützung für den Plan der Tarquinier gefunden, mit bewaffneter Macht die Rückeroberung von Roma zu versuchen. Bevor er eine Schlacht wage, denke König Tarquinius jetzt daran, an Laris Porsenna, den Herrscher von Clevsina zu appellieren, daß er den Aufstand in Roma nicht weiter schüren solle. Er erwarte von Avile und Marce, daß sie ihn auf dieser demütigenden Unternehmung begleiteten.

Wie wird Ramtha enttäuscht sein! sagte sich Larthi. Mitleid erfüllte sie.

II

1

Durchdringend quietschten die Achsen der Maultierkarren, wie sie sich schwerfällig die steile, enge Straße hinaufarbeiteten. Zu beiden Seiten stiegen Felsmauern aus braunem vulkanischen Tuff bis über zwei Mannshöhen auf. Mit Efeu umrankte Eichen- und Kastanienstämme wuchsen dort oben fast zusammen und verwandelten den Hohlweg in einen grünen Tunnel. Nur ganz vereinzelt fiel ein Sonnenstrahl durch das üppige Blätterdickicht; der Geruch von feuchter Erde und verfaultem Laub hing in der Luft.

Larthi fühlte sich bedrückt. Sie ließ ihre Augen an den düsteren, die Straße einengenden Felswänden entlang wandern und machte sich klar, daß diese Schlucht sich trefflich für einen Hinterhalt eigne. In letzter Zeit hatten so viele Unruhen und Scharmützel stattgefunden, daß derartige Gedanken für sie nichts Neues bedeuteten; das Land war längst nicht mehr so friedlich wie zu ihrer Kinderzeit. ‚Wie leicht man hier von Feinden in eine Falle gelockt werden könnte', sagte sie zu ihrem Vater, der halb schlafend neben ihr saß und von der Bewegung des Wagens hin und her schwankte. Laris Matunas fuhr auf, rieb sich die Augen und schaute nach den restlichen Fahrzeugen aus, die ihnen folgten.

‚Wir leben im Frieden mit unseren Nachbarn', antwortete er, sie zu beruhigen; ‚Die Herolde haben Waffenruhe verkündet, und selbst Laris Porsenna würde nicht wagen, den Zorn der Götter durch einen Friedensbruch heraufzubeschwören, während sich die Rasenna zum Bundestreffen versammeln.'

Larthi kämpfte ihre Furcht nieder. War dies doch das erste

Mal, daß ihr langgehegter Wunsch sich erfüllt hatte; sie durfte ihren Vater auf das alljährlich stattfindende Treffen der Rasenna-städte beim Heiligtum des Voltumna begleiten. Nie zuvor war sie so weit von zuhause weg gewesen, und trotz der Anstrengung genoß sie die Reise sehr. Indem sie ein paar taunasse Farnwedel beiseite drückte, die ihre Stirn im Vorbeifahren gestreift hatten, dachte sie darüber nach, warum sie nun schon seit mehreren Jahren nicht mehr unter den heftigen Kopfschmerzen zu leiden hatte, die stets Visionen kommender Ereignisse vorausgegangen waren. Vielleicht entwuchs man schließlich solchen Heimsuchungen – oder war sie während der bewegten fünf Jahre seit Tante Culnis Tod so voll damit beschäftigt gewesen, ihrem Vater den Haushalt zu führen, daß ihr keine Muße verblieben war, wie früher zu grübeln?

An dem Punkt, wo die Straße die höchste Erhebung des Hügelrückens durchschnitt, türmten sich die Tuffwände zu beiden Seiten noch gewaltiger und neigten, das Tageslicht fast ganz verdunkelnd, bogenförmig einander zu. Larthi fiel trotz der Düsternis auf, daß etwa in Kniehöhe über dem Straßenniveau die Radnaben vorbeifahrender Wagen im Laufe der Zeit eine tiefe Furche in die Felswand gegraben hatten. Sie zeigte es ihrem Vater, der sich über die Seite des Fuhrwerks beugte, und bemerkte: ‚Hast Du aber gesehen, wie geschickt die ganze Straße angelegt ist? Damit Zugtiere mit schweren Wagen es nicht zu steil haben, ist diese künstliche Schlucht für den Weg besonders tief in den Berg gehauen, und hier, entlang der einen Seite, ist ein Abzugskanal für Wasser ausgehoben, damit die Straße bei schwerem Regen nicht überschwemmt wird.‘

Larthis Bewunderung nahm noch zu beim Anblick einer Brücke, die sie kurz darauf erreichten: kühn überquerte sie ein tief eingerissenes Gießbachbett. Massive Widerlager und Pfeiler aus Tuffblöcken trugen die Holzbrücke mit ihren aus Stämmen gezimmerten Geländern sicher über die Schlucht, auf deren schattigem Grund der Bach über Felsbrocken dahinschäumte. Bei jeder Wegbiegung überraschte Larthi ein neuer Anblick, und daß sie ihn ständig nach Landschaft und Bauten ausfragte, verhinderte Laris Matunas daran, wieder einzuschlafen. Die Schlucht, die sie gerade überquert hatten, diente einer kleinen Siedlung auf dem Tuffplateau oberhalb als Friedhof. Zwischen überhängenden Bäumen und Schlingpflanzen erhaschte Larthi einen Blick auf Reihen von hausähnlichen Grabfassaden mit schweren Gesimsen und Scheintüren, die im Steilabsturz der Felswand ausgehauen waren.

Am nächsten Tag, als sie eine weitläufige karge Hügellandschaft erreicht hatten, fiel ihr auf, wie sich die Bauweise in den Weilern hier von den Dörfern mit rechteckigen Häusern in ihrer Heimat unterschied. Dürftige Hütten mit ovalem Grundriß lagen verstreut. Das Dachstroh war mit Balken beschwert, die sich am First überkreuzten und deren hochstehende Enden zu einer Vogelform geschnitzt waren. Der bröckelnde Lehmbewurf, der die aus Zweigen zwischen Pfosten geflochtenen Wände der Hütten bedeckte, war manchmal mit verblaßten, altertümlich wirkenden Figuren von Pferden und Wasservögeln oder mit Pflanzenornamenten bemalt. Aus Luken im Stroh unter dem Vorderende des Firstbalkens stieg Rauch in die Höhe. Auf ihren Herdstellen im Inneren waren die Dörfler beim Kochen. Neben den Holzstützen der Vorhallen standen mächtige tönerne Vorratstöpfe, auch Mörser und Keulen, mit denen der geröstete Spelt zerstoßen wurde. Ziegen weideten zwischen den Hütten. ‚Wie urtümlich so ein Dorf aussieht!‘ rief Larthi aus.

Laris Matunas nickte zustimmend. ‚Diese Hütten erinnern mich an eine kleine Hausurne aus schwarzgebranntem Ton, die vor Jahrzehnten Sklaven beim Pflügen in einem alten Grab aufdeckten; als sie mir die Urne brachten, fand ich darin verbrannte Gebeine und die Asche des Toten. Früher haben wohl alle Behausungen so ausgesehen, und so wie wir unseren Toten Häuser unter der Erde einrichten, werden auch die Vorfahren den Brauch geübt haben, ihre Toten in Behältern zu bestatten, die, wie klein auch immer, in der Form der der Hütten der Lebenden entsprachen.‘

‚Was ist mit dem kleinen Haus geschehen?‘ fragte Larthi. ‚Ich würde es gern einmal sehen. Hebst Du es noch irgendwo daheim auf?‘

‚Aber nein!‘ Laris Matunas blickte seine Tochter tadelnd an. ‚Niemand soll die Ruhe der Toten stören. Ich vollzog sofort die gehörigen Entsühnungsriten, und ließ die Urne mit den vorgeschriebenen Opfern wieder bestatten.‘

Larthi richtete keine weiteren Fragen mehr an ihren Vater. Sie wandte sich Peci zu, die auf einem Bündel hinten am offenen Ende des Wagens saß, mit den Beinen pendelnd. Es war die schattenlose Stunde und recht heiß.

‚Könntest Du mir wohl meinen Sonnenschirm unter dem Sitz herausziehen?‘

Es gelang Peci, den mit Quasten verzierten Schirm hervorzuholen, obgleich er zwischen den Vorratskörben und Rollen von Bettzeug eingeklemmt war. Von ihrem beschatteten Sitz aus konnte Larthi nun Herden von weißem Vieh mit lyraförmigem Gehörn bewundern, die über die Hochweiden dahinzogen. Der Boden hier war weniger fruchtbar als in der Küstenebene. An Stelle von Weizen, Oliven und Wein wurden Hirse und Gerste angebaut. Buschwerk und dünner Wald bedeckten die fernen Hügel. Rauchsäulen von Kohlenmeilern stiegen in die stille Luft.

Sie fuhren an einer Senke vorbei, auf deren Grund heiße Quellen in mehreren natürlichen Becken aufsprudelten, die von weiß glitzernden, mineralischen Ablagerungen umrandet waren. Das Wasser hatte einen merkwürdig beißenden Geruch. Larthi rümpfte die Nase und warf ihrem Vater einen fragenden Blick zu. Er deutete auf eine Anzahl dort badender Kinder und Sklaven, deren Haut von wunden Stellen bedeckt war. ‚Es sind Heil-

Tönerne Aschenurne in Hüttenform aus Vulci. Rom. Villa Giulia

quellen', sagte er. In der Nähe lag ein ländliches Heiligtum, wo Larthi an den Büschen aufgehängte Wollbinden bemerkte, die von den Kranken den Wassergottheiten geweiht worden waren.

Je weiter nach Norden ihr kleiner Zug von Wagen gelangte, desto größer wurde der Zustrom anderer Reisender auf der Straße nach Velzna. Viele saßen in Maultierkarren oder auf Eseln, aber die Mehrzahl war zu Fuß. Manche wanderten allein, nur von einem Sklaven begleitet, der an einem über die Schulter gelegten Hakenstock die Vorratsbündel zu tragen hatte. Der Lärm von Wagenrädern, klappernden Hufen und grüßenden Zurufen wurde gelegentlich von ärgerlichen Warnungsschreien und Flüchen übertönt, wenn Wagen zu nah aneinander vorbeigefahren, oder Fußgänger in Bedrängnis geraten waren. An verschiedenen Orten hatten die Ansässigen am Wegrand Verkaufsstände mit Eßwaren aufgeschlagen. Larthi hieß Cupe anhalten; sie schickte Teitu nach frischem Brot, dessen Geruch verlockend von einem in der Nähe betriebenen Backofen aufstieg. Während sie auf den alten Mann warteten, hörten sie das Kreischen von Rädern und einen krachenden Zusammenstoß. Jemand schrie auf, laute Stimmen erhoben sich aus dem allgemeinen Getöse. Da die Luft dicht voll Staub hing, konnte Larthi nicht erkennen, was vorgefallen war. Mittlerweile hastete der mit Broten beladene Teitu vom Bäcker heran und meldete keuchend: ‚Ich fürchte, Herrn Caile ist etwas geschehen; ich sah gerade, wie sein Wagen mit einem anderen zusammenstieß.‘

Stirnerunzelnd stieg Laris Matunas ab, um seinem Bruder zu helfen, und Teitu folgte ihm, sobald Peci ihm die Brote abgenommen hatte.

Ein wenig später kamen beide mit der beruhigenden Nachricht zurück, der Unfall war nicht ernst, obgleich er offenbar Caile einen Zahn gekostet hatte. Voll Ungeduld, einen Bauernkarren zu überholen und sich wieder der Familie anzuschließen, die er aus dem Auge verloren hatte, war Caile mit ihm zusammengerannt; der Aufprall hatte ihn gegen die vordere Wagenbrüstung geschleudert, eine Platzwunde an der Lippe hervorgerufen und einen seiner Vorderzähne abgebrochen.

Zwar tat Larthi ihr Onkel leid; gleichzeitig mußte sie aber auch über ihn lachen: wie war er immer so hastig und ungeschickt! Sie vermutete, daß der Verlust eines Zahnes an sichtbarer Stelle ihm schmerzlicher sein werde als die Wunde. Da man mit Sicherheit in Velzna einen Arzt würde finden können, entschlossen sie sich, für den Augenblick nur die geplatzte Lippe von Peci und Cailes griechischem Sklaven auswaschen zu lassen.

Die Maultiere begannen jetzt, eine lange schräge Halde hinaufzuziehen, die, wie es Larthi schien, zum Gipfel eines Bergkegels führte. Der Verkehr hatte nachgelassen, da die meisten Reisenden eine weiter östlich durch sanftere Hügelketten ziehende Straße gewählt hatten. Gerade als sie die Höhe erreichten, war die Sonne im Sinken. Larthi holte tief Atem, als sie eine völlig unerwartete Aussicht vor sich ausgebreitet sah: tief unter ihnen, im Grunde eines alten Kraters mit dicht bewaldeten Hängen, lag ein großer See, dessen stilles Wasser im sanften Licht des Sonnenuntergangs wie ein Silberspiegel glänzte.

‚Das ist der See von Velzna', sagte Laris Matunas feierlich; ‚ich habe diesen Weg gewählt, um ihn Dir zu zeigen.'

Cupe hielt an, damit die Maultiere ausruhen und der Rest der Wagen sie einholen konnten. Larthi breitete die Arme aus und zog die kühle Abendluft mit Genuß ein. Der Zauber des Ortes berührte sie tief. Gerade wollte sie ihren Vater fragen, ob jemand auf den beiden Inseln im See wohne, da deutete er auf die dunkler werdenden Wälder jenseits des Kraters und sagte: ‚In einer Lichtung hinter dem Hügel dort liegt das Heiligtum der Schicksalsgöttin Nortia.'

Larthi kam es vor, als sei plötzlich ein Schatten auf sie gefallen. Sie wußte, daß der Tempel dieser Gottheit unauflöslich mit dem Geschick der zwölf Rasennastädte verbunden war. Denn einem alten Ritus zufolge, mußte der Hauptpriester des Bundes jedes Jahr einen Nagel in die Wand des Schreins hämmern; so stellte jeder der vielen Nägel ein verflossenes Jahr im Ablauf der für die Nation zugemessenen Lebensdauer dar. Die symbolische Handlung des Priesters machte auf diese Weise sichtbar, daß die durch göttliche Satzung festgelegte Zahl von Jahren unerbittlich weiter abnahm. Und jedes beginnende Jahr konnte das gefürchtete Vorzeichen bringen, demzufolge ein neues saeculum anbrach; kein Sterblicher erahnte dessen Dauer und was es bringen werde. Von Kind an hatte Larthi nie ohne Schaudern vom Heiligtum der Nortia sprechen hören. Ob ihr Vater ähnlich empfand?

Er fuhr fort: ‚Dieser See im Herzen des Rasennalandes ist seit jeher ein Spiegel unseres Geschicks gewesen. Die Götter, die darüber entscheiden, haben in ihm oft ihren Willen und Unwillen zum Ausdruck gebracht. Im Augenblick sieht das Wasser still und friedlich aus, aber es kann zu wilder und zerstörerischer Wut aufgepeitscht werden. In ferner Vorzeit gab es dort drunten am Ufer blühende Fischerdörfer, doch die Überlieferung berichtet, daß sie in einer großen Sturmflut versanken, in der auch alle Sterblichen umkamen, dem Ratschluß des Tinia und der ihm beistimmenden Götter gemäß.‘

Unwillkürlich hob Larthi beide Hände in einem stillen Schutzgebet. Wie düster schien doch die Vergangenheit und wie undurchdringlich die Zukunft!

Die sinnfällige Schönheit dieser nun in volles Mondlicht getauchten Landschaft stimmte jedoch so wenig mit den verhängnisvollen Ereignissen überein, deren sie einst Zeuge gewesen war, daß Larthis Seele sich aus ihrer Bedrückung erhob. Wie ein silbernes Band folgte der vor ihnen liegende Weg dem Kraterrand. Sie wußte, daß sie beim Morgengrauen ihr Ziel erreichen würden – das Heiligtum des Voltumna bei der uneinnehmbar auf ihrem Felshügel liegenden Stadt Velzna. Ein überwältigendes Gefühl von Vorfreude durchströmte sie plötzlich, als eine Nachtigall im Buschwerk am Wegrand zu schlagen begann.

2

Die Ebene am Fuß des Plateaus von Velzna glich einem riesigen geschäftigen Lager. Hunderte von mit Planen bedeckten Wagen und offenen Karren dienten ihren Besitzern jetzt als zeitweilige Unterkunft. Wie all die übrigen Adelsfamilien, hatte auch die des Laris Matunas ihre Zelte etwas abseits der Masse von Menschen und Zugtieren aufschlagen lassen. Die in bunten Streifen und Quadraten gewebten Zelttücher standen leuchtend vor dem Grün der Bäume. Entlang der Straße, die zu den rostfarbenen Klippen des Stadtplateaus hinaufführte, standen zahllose Buden von fliegenden Händlern; jede erdenkliche Ware wurde dort angeboten und verhökert. Zwischen diesen Läden hatte Teitu bereits die Hütte eines Mannes entdeckt, der sich brüstete, Knochen wieder einrenken und Zähne flicken zu können. Schon nachdem Peci Cailes Gesicht vom verkrusteten Blut gereinigt hatte, konnte Larthi feststellen, daß sein angeblich abgebrochener Zahn nur etwas lose war. Nichtsdestoweniger hatte ihr Onkel darauf bestanden, daß ein Arzt zu Rate gezogen werden müsse.

‚Es ist wirklich zu schade, daß Sombrotidas Ceizra auf immer verlassen hat', sagte er zu Larthi, während sie Teitu durch die Menge folgten, ‚er war der einzige Doktor, in den ich etwas Vertrauen setzte. Was wohl aus ihm geworden ist und aus Eurem griechischen Sklaven, den er mit nach Delphi genommen hat?'

‚Wir haben nie wieder etwas von ihnen gehört. Aber ich werde Sombrotidas ewig dankbar dafür sein, daß er uns von Elachsantre erlöst hat.' Larthi erhob die Hand in der übelabwehrenden Geste. Fünf Jahre waren vergangen, ohne daß ihre Angst vor seinem Fluch nachgelassen hätte. Marce, der Anlaß dazu gewesen war, litt weiter an den Folgen: Avile Spurinna und sein Sohn waren immer noch heimatlos, gezwungen, im Gefolge der Tarquinier von Stadt zu Stadt zu ziehen, während der verbannte König nach Mitteln und Wegen suchte, in Ruma wieder an die Macht zu gelangen. Larthi war jetzt davon überzeugt, daß die Tarquinier keinerlei Aussicht mehr hatten, je auf den Thron zurückzukehren, aber sie hielt ihre Ansicht vor Ramtha geheim; ihretwegen kam Marce gelegentlich nach Ceizra. Bei seinem letzten kurzen Besuch hatte er berichtet, daß er jetzt mit den Tarquiniern nach Tusculum in Latium ziehen werde.

‚Das hier ist die Hütte des Arztes', sagte Teitu und hielt im staubigen Schatten einer Bude an, wo schon eine Menge gemeinen Volkes auf Krücken und mit verbundenen Gliedmaßen wartete.

‚Macht Platz für die Herrschaften!' Teitu hatte die Stimme erhoben und drängte einen finster blickenden jungen Mann aus dem Weg, an dessen Arm Larthi eine schwärende Wunde sah. Von unterdrücktem Murren begleitet, traten sie in die Hütte. Der Arzt war gerade dabei, einen Patienten mit dem Saugnapf zur Ader zu lassen. Ein abstoßend süßlicher Blutgeruch erfüllte den erdrükkend heißen, kleinen Raum, in dessen einer Ecke ein Holzkohlenöfchen zum Erhitzen weiterer bronzener Saugnäpfe diente. Als der dicke, hochrot aussehende Mann, der auf einem Feldbett lag, bei der Behandlung zu stöhnen begann, sagte Larthi hastig zu ihrem Onkel: ‚Sicher kann Teitu Dir hier mehr nützen als ich; mich brauchst Du wohl kaum.' Caile nickte geistesabwesend, während er sich angeekelt in der Hütte umschaute, und Larthi trat erleichtert ins Freie.

Etwas früher am Morgen, als sie mit Peci zwischen den Läden umhergegangen war, hatte Larthi einen Stand entdeckt, auf dem besonders feines Leinen angeboten wurde. Da ihr Vater ein paar neue Leinenhemden brauchte, versuchte sie jetzt, wieder dorthin zu finden. Tante Culni hatte immer behauptet, daß der Flachs von Tarchuna unübertroffen sei, und Larthi war entschlossen festzustellen, ob dieses Leinen tatsächlich von dort kam oder aus dem Faliskerland, das eine gröbere Sorte lieferte. In Ceizra selbst wurde kein guter Flachs angebaut.

Nachdem sie sich einen Augenblick auf die Zehenspitzen gestellt und über die Köpfe der Menge hinweggespäht hatte, entdeckte sie den Laden in der Ferne. Da hörte sie plötzlich hinter sich eine Männerstimme sagen: ‚Hat sich die Tochter von Laris Matunas etwa verirrt?'

Larthi drehte sich um und erkannte jemanden, an den sie lange nicht gedacht hatte. Vor ihr stand Thefarie Velianas, etwas beleibter als früher und umgeben von Gefolgsleuten mit Stöcken.

‚Nein', gab sie zurück, ‚ich hielt nur nach einem Laden Ausschau und habe ihn gerade eben wieder entdeckt. Diese Menschenmassen verwirren einen so,' fügte sie etwas ärgerlich hinzu, da sie die Art, wie er sie anstarrte, unangenehm fand.

Ohne die Augen von ihr abzuwenden, sagte er nun: ‚Es ist schon viele Jahre her, daß ich zum ersten Mal die Ehre hatte, Dich aus einer Menge herauszubegleiten, darf ich es jetzt wieder tun?'

Es war beunruhigend, so unerwartet wieder auf ihn zu stoßen, doch ohne unhöflich zu erscheinen, konnte Larthi sein Angebot nicht einfach ablehnen. Während sie nebeneinander auf den Laden zugingen, machte sein Gefolge mit viel Umstand Platz für sie. Es kam ihr etwas anmaßend vor, daß jemand von so kleiner Herkunft wie Thefarie Velianas sich wie ein Aristokrat gebärdete und sich mit einer Leibgarde umgab. Zwar stimme es, daß sein Vater durch Geschäfte außerordentlich reich geworden war, aber das bedeutete doch nicht, daß er zu den guten alten Familien von Ceizra gehörte. Tatsächlich waren gerade in diesem Augenblick alle die Familienoberhäupter, die wirklich zählten, im Heiligtum des Voltumna versammelt, um an der alljährlichen Wahl eines der zwölf Stadtkönige zum Bundesanführer teilzunehmen. Zerstreut betrachtete Larthi die Leinenballen, die der Händler feilbot, indem sie darüber nachgrübelte, wo sich Thefarie Velianas wohl diese ganzen Jahre aufgehalten haben könnte. Seit ihrem ersten Treffen während des Aufruhrs in Ceizra hatte sie ihn nicht mehr gesehen. Er schien ihre Gedanken erraten zu haben, denn er sagte: ‚Ich bin erst kürzlich in die Heimat zurückgekehrt.

Geschäfte haben mich in fremden Ländern festgehalten. Wie schnell doch die Zeit vergangen ist, aber inzwischen bist Du aus einem Kind zum Mädchen geworden.'

Wieder fühlte Larthi, daß er sie mit den Augen verschlang, und Widerwille stieg in ihr auf. Prüfend befühlte sie eine der vor ihr ausgebreiteten Leinwandbahnen und fragte den Verkäufer, wo der Stoff hergestellt sei.

'Beste Qualität aus Tarchuna', sagte er ehrerbietig.

Sie war im Begriff auszurechnen, wieviel Stoff für vier lange Hemden nötig sei, da flüsterte ihr Thefarie Velianas ins Ohr: 'Ägyptisches Leinen ist viel besser. Ich habe zufällig eine ganze Menge davon aus Karthago mit nach Ceizra gebracht und würde Dir gerne etwas davon schenken.'

Betreten von solchem Mangel an Feingefühl, sagte Larthi zurückhaltend: 'Ich bin noch gar nicht sicher, ob ich überhaupt Leinen brauche', und trotz der offensichtlichen Enttäuschung des Verkäufers wandte sie sich zum Gehen.

Thefarie Velianas folgte ihr auf dem Fuß. Er schien gemerkt zu haben, daß sie sein Benehmen aufdringlich fand, denn er blieb unvermittelt stehen und entließ sein Gefolge. Als er sie wieder eingeholt hatte, sagte er bittend: 'Verzeih, wenn ich Dich beleidigt habe. Ich wollte Dir nur eine Freude bereiten. Würdest Du mir vielleicht erlauben, Dir ein paar von den schönen Dingen zu zeigen, die ich, dank dem Schutz der Göttin Uni, aus dem Ausland mitgebracht habe?'

Larthi war von seiner Bescheidenheit und Frömmigkeit besänftigt und beschloß, ihn nicht zu hart zu behandeln. 'Vielleicht ein anderes Mal, wenn ich weniger zu tun habe. Jetzt muß ich gehen und sehen, wie es um meinen Onkel steht.' Sie verabschiedete sich mit kühler Freundlichkeit und wandte sich wieder der Hütte des Arztes zu. Obgleich Thefarie Velianas auf der Stelle stehenblieb, fühlte sie, daß er sie nicht aus den Augen ließ, bis sie in der Menge untergetaucht war.

Laufender Knabe am Meer. Gravierter Bronzespiegel. London. British Museum

‚Ich hoffe nur, Du hast Deinen Spiegel bei Dir', sagte Onkel Caile bereits zum zweiten Mal zu Larthi, als sie auf dem Rückweg zu ihren Zelten waren. ‚Ich muß mir wirklich anschauen, wie mein Zahn jetzt aussieht. Er fühlt sich sehr merkwürdig an, und ich bin etwas besorgt, daß mein Aussehen darunter leiden könnte.' Larthi versicherte ihm noch einmal, daß ihr Spiegel in ihrem Zelt sei und daß sein loser Zahn jetzt mittels eines Goldblechstreifens fest mit dem benachbarten verbunden sei. ‚Du wirst sehen, daß es sehr säuberlich gemacht ist', fügte sie hinzu. ‚Dein Lächeln wird in Zukunft immer besonders strahlend sein.'

Onkel Caile befingerte den ungewohnten Zusatz und murmelte: ‚Ich kann Dir versichern, daß es kein Vergnügen war. Der Mann hat mir recht weh getan; aber wenn es jetzt gut wirkt, dann war es der Mühe wert.'

Als Larthi ihren Spiegel herausgeholt hatte, ergriff er ihn eilig und betrachtete sich länger darin, indem er alle möglichen Gesichter schnitt. ‚Was hältst Du davon?' fragte er Peci, die mit Mühe ein Lächeln unterdrückte.

‚Es muß von einem sehr geschickten Mann gemacht worden sein, Herr.'

‚Ja, natürlich; aber ich meine, wie sehe ich aus?'

In diesem Augenblick traten Laris Matunas und seine beiden Kollegen heran, und Caile bleckte sofort wieder die Zähne und forderte sie auf, sich über sein Aussehen zu äußern.

‚Es ist bemerkenswert gut gemacht', sagte Laris Matunas zunächst mechanisch und fuhr dann voll Unruhe fort: ‚jetzt muß ich Dir aber berichten, was gerade eben in der Versammlung vorgefallen ist – es war eine ganz unglaubliche Szene.'

Larth Repesunas zog an seinem langen grauen Bart, schüttelte den Kopf und murmelte vor sich hin.

‚Ist Vetter Velthur wieder erwählt worden?' fragte Larthi eifrig, und Caile, der endlich den Spiegel hingelegt hatte, wandte sich neugierig seinem Bruder zu.

‚Nein', sagte der, und bevor er weiter sprechen konnte, unterbrach ihn Piana Velavesnas empört: ‚Es wäre natürlich die beste Lösung gewesen, unseren Lauchume im Amt zu lassen, da sich die anderen Könige nicht über die Nachfolge einigen konnten.'

‚Selbstverständlich wäre es in diesen unruhigen Zeiten das Gegebene, daß der erfahrenste Herrscher unter den Königen der zwölf Städte der Anführer des Bundes bliebe', bestätigte Laris Matunas.

Piana Velavesnas nickte mit Nachdruck, während Caile ungeduldig sagte: ‚Warum erzählst Du uns nicht endlich, was vorgefallen ist?'

‚Also, zunächst stimmten die Herrscher von Tarchuna und Pupluna mit dem Lauchume von Vetluna überein, daß Vetter Velthur wieder erwählt werden solle, weil er in den letzten Unruhen ein weiteres Mal seine Weisheit und Tatkraft erwiesen habe. Während die anderen noch am Beraten waren, stand plötzlich Laris Porsenna von Clevsina auf und griff Vetter Velthur mit Schmähungen an. Er beschuldigte ihn, sich mit den Feinden der Rasenna verschworen zu haben, nur um einer unfähigen Familie von schwächlichen Ausreißern zu helfen, wieder an die Macht zu kommen.'

‚Es war ein unerhöhrter Ausbruch', bemerkte Larth Repesunas, indem er sich die blutunterlaufenen, tränenden Augen wischte und Thresu bedeutete, ihm einen Feldstuhl zu bringen. ‚In meinem ganzen langen Dasein habe ich so etwas noch nie erlebt.'

‚Hat er sich wirklich in dieser Form über König Tarquinius und seine Söhne zu äußern gewagt?' fragte Larthi ungläubig.

‚Man sollte es kaum für möglich halten!' rief Caile empört aus.

‚Tatsächlich', fuhr Laris Matunas fort, ‚er beschimpfte die Tarquinier weiter ganz ungezügelt und warf ihnen vor, daß sie erst durch Unterdrückung der Bevölkerung Unzufriedenheit in Ruma geschaffen und sich dann unfähig erwiesen hätten, mit dem entstandenen Aufruhr fertig zu werden. Sein eigenes Eingreifen und seine Machtübernahme entschuldigte er damit, daß er nur im Interesse aller Rasenna das gefährliche Vakuum dort gefüllt habe. Wie fast zu erwarten, zollte der Lauchume von Velzna dieser verfälschten Darstellung der Ereignisse lebhaft Beifall.'

‚Wie unverschämt!' warf Caile Matunas ein, ‚wo doch jeder weiß, daß dem Laris Porsenna nichts als das Interesse von Clevsina am Herzen liegt. Deshalb ist er darauf aus, Zugang zur Küste zu gewinnen, und wenn er erst einmal Ruma und die Tibermündung in der Hand hat, dann kann er all sein überschüssiges Getreide billig verschiffen und teuer verkaufen, und das Salz, was dort gewonnen wird, hat er noch dazu.'

,Es war sehr geschickt, wie er die antigriechische Einstellung der meisten Könige ausnutzte', bemerkte Piana Velavesnas. ,Zunächst gelang es ihm ohne weiteres, sie mit der Geschichte zu beeindrucken, daß er ein Nationalheld sei, der dies von den Tarquiniern unverantwortlicherweise aufgegebene Gebiet gegen drohende Angriffe von Latinern und Griechen verteidigt habe. Dann behauptete er auch noch, daß er in einer Stadt voll republikanischer Aufrührer das geheiligte Prinzip der Monarchie aufrechterhalten habe.'

,Wie dem auch sei', fiel Laris Matunas jetzt ein, ,der König von Veii bewies der Versammlung bald, wie falsch alle diese Behauptungen waren. Sein Interesse an dem, was auf der anderen Tiberseite vorgeht, ist natürlich beträchtlich, und er hat ausgiebig Gelegenheit gehabt, die Machenschaften von Laris Porsenna aus der Nähe zu beobachten. Er wies darauf hin, daß Laris Porsenna, weit davon entfernt, die Monarchie in Ruma aufrecht zu erhalten, dazu gezwungen worden war, sich nach einer Weile aus der Stadt zurückzuziehen und zu dulden, daß die Regierung dort nun von zwei hohen Verwaltungsbeamten ausgeübt werde. Allerdings habe er es fertiggebracht, für dieses neue Konsulsamt seine eigenen Parteigänger, Leute wie Spurius Lartius und Titus Herminius wählen zu lassen; er habe die Kornlieferungen für die hungernde Stadtbevölkerung zurückbehalten und damit Druck auf die Wählerschaft ausgeübt. Auf diese Weise hat er dafür gesorgt, daß zwar Männer von Rasennablut zum Zuge kamen, aber doch solche, die keinerlei Sympathie für die Tarquinier hatten. Im übrigen glaube ich nicht, daß sie und ihr Anhang sich lang werden halten können.'

,Hat Vetter Velthur irgend etwas gesagt? fragte Larthi.

‚Kein Wort', kam es rasch von Piana Velavesnas. ‚Er hielt sich aus diesem entwürdigenden Streit zwischen den Königen heraus und wollte auch seine eigenen Ansprüche nicht durchsetzen. Doch zunächst hat er die auf die Tarquinier gemachten Anwürfe zurückgewiesen und aufgezeigt, daß sie erst als letzte Zuflucht nach Tusculum gegangen sind, nachdem keine der Rasennastädte sich bereit fand, sie wirklich tatkräftig zu unterstützen.'

‚Na, und was ist dann passiert?' drängte Caile, und Laris Matunas nahm wieder das Wort. ‚Als es Laris Porsenna klar wurde, daß die Rede des Königs von Veii die Versammlung ganz umgestimmt hatte und sein Ehrgeiz, zum zilath mechl rasnal gewählt zu werden, vereitelt worden war, da verlor er völlig die Gewalt über sich und schrie wütend, daß er alle seine Akrobaten und Schauspieler von der Vorstellung morgen fernhalten werde.'

‚Das wäre aber die allergrößte Schande!' rief Caile hitzig aus, ‚seine Leute sind bei weitem die besten – nichts wäre schlimmer, als wenn ihre Vorführung nicht stattfände!'

Laris Matunas blickte seinen Bruder streng an und fuhr fort: ‚Solch unbeherrsches und kindisches Benehmen nahm die Könige vollends gegen Laris Porsenna ein. Aber anstatt Vetter Velthur aufzufordern, ein weiteres Jahr im Amt zu bleiben, wählten sie Karcuna Tulumnes, den Herrscher von Veii. Der vorgebliche Grund dafür war, daß er am besten in der Lage sein würde, eventuelle gemeinsame Unternehmungen anzuführen, da Veii die dem umstrittenen Gebiet am nächsten liegende Stadt sei. Aber ich bin überzeugt, daß sie in Wirklichkeit Vetter Velthur wegen seiner Freundschaft mit den Tarquiniern nicht wieder gewählt haben. Und natürlich mögen unsere Könige die Latiner nicht, zu denen sich Tarquinius jetzt geflüchtet hat, und die Griechen von Kyme ebensowenig, um deren Hilfe er sich gleichfalls bemüht.

‚Es war eine beklagenswert unkluge Entscheidung', rief Piana Velavesnas aus. Obgleich Larthi seine Ansicht teilte, begann sie sich Gedanken darüber zu machen, warum er wohl ein so leidenschaftlicher Anhänger von Vetter Velthur war. Sie selbst fühlte sich natürlich bitter enttäuscht vom Ausgang der Wahl, die einen Schlag für den Familienstolz bedeutete, aber warum trug Piana Velavesnas so betont seine Gesinnung zur Schau? Freilich, er war ein Verwandter von Veilia, der Frau des Königs.

‚Es wird ihnen bald leid tun', rief Caile aus, ‚besonders morgen!'

Laris Matunas unterbrach ihn mit tiefem Ernst: ‚Laßt uns die Götter um Hilfe anflehen. Denn wehe uns, wenn sie den Königen diese Entscheidung eingegeben hätten, um das Ende eines Säkulums herbeizuführen, das unser Ceizra auf die Höhe der Macht geführt hat!'

Alle erhoben die Hände in feierlichem Bittgebet.

3

Larthi verwendete zum ersten Mal ungewöhnlich viel Sorgfalt auf ihre Toilette. Sie hatte gerade einen von Tante Culnis hauchdünnen, mit Rosetten bestickten Chitonen angezogen, und Peci war ihr nun behilflich, einen leichten, rotgesäumten Mantel umzuwerfen, so daß die beiden Spitzen des im Halbkreis geschnittenen Stoffes in anmutigen Falten vorne und hinten von ihrer Schulter herabfielen. Peci trat zurück und musterte ihre Herrin mit Zufriedenheit. Wenn ich sie doch nur dazu bringen könnte, sich immer so um ihr Aussehen zu bemühen, dachte Peci. Sie reichte Larthi die Halskette ihrer Mutter, deren aus Goldblech getriebene, linsenförmige Anhänger mit übelabwehrenden Gorgonenmasken geschmückt waren. Die drei größten Anhängsel in der Mitte waren etwas stärker gewölbt als der Rest und enthielten mit Duftöl getränkte Leinenstreifchen. Larthi zog den Stöpsel aus einem der Behälter und roch daran.

‚Ich habe die Kette so lange nicht getragen, daß der Duft ganz verflogen ist', sagte sie enttäuscht und verschloß ihn wieder.

Peci kniete nieder und fing an, in dem großen Weidenkorb zu suchen, in dem Larthis Sachen untergebracht waren. Er diente ihnen im Zelt als improvisierter Tisch.

‚Wartet doch, Herrin! Ich bin sicher, daß ich die Parfümflasche eingepackt habe – hier ist sie!' Triumphierend hielt sie das Alabastergefäß in die Höhe, und gemeinsam füllten sie dann ein paar Tropfen der kostbaren Essenz in jeden der drei Anhänger. Ein angenehmer Duft von Blumen und Kräutern verbreitete sich im Zelt. Als sie die Kette angelegt hatte, ergriff Larthi den Spiegel, warf ihre Locken zurück und betrachtete sich prüfend.

‚Mein Gesicht ist zu schmal', seufzte sie, ‚und meine Backenknochen sind zu hoch – und daran ist einfach nichts zu ändern!' Sie ließ den Spiegel auf ihr Bett fallen und sagte entmutigt: ‚Meine Haarfarbe gefällt mir auch nicht – was hältst Du davon: soll ich mir die Haare bleichen wie Veilia?'

‚Nein, Herrin', sagte Peci mit Nachdruck, ‚das würde Euch gar nicht stehen. Solch dunkles Haar paßt gut zur braunen Augenfarbe, und ich finde, daß Ihr schön seid.'

Larthi umarmte sie mit dankbarem Lächeln. ‚Was würde ich wohl tun, wenn ich Dich nicht hätte?' rief sie aus und fragte sich, warum sie in einer so seltsamen Stimmung war: eine Mischung von freudiger Sehnsucht und angstvoller Erwartung erfüllte sie. Hatte dies Gefühl der Vorahnung eines großen Erlebnisses wohl etwas damit zu tun, daß sie zum ersten Mal der heiligen Handlung beim Tempel des Voltumna beiwohnen würde?

Laris Matunas, Larthi und ihr Onkel, gefolgt von Teitu und Peci, waren unterwegs zum Versammlungsplatz. Die Haushaltssklaven liefen vor ihnen her, um den Weg durch die Menge zu bahnen. Gestank von Unrat und Rauch hing über dem schon heißen Lager, und Larthi bediente sich rasch ihrer wohlriechenden Halskette. Sie öffnete im Gehen den Stöpsel eines Anhängers und sog den daraus aufsteigenden köstlichen Geruch ein. Die meisten Männer hatten sich schon am Fuß des Hügels versammelt, der vom Tempel des Voltumna mit seinem breitausladenden Dach bekrönt war. Viele der Frauen hingegen kauerten noch, die Säuglinge an der Brust, vor Holzkohlenöfchen, um den ungeduldig wartenden Kindern Brei zu kochen. Pferde und Maultiere weideten die letzten Grashalme vom staubigen Boden, und Hunde wühlten in den Abfallhaufen, die überall umherlagen. Die Wiesen unterhalb des Tempelbezirks wirkten dagegen angenehm kühl und frisch. Zwischen den Stämmen schattenspendender Pappeln und Ulmen, die sie umgaben, waren Weinranken in üppigen Girlanden gezogen. Eine Mulde im Hang des heiligen Hügels diente den privilegierteren Festteilnehmern als natürlicher Zuschauerraum. Für die Könige waren Klappstühle in der ersten Reihe aufgeschlagen und dahinter viel Platz für ihre Familien und die anderen Adligen reserviert worden. Das gemeine Volk mußte sehen, wo es weiter oben am Abhang oder zu seiten des Hügels unterkam. Eine Anzahl von Jungen waren auf Bäume geklettert und genossen von dort eine gute Aussicht auf alles.

‚Da kommen sie!' hörte Larthi einen von ihnen rufen, und kurz darauf ließ sich in der Ferne der Klang näherkommender Musik vernehmen. Vorneweg zogen Trompeter, gefolgt von der feierlichen Prozession der Könige, die vom Bundesheiligtum auf dem Hügel herabstieg, wo sie Voltumna ein Dankopfer für die reiche Ernte dargebracht hatten. Nur Laris Porsenna von Clevsina fehlte; er hatte seine Drohung wahrgemacht und hielt sich und sein Gefolge von der Zeremonie fern.

Der Herrscher von Veii marschierte an der Spitze, umgeben von elf Liktoren, die das Symbol der königlichen Macht über der Schulter trugen, die aus einem Rutenbündel ragende Doppelaxt. Alle anderen Könige hatten bei dieser Gelegenheit ihren eigenen Liktor dem erwählten Bundesoberhaupt überlassen, um auf solche Weise ihre Anerkennung seiner zeitlich begrenzten Ober-

Tänzerin. Wandmalerei aus der Tomba del Triclinio. Tarquinia ▶

herrschaft darzutun. Hinter den in prächtig bestickte Purpurgewänder gekleideten Königen kamen die Priester des Voltumna und des Maris sowie örtliche Beamte und Würdenträger, während den Schluß des Zuges wiederum Musikanten bildeten. Alle Prozessionsteilnehmer waren bekränzt. Die Zuschauer erhoben sich nun, um die Herrscher mit ehrfurchtsvollem Beifall zu begrüßen. Das überwältigende Bewußtsein, daß ihnen von den Göttern übermenschliche Macht gewährt worden war, erfüllte alle Anwesenden. Der weltlichen Macht der Könige entsprach ihre religiöse Bedeutung; denn sie allein waren die Vermittler zwischen der Masse der Rasenna und dem unerforschlichen Rat der Götter, der über das Geschick der Nation entschied. Sicherheit und Wohlstand für alle hing von der minuziösen Befolgung geheiligter Vorschriften und Riten ab; deren weitläufige und vielschichtige Überlieferung war von Urzeiten an Sache der Herrscherfamilien und ihrer Priester gewesen. Niemand außer ihnen verstand, die Zeichen vom Himmel richtig zu deuten.

So vertraut Larthi mit Vetter Velthurs eindrucksvoller Erscheinung war, erschien ihr doch, als ob ihn bei dieser Gelegenheit ein Glanz besonderer Hoheit umgäbe. Sein Amt und seine geheiligten Pflichten erhoben ihn gleichsam in einen Bereich von Erhabenheit, der gewöhnlichen Sterblichen unzugänglich blieb. Mit angehaltenem Atem sah sie zu, wie er und die anderen Könige Platz nahmen, und es kam ihr vor, als blicke sie auf eine Götterversammlung, die in würdevoller Pracht dort thronte. Als die Priester und Liktoren sich an den ihnen zukommenden Stellen postiert hatten, trat der Oberpriester des Maris auf den offenen Platz vor den Altar. Mit feierlich in Gebetshaltung erhobenen Händen rief er den Gott zum Zeugen dafür an, daß die Rasenna dieses Jahr die Periode der Feldzüge beendet hätten; zum Zeichen davon werde nun der traditionelle Waffentanz aufgeführt. Die absolute Stille nach diesem Gebetsanruf wurde plötzlich vom Gehämmer eines Spechts am Stamm eines naheliegenden Baumes unterbrochen. Die Versammlung erbebte vor Ehrfurcht – der Gott selbst war gegenwärtig!

Nach einer Weile gab der Priester den Trompetern Zeichen, den Beginn des Rituals zu verkünden, und Flötenspieler stellten sich zu beiden Seiten des Altars auf. Während sie anfingen, eine Melodie in merkwürdigem Dreitakt zu spielen, erschien hinter einer Baumgruppe im Mittelgrund eine Schar von zwölf Priestern des Maris. Sie waren in kurze, bunte Tuniken und spitze Helme mit hohen Büschen gekleidet. Am linken Unterarm trug ein jeder von ihnen einen mit Ziernägeln beschlagenen ovalen Bronzeschild, aus dem oben und unten ein halbkreisförmiges Segment geschnitten war. Die Priesterschaft bewegte sich jetzt, dem rhythmischen Dreitakt der Musik folgend, hüpfend vorwärts, indem sie kurze Speere schwangen und in regelmäßigen Abständen damit gegen ihre Schilde schlugen. Angeführt wurde die Reihe durch den Vortänzer, der angab, in welcher Richtung und wie die Tanzschritte auszuführen waren; hinter ihm kam ein Sänger, der die Worte eines altehrwürdigen Hymnus intonierte, volltönend antworteten die anderen Tänzer, wenn sie nicht gerade ihre Schilde aufklingen ließen. Zwölf Mal hatten sie so den Altar des Maris umkreist, da sprangen sie alle – und dies bildete den Gipfelpunkt der Vorführung – mit durchdringendem Triumphgeschrei in die Höhe und schmetterten klirrend ihre Schilde gegeneinander. Danach vollzog der Oberpriester das Opfer an Maris, die Tänzer schoben durch die Ledergriffe ihrer Schilde einen Speer, den zwei von ihnen dann, über die Schulter gelegt, zwischen sich zum Heiligtum zurücktrugen. Dort wurden die Schilde untergebracht bis zur nächsten Vorführung des Waffentanzes im Frühling. Mit diesem abermaligen Waffentanz wurde die neue Feldszugsperiode eröffnet.

Larthi hatte den Kulttanz mit lebhaftester Anteilnahme beobachtet. Sie rief sich dabei die Überlieferung ins Gedächtnis, derzufolge zur Zeit König Tarchons einer dieser Schilde als Talisman für den Herrscher und das Volk von Tarchuna vom Himmel gefallen war. Um dies göttliche Geschenk vor Unbill und Diebstahl zu bewahren, ließ Tarchon elf Nachbildungen anfertigen. Alle zwölf Schilde wurden zusammen aufbewahrt. Niemand wußte, welches der ursprüngliche Talisman sei. Im Lauf der Zeit wurden die Schilde zum Symbol der zwölf Städte der Rasenna und dienten jedes Jahr für die heiligen Zeremonien, denen sie eben beigewohnt hatte. Als sie dem tief durch den Hain hallenden Klang der Bronze gelauscht hatte, fühlte sie sich wie weggerissen von einem Strom: sie begriff die Macht, die von dem magischen Schild ausging; und alle da Versammelten, die sich im Rhythmus mit der Musik wiegten, hatten die gleiche Erfahrung gemacht – der Ort war lebendig, voll göttlicher Wirksamkeit und Kraft.

Ganz allmählich nur wurde der Bann gebrochen, als die Könige anfingen aufzustehen und miteinander zu sprechen. Auch Larthis Vater erhob sich nun und sagte zu ihr: ‚Laß uns auf eine Weile zu Vetter Velthur hinübergehen, wir haben noch Zeit, bis das Ritual der Truia beginnt.‘ Er winkte Caile, mitzukommen.

Larthi blickte hinüber zu der Gruppe der Könige und ihrer Familien, die sich ihnen jetzt zugesellt hatten. Da fiel ihr ein hochgewachsener, schwarzlockiger junger Mann auf, der, mit dem Rücken ihr zugekehrt, Vetter Velthur gegenüberstand. Ihr Puls schlug plötzlich rascher. Als sie herangetreten waren, wandte er sich um und streckte ihr lächelnd die Hand zum Gruß entgegen.

‚Aranth ist auf immer heimgekehrt‘, sagte Vetter Velthur und legte den Arm um die Schulter seines Sohnes, so als ob er ihn Larthi zuführen wolle, ‚er traf kurz nach unserer Abfahrt in Ceizra ein und ist gleich weitergereist, um hier mit uns zusammen sein zu können. Erkennst Du Deinen Vetter wieder?‘ fragte er Larthi neckend.

Ihre Hand lag immer noch in der von Aranth. Langsam senkte sie den Blick, den Aranths Augen gefangengehalten hatten. ‚Er ähnelt Dir in der Gestalt und im Gesichtsschnitt . . .‘, murmelte sie und fand dann keine Worte mehr.

‚Als ich Dich zum letzten Mal sah, warst Du noch ein wildes kleines Ding, die nichts lieber wollte, als auf mein Schiff kommen und alte Griechengeschichten von mir hören: über Seeungeheuer, die drunten im Süden bei der Meerenge Seefahrer verschlingen.‘

Aranths tiefe, doch warme Stimme ließ jede Faser ihres Wesens antworten. Lächelnd blickte sie zu ihm auf, und wieder tauchten ihre Augen in die seinen – braun wie die von Vetter Velthur, doch mit Gold durchsprenkelt, als ob sie ständig von innerer Heiterkeit aufleuchteten.

‚Ich möchte immer noch Dein Schiff anschauen‘, sagte sie fröhlich, ‚und Du mußt mir erzählen, ob Du auf solche Ungetüme wie Skylla und Charybdis gestoßen bist. Aber Du warst so lange weg, daß ich wirklich geglaubt habe, Du wärest ins Land der Lotosesser geraten und hättest uns allesamt vergessen.‘

Aranth lachte ihr zu, aber dann sagte er, plötzlich ernst werdend: ‚Nein, ganz andere Dinge haben mich von zuhause ferngehalten. Vielleicht darf ich Dir eines Tages von meinem Leben in der Fremde erzählen.‘

‚Ich kann es kaum abwarten‘, sagte sie, beschwingt von Freude.

‚Wir wollen heute abend Aranths Heimkehr mit einem Festmahl feiern‘, unterbrach sie Velthur Velchanas, ‚und wir möchten, daß Ihr alle daran teilnehmt. Aber jetzt sollten wir uns wieder auf unsere Plätze begeben; ich sehe, daß die Reiter fertig sind.‘

Ganz benommen folgte Larthi ihrem Vater und Onkel zu ihren Sitzen. ‚Glaubst Du, daß Aranth wegen des zunehmenden Drucks der Griechen im Süden seine Geschäfte dort unten aufgeben mußte? fragte Caile Laris Matunas, und der antwortete düster: ‚Ich fürchte ja; die Zeit arbeitet da nicht für uns.‘

Larthi kümmerte sich nicht um ihr Gespräch. Seltsame neue

Galoppierende Reiter. Farbige Terracottaplatten eines Gesimsfrieses aus Cerveteri. Kopenhagen. Ny Carlsberg Glyptotek

Gefühle waren in ihr aufgewallt und fegten ihre gewohnte Sorge um politische Ereignisse und die Zukunft ihres Volkes hinweg. Ob Anrath wohl von nun an in Ceizra bleiben würde? Und wenn, ob er dann . . .?

Ein Trompetenstoß und vom Rasen gedämpfter Hufschlag weckten sie aus ihrer Träumerei. Drei Schwadronen von jungen Reitern galoppierten über den Grasplatz, um sich in Gruppen von je zwölf mit einem Anführer in Front aufzureihen. Larthi erkannte unter ihnen die zwischen sechs und siebzehn Jahre alten Söhne einiger der angesehensten Familien von Ceizra, die mit ihren Altersgenossen aus anderen Städten sorgfältig dazu ausgebildet worden waren, das rituelle Spiel der Truia vorzuführen.

‚Das dürfte das letzte Jahr sein, in dem Larce Alvethnas Sohn teilnehmen kann', sagte Larthi zu ihrem Vater und deutete auf den jungen Mann, der sie schon als Knabe mit seinen reiterlichen Leistungen beeindruckt hatte.

‚Ja, nächstes Jahr erreicht er das Mannesalter', bestätigte Laris Matunas und folgte dem Jüngling mit den Augen, als er das Kommando der Schwadron übernahm, die das Spiel eröffnete. Wie die übrigen Reiter, trug er eine spitze Mütze, deren Form Larthi an den Kopf eines Delphins erinnerte. Doch während die jungen

Männer seiner Abteilung runde Bronzeschilde und Lanzen hielten, war er selbst unbewaffnet. Nachdem sie alle zunächst das Heiligtum auf dem Hügel und dann die Könige gegrüßt hatten, ritten die Reiter dieser Schwadron paarweise vorwärts und trennten sich auf Befehl, um nach rechts und links abzubiegen. Mit eingelegter Lanze sprengten sie dann in einer fingierten Attacke wieder aufeinander zu, und wiederholten diese Übung verschiedene Male mit komplizierten Verschlingungen, die die Vorstellung erweckten, daß die Reiter den Pfaden eines Labyrinthes folgten. Schließlich vereinigten sich die Paare wieder und galoppierten hinter ihrem Anführer her vom Grasplatz. Dann kam die nächste Schwadron an die Reihe und führte ähnliche Manöver durch, die sich nur in der verwickelten Form von Bewegung und Gegenbewegung unterschieden.

Larthi dachte über die Bedeutung dieses alten Ritus und über den Namen Truia nach: Ob das Spiel wohl nach Troja so benannt war, der Stadt, die die Griechen zehn Jahre lang um einer Frau willen belagert hatten? Wie schön mußte Helena doch gewesen sein, um in so vielen Männern derartige Leidenschaft zu erwekken. Leidenschaft – was war wohl Liebe? Ein drängendes Verlangen erfüllte sie zu entdecken, was für geheime Freuden die Liebe mit sich brachte. Wen könnte sie wohl darüber befragen? Wer würde sie in diese Entzückungen einweihen? Sie erinnerte sich plötzlich an nur halb verstandene Bemerkungen, die sie kichernde Sklavinnen am Brunnen hatte austauschen hören, und daß sie zu stolz gewesen war, Peci um eine Erklärung anzugehen.

Sie drehte sich ihrem Vater zu, der völlig gefesselt von dem Schauspiel neben ihr saß. Es kam ihr vor, als ob sie ihn da zum ersten Mal als eine eigene Persönlichkeit sähe, abgesondert und unerreichbar fern, trotz aller Vertrautheit. Und sie wußte nun, daß er, der sie über die richtige Form und die Bedeutung zahlloser Riten unterrichtet hatte, unfähig war, ihr Führer in der neuen Welt zu sein, die sie es zu betreten lockte. Eine Woge von mit Mitleid gemischter Zärtlichkeit durchflutete sie, als sie ihn jetzt aufmerksam betrachtete und fand, daß sein Haar schon von Silberfäden durchzogen und seine hohe Gestalt ein wenig nach vorne gebeugt war. Sie streckte die Hand aus, um sie liebevoll auf seine Schulter zu legen. Als sie ihn berührte, stieß er jedoch einen Ruf des Entsetzens aus. Verstört zog sie sie zurück, bemerkte dann aber gleich, daß ein Ereignis auf dem Reitplatz ihn so aus der Fassung gebracht hatte, daß er ihre Liebkosung überhaupt nicht fühlte.

‚Was für ein übles Vorzeichen', murmelte er, während um sie herum alle Zuschauer in Bewegung gerieten und verzagt miteinander zu flüstern anfingen. Larthi verstand den Grund der allgemeinen Bestürzung, sobald sie sich den Reitern wieder zugewandt hatte: der Anführer der Schwadron, die als letzte an der Reihe war, ein blonder Knabe aus Veii, hatte seine Kappe verloren, als er mit dem Pferd eine Pirouette ritt. Die Kopfbedeckung lag von zahlreichen Hufen ins Gras getrampelt. In einem kühnen Manöver entriß da der Anführer einem seiner Reiter die Lanze, sprengte auf die Stelle zu, wo die zerstampfte Mütze lag, und spießte sie mit der Waffe auf. Einen Augenblick lang schwenkte er sie triumphierend auf der Lanzenspitze durch die Luft und dann setzte er sie wieder fest aufs Haupt. Der König von Veii, der sich voll höchster Beunruhigung von seinem Thron erhoben hatte, sank nieder und gab seiner Erleichterung über diesen Ausgang des unheilverkündenden Ereignisses Ausdruck. Die Mehrzahl der Zuschauer fing an, dem jungen Reiter Beifall zu spenden, doch Laris Matunas brütete eine geraume Weile mit düsterem Gesicht über dem Vorgefallenen. ‚Es bedeutet eine künftige Katastrophe für Veii, auch wenn die Götter das Unheil noch lange aufhalten mögen', sagte er schließlich.

Larthi fröstelte es plötzlich, trotz der herrschenden Hitze.

4

Die immer länger werdenden Schatten schlanker Pappelstämme fielen in purpurnen Streifen auf das große, saffranfarbene Speisezelt des Königs. Im schrägen Licht der sinkenden Sonne, das durch die offene Zeltfront drang, glänzten die bronzenen Kandelaber und Räucherständer auf, die man für das kommende Gelage schon zwischen den Speisebetten aufgestellt hatte. Eine Anzahl Sklaven in kurzgeschürzten Lendentüchern hantierte geschäftig mit Holzkohlenfeuern, Vorratskörben und dreibeinigen Serviertischen voll Tafelgeschirr. Die warme Abendluft war gesättigt vom Geruch von Kräutern und gebratenem Fleisch. Plötzlich sprang der große Jagdhund des Königs, der bisher den Vorbereitungen mit Interesse gefolgt war, wütend bellend in das naheliegende Wäldchen. Aranth trat aus seinem eigenen Zelt und folgte dem Hund unter die Bäume. ‚Hierher, Vipe!' rief er, als er die Stimme der ankommenden Gäste vernahm. Er packte den Hund am bronzebeschlagenen Halsband und begrüßte Laris Matunas und seine Familie, die, von Dienern begleitet, durchs Gebüsch herankamen.

Larthi fühlte, wie ihr Herzschlag rascher wurde, als Aranth ihre Hand ergriff und ihr in die Augen blickte. Sie sah, wie die Muskeln unter seiner gleichmäßig gebräunten Haut geschmeidig spielten, wie er, offenbar ganz mühelos, den riesigen Hund festhielt. Zu ihrer freudigen Überraschung war Aranths kurzer, halbkreisförmiger Mantel, den er um die Hüften und die linke Schulter geschlungen trug, von fast der gleichen hellblauen Farbe wie ihr leichtes Leinengewand. Ihre Toilette hatte viel Zeit in Anspruch genommen, und sie hoffte glühend, daß Lasa, die Nymphe der Schönheit, ihr heute besondere Anmut verliehen hatte. Als sie bei dem Zelt ankamen, begannen die Sklaven die Kandelaber anzuzünden, und Velthur Velchanas und Veilia erschienen, um ihre Gäste zu empfangen. Larthi musterte nur flüchtig den

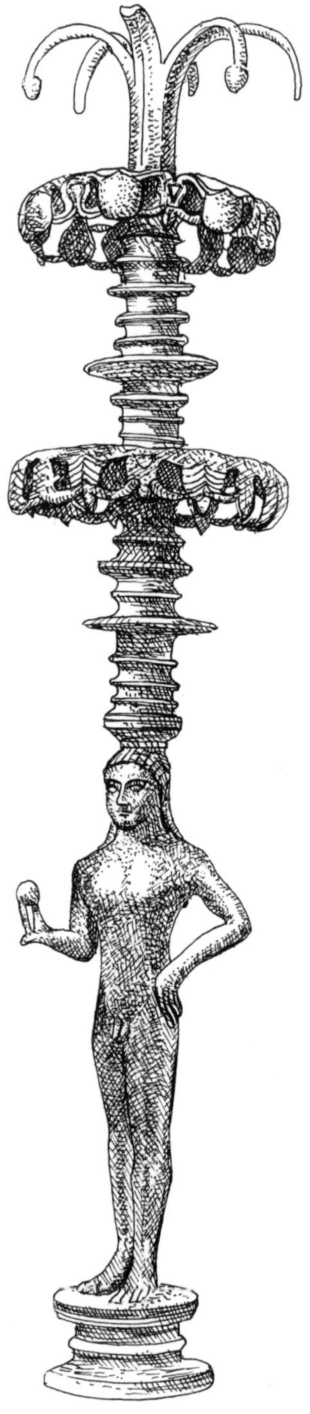

Bronzeständer für Räucherschale aus Vulci. München. Antikensammlungen

prachtvoll bestickten Mantel des Königs, da ihre Augen fast gegen ihren Willen ständig zu Aranth hinwanderten, doch fiel ihr auf, daß Veilia einen neuen weißen Chiton trug, der mit winzigen goldgestickten Löwenfiguren übersät und auf den Schultern mit goldenen Knöpfen befestigt war. Trotz ihres schönen Gewandes sah Veilia mürrisch aus und schien ungeneigt, sich mit ihnen zu unterhalten. Als Laris Matunas sie nach ihrem Sohn fragte, antwortete sie nur kurz, daß der kleine Mamarce sich nicht wohl fühle.

‚Wie schade, daß er nicht mit uns zusammen die Heimkunft seines älteren Bruders feiern kann', sagte Caile, woraufhin Veilia ihm den Rücken wandte. Piana Velavesnas, der gerade mit weiteren Gästen zusammen eingetroffen war, sagte rasch: ‚Der Junge klagte heute nachmittag, als wir den Spielen zuschauten, über Leibschmerzen. Die ungewöhnliche Hitze um diese Jahreszeit ist nicht gesund.'

‚Was für eine armselige Vorstellung doch die Jongleure gegeben haben!' beschwerte sich Caile. ‚Nicht ein einziger neuer Trick und dieselben schäbigen alten Kostüme wie letztes Jahr. Ich hörte, daß die Akrobaten von Laris Porsenna ganz Hervorragendes eingeübt hatten, und daß er seine Mimen alle mit neuen Gewändern hat ausstatten lassen. Es ist wirklich ein Skandal, daß er uns im letzten Moment so um den Genuß eines guten Schauspiels gebracht hat!'

Dienerinnen verteilten mittlerweile Kränze an die Gäste, und der König begann, nachdem er allen ihre Plätze angewiesen hatte, mit Hilfe der anwesenden Priester das Opfer zu vollziehen. Larthi, die sich das im Stillen so erhofft hatte, teilte mit Aranth das Speisebett zur Rechten des Königs. Während sie sich neben ihm auf der weichen Matratze niederließ und zwei Kissen unter ihren linken Ellenbogen schob, verwirrte es sie, Aranths nackte braune Schulter so nah neben der ihren zu sehen. Sie zwang sich aber, ruhig und natürlich zu erscheinen, und stimmte in den

Paar beim Bankett.
Gravierter Bronzespiegel aus Vulci. Rom. Vatikan. Museo Gregoriano Etrusco

Trinkspruch mit ein, den Aranths Vater auf ihn ausbrachte, nachdem er den Göttern in der gebührenden Weise für die sichere Heimkehr und das Wohlergehen seines Sohnes gedankt hatte.

‚Ich höre, daß Dein Schiff von Schätzen fast überfloß, als Du in Pyrgoi Anker warfst', sagte Caile. ‚Wieviel griechische Handelsschiffe mußtest Du dazu aufbringen?'

Aranth verzog den Mund. ‚Meine Ladung bestand keineswegs aus Beute. Wozu, glaubst Du wohl, habe ich jahrelang Handel in der Fremde getrieben? Doch stimmt es schon, daß ich mich mit griechischen Piraten auseinandersetzen mußte, als wir Lipara passierten. Dank Nethuns, der eine starke Bö schickte, wurde einer ihrer Schnellsegler auf die Klippen getrieben, und ich konnte mit dem anderen fertig werden. Zum Glück hatte ich meinen Schiffsschnabel kurz zuvor neu mit Bronze beschlagen lassen, und in der schweren See hatte ich es mit meinem festen und vollbeladenen Schiff einfach gegen das leichtgebaute Piratenboot.'

Larthi schauderte innerlich bei dem Gedanken an all die Gefahren, die Aranth gelaufen war. Sie selbst hatte noch nie ein Schiff betreten, und obgleich sie das Meer ständig am Horizont sah, ahnte sie doch kaum etwas davon, wieviel feindlichen Angriffen und welchen Unbilden des Wetters Seefahrer stets ausgesetzt waren. Ihr bedeutete die riesige Wasserfläche am Westrand der Welt, in der sie lebte, das Grenzgebiet, das, uraltem Glauben nach, die Seelen der Verstorbenen zu durchschiffen hatten, bevor sie ins Jenseits gelangten. Inbrünstig wiederholte sie das Dankgebet, das Vetter Velthur zu Beginn des Mahls ausgesprochen hatte. Wie unter einem Zauberbann, fand sie sich außer Stande, ihre Gedanken von Aranth loszureißen. Gerade war er dabei, eine Ente zu zerlegen; er beugte sich über den Serviertisch und schnitt geschickt die Schenkel, Flügel und ein Stück der Brust ab, das er ihr dann reichte. Dabei lehnte er sich noch weiter vorwärts und sein Arm berührte auf einen Augenblick den ihren. Etwas wie eine Flamme schlug in Larthi hoch – so verzehrend, daß es ihr den Atem nahm. Dies überwältigende neue Gefühl flößte ihr sowohl Angst ein, wie auch den Drang, es noch intensiver zu erleben. Mit Mühe nahm sie sich zusammen und versuchte, an der allgemeinen Unterhaltung teilzunehmen.

Veilia schien weiterhin mit ihren Sorgen um Mamarce beschäftigt. Um sie etwas aufzuheitern, beglückwünschte Larthi sie zu ihrem neuen Kleid.

‚Es ist ein Geschenk von Aranth, und er hat mir außerdem noch viele andere Sachen gegeben. Ich glaube, daß es jonische Arbeit ist', antwortete Veilia ohne ein Lächeln.

Larthi empfand plötzlich qualvolle Eifersucht. Sie dachte über das Verhältnis der beiden zueinander nach, und zunehmende Unruhe ergriff sie. Obgleich Veilia Aranths Stiefmutter war, zählte sie doch zwei Jahre weniger als er. Sie erschien Larthi immer noch betörend schön -- kein Zweifel, daß Aranth sie bewunderte und sie deshalb mit Geschenken überschüttete. Es war ihr jetzt fast unmöglich, sich mit Aranth zu unterhalten, ohne preiszugeben, wie sie diese Entdeckung peinigte. Sie war erleichtert, als Vetter Velthur anfing, Aranth darüber auszufragen, ob er es für ratsam halte, ein Geschwader nach Süden zu schicken, um die Insel Lipara von Piraten zu säubern.

‚Es scheint mir nicht der gegebene Moment dafür', antwortete Aranth, ‚die Situation in unseren eigenen Gewässern ist jetzt so unklar. Und nun, da die Tarquinier nach Latium gegangen sind, müssen wir auch da ein Auge auf die Lage halten. Überdies ist mir im Vorbeisegeln aufgefallen, daß um Kyme herum ungewöhnliche Flottenmanöver stattfanden.'

‚Vermutlich hast Du recht. Im Augenblick dürfte es das Klügste sein, alle unsere Schiffe an Hand zu haben. Es ist sehr wahrscheinlich, daß Laris Porsenna jetzt versuchen wird, im Hinblick auf Ruma eine Entscheidung zu erzwingen, und das dürfte den latinischen Städten die Chance geben, auf die sie schon lange gewartet haben. Unsere Landverbindung nach Kampanien ist dadurch sehr gefährdet, und die Sicherheit des Seewegs zu verteidigen, wird deshalb um so wichtiger für uns.'

‚Ich frage mich fast, ob wir nicht einen zu hohen Preis für unsere alte Freundschaft mit den Tarquiniern zahlen müssen?' hörte Larthi Aranth murmeln.

‚Ich brauche Dir wohl kaum zu erzählen, Aranth, daß der König die Armee in einen Bereitschaftszustand gebracht hat, wie wir ihn seit Menschengedenken nicht mehr erlebt haben', sagte Laris Matunas. ‚Ausbildung und Ausrüstung der Truppen sind jetzt hervorragend.'

‚Bei der Durchreise konnte ich in Ceizra eine Vorstellung davon gewinnen', erwiderte Aranth und wandte sich dann an seinen Vater. ‚Die Wachtruppen daheim haben mich wirklich beeindruckt – nur fiel mir auf, wie hoch die Zahl der Gemeinen im Verhältnis war.'

Das hat die Entwicklung der letzten Jahre ganz unvermeidlich gemacht. Es ist nicht mehr möglich, nur aus der Aristokratie und ihren Gefolgsleuten zu rekrutieren – dafür gibt es einfach nicht mehr genug von uns. Die Begüterteren unter dem gemeinen Volk sind jetzt ganz erpicht darauf, eine Rolle zu spielen, und sie sind sehr wohl im Stande, für ihre eigenen Rüstungen und Waffen aufzukommen.'

‚Gewiß brauchen wir mehr Schwerbewaffnete', stimmte Aranth zu. ‚In den vergangenen Jahrzehnten haben wir uns viel zu viel auf die Flotte verlassen. Aber es besteht eine Gefahr darin, Leute, die nicht unserer Klasse angehören, heranzuziehen. So könnte eine Schicht Einfluß gewinnen, die nach mehr Macht trachtet – man würde sich nie ganz auf ihre Loyalität verlassen können. Denke doch nur an das, was in Ruma geschehen ist, seit Servius Tullius dort vor einer Generation die Armee reorganisiert hat.'

Larthi hatte ihre Sorgen wegen Veilia plötzlich vergessen und blickte Aranth voll stiller Bewunderung an. Er hatte manche Gedanken, die sie schon seit einiger Zeit unklar beunruhigten, ausgesprochen und damit verdeutlicht. Vetter Velthur jedoch erwiderte scharf: ‚Du bist viel zu lange von zuhause weg gewesen, um eine richtige Vorstellung von der Lage zu haben. Solche Befürchtungen sind völlig grundlos.'

‚Wir werden diese Kerle schon auf ihren Platz zu verweisen wissen!' rief Caile aus, indem er seine Schale erhob. ‚Vetter Velthur mag zwar nicht wieder zum zilath mechl rasnal erwählt worden sein, aber er ist immer noch der Lauchume von Ceizra, der größten aller Rasennastädte.'

Er hat schon wieder zu viel getrunken, dachte Larthi, bestürzt vom taktlosen Trinkspruch ihres Onkels. Die anderen blickten sich schweigend und betreten an, bis der König selbst Aranth zutrank und in versöhnlichem Ton sagte: ‚Ich bin glücklich, Dich wieder an meiner Seite zu wissen, mein Sohn. In diesen unruhigen Zeiten bedarf ich all Deines Rates und Deiner Hilfe.'

‚Du kannst auf mich zählen, Vater', antwortete Aranth lächelnd. ‚Ich danke Dir und Veilia herzlich für den warmen Empfang, den Ihr mir bereitet habt.'

‚Wir sind allesamt sehr froh, Dich wieder bei uns zu haben', sagte Laris Matunas, und die anderen Gäste zollten dem Beifall. Als Larthi sich umwandte, um ihren Vater dankbar anzuschauen, fing sie einen Blick geheimen Einverständnisses auf, den Veilia und Piana Velavesnas austauschten; sie suchte vergebens, dessen Bedeutung zu erraten.

Während die Überbleibsel des Mahls abgetragen wurden und Sklaven Waschwasser und Handtücher brachten, rief der König nach mehr Wein und winkte die Akrobaten und Gaukler herein, die im Zwielicht vor dem Zelt warteten. Ein prachtvolles bronzenes Mischgefäß für Wein und Wasser wurde nun hereingetragen und in der Mitte der Tafelrunde auf den Boden gestellt. Seine beiden hochragenden Griffe waren mittels fein ziselierter Attaschen in der Form von schlangenumwundenen Medusen mit dem Gefäß verbunden; um den Hals des Kraters lief ein Relieffries von Kriegern und Viergespannen. Die Kunstfertigkeit dieser

Arbeit wurde von allen sehr bewundert, und während der königliche Mundschenk die Schalen füllte, goß Velthur Velchanas erst den Göttern eine Trankspende aus und sagte dann stolz: ‚Laßt uns den Wein von Chios versuchen, den Aranth mitgebracht hat. Nur er ist Wein, würdig, in diesem herrlichen Krater, den er mir geschenkt hat, gemischt zu werden.'

‚Wo hast Du dieses Meisterwerk gefunden?' fragte Caile. ‚Und was hast Du dafür gegeben?'

‚Ich erwarb den Krater von einem Tarentiner Händler im Tausch gegen eine Schiffsladung von Rohmetall', sagte Aranth bescheiden. Aber Larthi merkte, wie froh er über den Eindruck war, den sein Geschenk auf die Gesellschaft gemacht hatte.

‚Das nenne ich aber ein großartiges Geschäft!'

‚Und ich nenne dies einen wunderbaren Wein', äußerte Laris Matunas, indem er ihn mit Genuß schlürfte, ‚die Chioten sind mit Recht dafür berühmt.'

Larthi trank ein wenig aus ihrer eigenen Schale und beobachtete dabei die erstaunliche Geschicklichkeit zweier Sklavenknaben, deren glatte junge Körper von keinerlei Haarwuchs entstellt waren. Vom Klang der Doppelflöte und Kithara begleitet, bewegten sie sich in einem fingierten Zweikampf um das Mischgefäß herum, während jeder eine mit einem langen Stiel versehene Doppelaxt um den Kopf wirbelte, die im Kerzenlicht wieder und wieder aufblitzte.

Danach erschien eine in ein durchsichtiges Gewand gekleidete Sklavin, die einen mit Bronzeblech beschlagenen Gürtel trug. Die gekreuzten Bänder, die vom Gürtel aus über ihre Schultern liefen und das lose Oberteil des Gewandes zusammenhielten, waren mit großen Zierscheiben aus Bronze besetzt. Ihr Haar war in einen Tutulus gewunden, und in den Händen hielt sie Kastagnetten, auf denen sie sich bei ihren anmutigen Tanzbewegungen selbst begleitete. Als sie an einem der Serviertische vorbeikam, legte sie die Instrumente plötzlich nieder und ergriff von dort einen Weihrauchständer, in dessen Schale wohlriechende Harzkörner glimmten. Sie setzte sich das Gerät dann auf den Kopf und, nachdem sie es einen Moment lang ausbalanciert hatte, begann sie mit in die Hüften gestemmten Armen, sich um sich selbst zu drehen. Im Maße, wie die Musik schneller wurde, wirbelte sie immer rascher herum, bis ihr leichtes Gewand wie eine durchsichtige Glocke um ihre Beine flog. Der von dem Luftzug angefachte Weihrauch glühte auf und sandte seinen schweren Duft bis in die fernsten Ecken des Zeltes. Die Zuschauer begleiteten die Vorführung mit lauten Beifallsrufen. ‚Das ist wahrhaftig aufregender als die erbärmlichen Kerle heute nachmittag, die mit ihren paar Bällen jonglierten. Laß uns noch mehr sehen!' rief Caile ungestüm aus, aber die Tänzerin war schon verschwunden.

Larthi fühlte ihre Pulse von der Hitze und vom Wein hämmern. Sie lächelte Aranth an, der die Hand zum benachbarten Speisebett ausgestreckt hatte, um eine alabasterne Duftölflasche von Veilia entgegenzunehmen. Er legte dann seinen Arm um Larthi und hieß sie die Handflächen offen halten, damit er das wohlriechende Öl darauftröpfeln könne. Sie gehorchte und atmete den betäubenden Geruch des Parfüms ein, das sich mit dem von Aranths warmer brauner Haut mischte. Glücksgewißheit und Zweifel rangen in ihr.

Mittlerweile war eine Akrobatin in den Kreis des Kerzenlichts getreten. Sie trug nur ein buntbesticktes Höschen und breite Goldreifen um die Oberarme; ihre langen Locken wurden von einem goldenen Netz gehalten. Mit wunderbarer Behendigkeit begann sie zwischen den Speisebetten Purzelbäume und Räder zu schlagen. Dann pflanzte sie nebeneinander drei kurze Schwerter mit dem Griff im Rasenboden auf, machte erst einen Kopfstand und beugte sich ganz langsam rückwärts über die scharfen Spitzen der Schwerter, bis ihre Füße jenseits davon den Boden berührten und sie wie eine Gerte wieder zum Stand aufschnellte.

Bronzenes Räuchergerät
mit Tänzerin.
London. British Museum

Larthi seufzte vor Erleichterung. Der Gedanke, daß der schöne weiße Mädchenkörper von den spitzen Eisenklingen berührt werden könnte, war ihr schrecklich gewesen.

Nun bat die Sklavin um eine leere Silberschale, die sie neben dem Krater auf den Boden stellte. Vor diesen beiden Gefäßen machte sie dann einen Handstand und ließ sich ganz vorsichtig auf ihre Ellenbogen herab, bis die Unterarme fest auf dem Rasen lagen und sie mit gebeugten Knieen und dem wie einen Bogen gespannten Körper die Füße bis auf den Rand des Kraters gesenkt hatte. Ihre Zehen waren von fast fingerhafter Geschicklichkeit. Sie ergriff damit das über den Rand des Gefäßes gehängte hakenförmige Ende des silbernen Weinschöpfers, hob ihn auf und tauchte ihn in den Krater. Rufe des Erstaunens brachen los, als sie es fertig brachte, die gefüllte Kelle herauszuheben und, ohne auch nur einen Tropfen zu verschütten, damit die Schale zu füllen. Als sie den Schöpfer wieder mit den Zehen aufgehängt hatte, schwang sie die Beine langsam über den Kopf zurück, bis sie auf dem Rasen kniete. Leichtfüßig sprang sie dann auf einen der Serviertische und bot die volle Schale Aranth dar, indem sie ihm den rechten Arm entgegenstreckte und in völligem Gleichgewicht, nur auf einem Bein stehend, das linke Bein nach hinten reckte. Beifallsruhe ertönten, als Aranth ihr die Schale aus der Hand nahm und ihr dafür seinen Kranz reichte. Alle waren von der Anmut der Haltung bezaubert, mit der sie den Kranz einen Augenblick in die Höhe hielt und dann vom Tisch sprang und aus dem Zelt eilte.

‚Vater!‘ rief Aranth begeistert aus, ‚nicht nur Deine Truppen, sondern auch Deine Akrobaten sind glänzend ausgebildet. Danke Dir für das wunderbare Schauspiel, das Du uns bereitet hast.‘ Er erhob seine Schale und trank auf seines Vaters Gesundheit. Die ganze Gesellschaft stimmte mit ein. Bevor er den Wein ganz ausgetrunken hatte, rief Aranth plötzlich nach dem Kottabosspiel und befahl, es neben dem Krater aufzustellen. Der für das Tafel-

Tanzende. Wandmalerei aus der Tomba del Triclinio. Tarquinia

gerät verantwortliche Sklave brachte den hohen Bronzeständer mit einer auf halber Schafthöhe befestigten, ausladenden Bronzescheibe; eine zweite, lose Scheibe legte er sorgfältig ausbalanciert auf das spitze obere Ende des Geräts. Dann trat er vorsichtig davon zurück, um diesen fast schwebenden Teil nicht vorzeitig zum Absturz zu bringen. Aranth auf seinem Speisebett stützte sich auf den linken Arm und bevor Larthi merkte, was vorging, hatte er den Rest des Weines aus seiner Schale auf den Kottabos geschleudert. Ein paar Tropfen trafen die obere Bronzescheibe, und sie stürzte mit lautem Geklirr auf die vorspringende untere ab.

‚Laß mir meine Liebste günstig gestimmt sein!' war dabei Aranths stürmisch geäußerter Wunsch, während alle seinen geschickten Treffer bejubelten. In einem Tumult von Gefühlen wandte Larthi sich ihm zu und blickt ihn wortlos an. ‚Wer ist's?' fragten ihre Augen, aber in den seinen konnte sie nichts als Lachen entdecken.

Nun erklang der aufreizende Rhythmus der Musik und verlockte alle zum Tanzen. Schneller und schneller wurde der Wirbel der ekstatischen Bewegung, die von Lebenslust pulsierte und gleichzeitig ein Verehrungsakt für die Götter war, die in so reichem Maße die Segnungen von Wein, Speise und Liebesfreude spendeten.

5

‚Herrin!' rief Peci aufgeregt, während sie in das schon heiße Zelt trat, wo Larthi noch im Schlaf lag. ‚Hier ist ein Geschenk für Euch, aber von wem es kommt, weiß ich nicht.'

Larthi rieb sich die Augen und setzte sich im Bett auf. ‚Was ist los?' fragte sie verwirrt und noch nicht ganz wach. Was ist mit dem Feuer?' Sie deutete auf das glühende Licht, das durch die Zeltbahn schien.

‚Feuer?' ahmte Peci lachend ihre Stimme nach. ‚Erkennt Ihr die Sonne nicht wieder?'

‚Oh, dann habe ich das alles geträumt', sagte Larthi langsam. ‚Die beiden Fackeln, die Teitu und Thresu trugen, gestern nacht, als wir vom Fest zurückkamen – die schienen sich plötzlich zusammenzuneigen, und das ganze wurde zu einem riesigen Feuer, das alles zu verschlingen drohte . . . es war furchtbar!'

‚Denkt nicht mehr daran, Herrin, das bedeutet bestimmt nichts. Es mag das Sonnenlicht und die Hitze gewesen sein, die den Traum verursacht haben. Schaut Euch lieber das hier an.‘ Sie hielt ihr eine kleine Schachtel aus wohlriechendem Holz entgegen. Larthi nahm sie und betrachtete sie neugierig. ‚Ist das für mich?‘ Peci nickte, und während Larthi die Schachtel vorsichtig öffnete, berichtete die Magd, daß ein unbekannter Sklave sie ihr für ihre Herrin gegeben habe mit den Worten, daß sein Herr dies Geschenk mit Liebe sende. Larthis Hände zitterten, als sie das um die Gabe gewundene feine Leinen aufzuwickeln versuchte. Kein Zweifel, von wem dies kam! Durch die letzten Windungen des halb durchsichtigen Leinenstreifens erspähte sie eine Halskette: goldene Perlen glitzerten da neben merkwürdig geformten blauen und grünen. Schwindlig vor Glück ließ Larthi sich in ihre Kissen zurückfallen. ‚Ich bin zu aufgeregt‘, flüsterte sie. ‚Nimm Du sie heraus.‘

Peci befreite die Kette von ihrer Verpackung und hielt sie hoch, um sie zu betrachten. ‚Wie schön!‘ rief sie aus, ‚und was für hübsche Farben – aber ich versteh’ nicht, was das für Figuren sind.‘ Sie trat in den Zelteingang und hielt die Kette ins Licht. ‚Das müssen Dämonen sein, Herrin. Mir gefällt das nicht. Was haltet Ihr davon?‘

Sie übergab die Kette Larthi, die sich wieder im Bett aufgesetzt hatte und vergnügt sage: ‚Mach mich nicht lachen!‘ Nun betrachtete sie die figürlichen Perlen selber genau. Sie waren aus einem undurchsichtigen, glasartigen Material von kräftigem Türkisblau und Grün geformt und stellten Mischwesen dar: da gab es zwerghafte Figuren mit Federkronen, winzige Menschengestalten mit Tierhäuptern, aufgebäumte Schlangen und Käfer, die eine Scheibe über dem Kopf hielten. Gewiß waren es seltsame Perlen, aber äußerst fein gearbeitet. Larthi vermutete, daß sie ein asiatischer Kunsthandwerker gemacht hatte. Wie in einem Traum verloren, zog sie die Kette an und besah sich in ihrem

Spiegel – in welchem fernen Hafen mochte Aranth sie wohl erworben haben?

‚Am Hals sieht's sehr hübsch aus, Herrin. Aber trotzdem mag ich diese Dämonen nicht – Dämonen sind es gewiß, ich täusche mich nicht. Schaut doch, hier ist eine Figur mit einem Löwenkopf, und der hier mit seinem Wolfskopf sieht genau wie unser Ungetüm Olta aus, das mit dem Blitz vernichtet werden mußte.' Pecis Stimme klang besorgt. ‚Ich weiß nicht, was das für Figuren sind, und es ist mir auch ganz gleich', antwortete Larthi, und überließ sich dem wundervollen Gefühl der Gewißheit, daß Aranth sie liebte.

Dies Bewußtsein verlieh ihrem Dasein plötzlich einen neuen Sinn und füllte sie mit überströmender Energie. Ihre gewohnte Vorstellung vom Menschenleben als einer bloßen Existenz, die vom Geschick vorausbestimmt und unabänderlich ist, wich auf einmal einem keimenden Gefühl von Freiheit und der freudevollen Möglichkeit persönlicher Wahl und Erfüllung. Aranth erschien ihr nun die Verkörperung alles dessen, wonach sie jetzt strebte. Die Luft im Zelt kam ihr erstickend vor. Sie stand rasch auf und überließ es Peci, ihre Sachen für die Heimreise zu packen. Ein Drang, dem Lärm und der Unruhe des Aufbruchs auf dem Lagerplatz zu entkommen, trieb sie dazu, ein ganzes Stück weit zu laufen, bis sie einen Pinienwald am Berghang erreicht hatte. Selbst hier im Schatten war es schwül. Eine dicke Schicht abgefallener Nadeln dämpfte Larthis Schritte, und nur das Schrillen der Zikaden und ein gelegentlicher scharfer Knall, wenn die von der Hitze verzerrten Schuppen eines Pinienzapfens plötzlich aufbarsten, war zu hören.

Larthi genoß das federnde Gefühl, das ihr der Teppisch von glänzenden Piniennadeln unter den Füßen verlieh. Es steigerte ihre gehobene Stimmung. Obgleich Aranth ihr nicht zur Seite war, erfüllte sie eine nie zuvor erlebte Freude. Sie fühlte sich ihm so verbunden, daß er fast in ihrem Wesen zu existieren schien;

und die Hoffnung, daß ihre gemeinsame Zukunft glücklich und unbedroht von bösen Mächten sein würde, wuchs zur Gewißheit. Welcher Gottheit hatte sie wohl für diese wunderbare Wendung ihres Geschicks zu danken? Nachdenklich lehnte sie sich mit dem Rücken gegen einen Pinienstamm und führte die Kette an ihre Lippen. Wieder hörte sie da ein Knacken im Walde. Ein Eichhörnchen huschte an ihr vorüber und verschwand hinter dem Skelett eines umgestürzten Baumes. Larthi fühlte sich bewogen, ihr Dankgebet sowohl an die Liebesgöttin Turan wie an Uni zu richten, die über die Ehe und das Leben der Frauen wacht. Sie trat einen Schritt nach vorne und erhob beide Hände, indem sie zum Himmel aufblickte, der in einem weißen Hitzedunst glühte.

Als sie mit ihrer Anrufung begann, vernahm sie hinter sich ein Knistern. Jemand umfaßte sie plötzlich und riß sie heftig an sich. Es war ein Mann, der sie von rückwärts umfangen hielt und mit eisernem Griff gegen seinen heißen Körper preßte. Vor Überraschung und Entsetzen vermochte sie zunächst nur nach Luft zu ringen, dann aber rief sie befehlend: ‚Laß mich sofort los! Wer bist Du?‘

‚Nicht so heftig, meine Geliebte‘, kam da eine Stimme, die ihr bekannt erschien und doch nicht erkennbar. Da fühlte sie sich in die Höhe gehoben und ein paar Schritte getragen.

‚Zur Hilfe!‘ schrie sie verzweifelt, versuchte die harten Hände des Mannes wegzureißen und ihn rücklings mit den Fersen zu treten. ‚Hilfe!‘

‚Man könnte denken, ich hätte eine Wildkatze im Arm statt der Tochter von Laris Matunas‘, sagte der Mann atemlos, indem er sie herumdrehte und mit ihrem Rücken gegen einen schräg wachsenden Pinienstamm drängte. Sie starrte in das lächelnde, schweißtriefende Gesicht von Thefarie Velianas. Einen Atemzug lang war sie sprachlos vor Empörung. ‚Wie kannst Du es wagen?‘ rief sie dann. ‚Laß mich sofort los!‘

‚Aber warum denn, meine Schönste? Habe ich etwa keinen Dank für die phönikische Kette verdient, die Du um Deinen reizenden Hals trägst? Sie steht Dir sehr gut. Seit Du damit aus Deinem Zelt gekommen bist, habe ich Dich beobachtet, und ich weiß sehr wohl, daß meine Gabe Dir gefallen hat.‘

Es war Larthi, als hätte ihr jemand einen Schlag versetzt. Kopf und Schultern sanken gegen den Baumstamm zurück. Mit grausamer Klarheit erkannte sie ihren Irrtum. Sie hatte sich eingeredet, daß die Kette von Aranth kam, daß er es sei, der sie liebte und beschenkte. Ein Zukunftsbild, das eben noch wirklich schien, stürzte zusammen. Eine Schmerzempfindung über alles je erfahrene hinaus zog ihr die Brust zusammen und lähmte ihren Herzschlag. Sie fühlte noch, wie ihr Haar sich in der rauhen Borke des Stammes verfing, die klebrig von Harz war. Es berührte sie nicht mehr – nichts mehr hatte die geringste Bedeutung. Jeder Begriff von Ort und Zeit war verloren. Dann ließ der Krampf nach. Sie wurde sich bewußt, daß die heißen Hände von Thefarie Velianas ihr Gesicht, ihre Schultern, ihren Körper liebkosten, daß er mit beschwörender Stimme sie immer wieder beim Namen rief. Ein Gefühl tiefster Abscheu durchzuckte sie und verlieh ihr unerwartete Kraft. Auf diesen jähen Wechsel war Thefarie Velianas nicht gefaßt. Der schlaffe, scheinbar willfährige Körper des Mädchens straffte sich plötzlich, ihr Knie traf ihn hart in der Leistengegend. Als er sich vor Schmerz zusammenkrümmte und strauchelte, warf sie sich gegen ihn, so daß er rücklings über eine Baumwurzel fiel.

‚Ich hasse und verabscheue Dich!‘ keuchte sie. ‚Wäre mir die Ahnung gekommen, daß die Kette von Dir stammte, hätte ich sie niemals berührt!‘

Stöhnend versuchte er, wieder auf die Füße zu kommen. Wie eine Rasende riß sich Larthi die Kette vom Hals und schleuderte sie ihm ins Gesicht. Die Perlen fielen weit verstreut auf den Boden. Mit einem Wutschrei ging Thefarie Velianas wieder in die

Knie und fing hastig an, zwischen den Piniennadeln nach den Perlen zu wühlen. Larthi stürzte davon, überzeugt, daß er sie verfolgen werde. Wild klopfenden Herzens rannte sie durch den Wald, der Zweige und Dornen nicht achtend, bis sie aus dem Baumschatten in das grelle Licht des Lagerplatzes geriet, der nun volle Sonne hatte. Sie arbeitete sich durch die Wirrnis von abfahrenden Wagen und aufgeregten Menschen. Mit schweißverklebtem Haar und zerrissenem Gewand taumelte sie in ihr Zelt und sank in Pecis Arme. Diese hatte schon lange voll ungeduldiger Sorge Ausschau nach ihr gehalten.

‚Herrin!' rief sie nun außer sich, indem sie Larthi auf ihr Bett gleiten ließ, ‚was ist Euch zugestoßen? Ihr seht so aus, als ob alle Gespenster der Unterwelt Euch verfolgt hätten.'

Larthi bewegte die ausgetrockneten Lippen. Eine Antwort brachte sie nicht heraus. Ihr Atem ging mühsam und stoßweise. Aufs tiefste beunruhigt, kauerte Peci an ihrer Seite nieder und ließ keinen Blick von ihr.

6

Endlich hatte das Fieber nachgelassen. Larthi lag mit geschlossenen Augen da und fühlte zum ersten Mal seit Beginn ihrer Krankheit, daß sie wieder genesen könne. Noch war sie furchtbar schwach. Aber Kopf und Glieder schienen ihr heute leicht und unbeschwert. Tagelang hatte ihre Stirn wie Feuer geglüht, hatten Alpträume sie in Zuckungen verfallen lassen. Nur von Zeit zu Zeit hatte sie Peci oder ihren Vater erkannt, die sich über sie beugten und feuchte Tücher um ihre Schläfen und Handgelenke legten. Doch meistens war sie kaum bei Bewußtsein gewesen, während ihr Körper mit dem Fieberdämon kämpfte.

Langsam öffnete sie die Lider. Ihr nach oben gerichteter Blick wanderte über eine Zeltplane, und allmählich vergegenwärtigte

Bronzegruppe eines Liebespaares. London. British Museum

sie sich, wo sie sich befand. Mit Bruchstücken von Erinnerung kam ein unbestimmter Schmerz zurück. Sie wollte sich aufrichten, doch ihr Kopf glitt zur Seite. Da erfaßte sie plötzlich, daß jemand neben ihrem Bett saß. Es war Aranth, der sie sorgenvoll anschaute. Jetzt legte er seine große warme Hand auf ihre schmale Schulter und sagte: ‚Also heute geht es meiner törichten kleinen Geliebten besser'.

Larthi schloß die Augen wieder. Sie wähnte zu träumen und wollte nicht aufwachen. Seine Stimme kam wieder, und er streichelte sanft, aber beharrlich ihren Arm.

‚Es ist doch wahr, endlich geht es besser – den Göttern sei Dank! Ich muß mit Dir sprechen. Willst Du mich anhören?

Der Blick, den sie auf ihn richtete, war ohne Ausdruck, trotzdem schien sie achtzugeben.

‚Ich weiß doch, was Dich so krank gemacht hat.' Seine Worte überstürzten sich vor Ungeduld zu sagen, was er schon so viele Tage hatte zurückhalten müssen. ‚Es tut mir alles so leid! Aber ich dachte, Du wüßtest Bescheid. Ich bin wütend auf diesen niederträchtigen Kerl – wie konnte er es wagen, seine Augen zu Dir zu erheben! Peci hat mir gesagt, was geschehen ist – Du hast im Fieber davon geredet. Ach, warum haben wir nicht längst über alles gesprochen?'

Larthi starrte ihn an und öffnete die Lippen. Ihr kam es unbegreiflich vor, daß er so leidenschaftlichen Anteil an ihrem persönlichen Kummer nahm. ‚Warum das alles? Was liegt Dir denn daran?' flüsterte sie verzagt.

‚Aber Larthi!' rief er beinahe empört, weißt Du denn nicht, daß ich Dich schon immer heiraten wollte – seit Du ein kleines Mädchen warst?'

Sie rang nach Atem. Ihr Verstand weigerte sich zu glauben, was sie eben gehört hatte. Mit einem traurigen und ungläubigen Lächeln schüttelte sie den Kopf.

‚Ich hab' Dich von jeher geliebt, und ich dachte, Du wüßtest das. Es hatte keinen Sinn, viel darüber zu reden – Du warst ja noch ein Kind.'

Larthi fühlte sich wie von einem Strom weggetragen, ganz ohne Schwere. Sie schaute Aranth in die Augen und war gewiß, daß er die Wahrheit sagte.

‚Und jetzt mußt Du mir versprechen, daß Du mich heiratest, sobald es Dir wieder gut geht.'

Ihre Gefühle überwältigten sie derart, daß sie nicht zu antworten vermochte. Er ergriff ihre Hand und drückte sie sanft zwischen den seinen. ‚Versprich es mir!' drängte er noch einmal.

‚Ja', murmelte sie, und sein Gesicht wurde hell.

‚Aber jetzt mußt Du weiter schlafen, damit Du schnell wieder ganz gesund wirst', sagte er und sprang von dem Klappschemel neben ihrem Bett auf. Leise erwiderte sie den Druck seiner Hand und folgte ihm mit dem Blick, als er aus dem Zelt trat. Es ging über ihre Kraft, der plötzlichen Flut von Glück standzuhalten; sie sank in einen tiefen, traumlosen Schlaf.

Am nächsten Tag brachte Aranth ihr ein Geschenk. Es war eine kleine Parfümflasche aus buntgestreiftem Glas, deren spitzer Boden in einem ringförmigen, mit feinstem Filigran verzierten goldenen Ständer steckte.

‚Wie schön!' sagte sie leise und ließ einen Sonnenstrahl, der quer über ihr Bett fiel, auf den zart abgetönten Streifen von tiefem Blau, Aquamarin, Türkis und Gelb spielen. ‚Danke Dir!' Und der Duft ist wunderbar', fügte sie hinzu, als sie den Stöpsel geöffnet hatte.

Mit beschützendem Lächeln blickte er auf sie herab. ‚Es ist nichts besonderes, aber ich bin froh, wenn es Dir Vergnügen macht.'

‚Das tut es', sagte sie dankbar, ‚aber weißt Du, was mich noch mehr freuen würde?'

Er sah sie erstaunt und fragend an.

‚Ich hätte so gerne, daß Du eine Weile bei mir bliebest und mir von Deinen Seefahrten erzähltest, von all den fremden Ländern, die Du besucht hast. Denn sieh, ich weiß kaum etwas von Deinem Leben.‘

Er lachte ungläubig auf, als ob er sich nicht vorstellen könnte, daß sich jemand für sein vergangenes Leben interessierte. Ihm lag nichts an Erinnerungen oder am Brüten über künftigen Dingen. Nur was der gegenwärtige Augenblick von ihm verlangte, zählte für ihn. Doch setzte er sich nachgiebig neben sie und antwortete auf ihre Fragen.

Sie wollte Auskunft haben über vielerlei Wunder: die von Rauchfahnen bekrönten Berggipfel der äolischen Inseln und Siziliens, aus deren Inneren die Götter Flammen und glühende Steinbrocken in den Himmel schießen ließen; über die süßen Wasser der Quelle Arethusa, die geheimnisvoll im salzigen Hafen von Syrakus aufsprudelten. Sie wünschte zu erfahren, wie Sybaris vor der Zerstörung ausgesehen hatte, und warum die Griechen zum Handel kleine Gold- und Silberstücke münzten, statt wie die Rasenna schwere Bronzebarren als Tauschmittel zu benutzen. Seine Erklärungen waren kurz und klar, und vieles, was sie vorher nicht begreifen konnte, schien verständlich und sinnvoll, wenn man es wie er in seiner raschen und erfahrenen Art betrachtete. Im Geheimen hatte sie jedoch auf noch mehr gehofft. Sie hörte niemals von ihm, was er selbst gefühlt hatte an unbekannten Orten, in gefährlichen Lagen, im Zusammensein mit fremden Männern und Frauen und angesichts von Vorzeichen, die die Götter sandten. In ihrer Liebe für ihn lebte ein tiefes Verlangen, jeden seiner Gedanken zu erforschen und ihn bis auf den Grund seines Wesens zu verstehen. Nicht Neugier war es, die sie antrieb, sondern der glühende Wunsch, ihn so vollständig zu kennen, daß sie ihn glücklicher zu machen wüßte, als er es je zuvor in seinem einsamen und gefährdeten Wanderleben gewesen war.

Langsam nahmen ihre Kräfte zu. Alle Tage kam er und sah nach ihr. Oft lachte er über ihre Fragen, die ihm seltsam vorkamen, doch er gab geduldig Auskunft.

,Bald kennst Du mich besser als ich mich selbst', sagte er schließlich.

Sie hätte gewünscht, daß es sich wirklich so verhielte. Aber ihr war inzwischen klargeworden, daß sein innerstes Wesen ihr auf immer verschlossen und fremd bleiben würde. Auch fühlte sie jetzt, daß es ihn nach Ceizra zurückzukehren drängte. Tatenloses Warten lag nicht in seiner Natur. So bat sie ihn selbst, er möge sie in ihres Vaters und Pecis Obhut lassen, bis sie kräftig genug sei, die lange Heimreise zu wagen.

,Wenn Dir das richtig scheint, gehe ich selbstverständlich', sagte er erleichtert. ,Es ist noch so viel zu tun vor unserer Hochzeit, und hier bin ich doch zu nichts nütze.'

Sie sah mit einer Mischung von Kummer und Glück zu ihm auf. Einen Augenblick lang erschien er ihr wie ein Kind.

7

Larthi und Aranth saßen einander auf Elfenbeinschemeln gegenüber. Sie streckte ihm die Rechte entgegen und er ergriff sie, indem er sie innig anblickte. Ihr Haar war mit dem Brautschleier bedeckt, und im Schoß hielt sie einen Granatapfel als Fruchtbarkeitssymbol. Beide trugen sie reichbestickte Gewänder mit breiten farbigen Borten, Aranth dazu rote Stiefel aus weichem Leder und Larthi Sandalen, die mit goldenen Bändern befestigt waren. Im Kreis um sie herum standen ihre Familienmitglieder mit Myrthen- und Lorbeerzweigen in den Händen, die Priester im Festkostüm. Von Flöten und Kitharaklängen begleitet, näherten sich dem Paar jetzt Veilia und eine ältliche Base von Laris Matu-

Kalksteinrelief mit Hochzeitsritus von einem Grabcippus aus Chiusi. Rom. Museo Barracco

nas, die Larthis verstorbene Mutter vertrat. Sie trugen zusammen einen großen neugewebten Männermantel von halbkreisförmigem Schnitt. Unterdessen opferten Laris Matunas und die Priester der Uni und sangen die rituellen Formeln des Hochzeitszeremoniells. Wie einen Baldachin hielten die Frauen dann den Mantel über die Köpfe des sitzenden Paares. Der schwere Stoff hing an den Seiten tief herab, so daß er sie fast ganz vor den Augen der Umstehenden verbarg: Symbol der Vereinigung der Ehegatten.

Larthi fühlte, wie ihr vor Erregung die Tränen aufstiegen, aber sie lächelte Aranth zu. Als der Mantel wieder weggehoben und zusammengefaltet worden war, standen sie beide auf und legten einander die Hand auf die Schulter. Sie sprachen die geheiligte Formel aus, die sie auf immer zu Mann und Frau machte.

Viele geladene Gäste hatten der Zeremonie beigewohnt. Sie traten nun mit Glückwünschen für ein langes und fruchtbares Zusammenleben an das junge Paar heran und riefen den Segen der Götter auf sie herab.

Während die letzten Vorbereitungen für ein großes Gelage im Freien getroffen wurden, gingen alle Versammelten bewundernd an der Aussteuer der Braut entlang, die in der Säulenhalle der königlichen Residenz ausgestellt worden war. Familienmitglieder, Freunde und die Oberhäupter der Adelshäuser hatten reiche Geschenke gesandt. Larthis Eigentum und die Brautgaben waren schon am Vortag in feierlichem Zug ins Haus ihres zukünftigen Gatten gebracht worden. Musikanten gingen vor den Wagen voller Möbel und Bronzegerät her, eine Reihe von Sklavinnen folgte; sie trugen auf dem Kopf Kästen und Körbe mit Leinen, Kleidern und Schmuck sowie das Gefäß, in dem früh am Hochzeitsmorgen das Quellwasser für Larthis Brautbad geholt werden sollte.

Die Lobesworte der Gäste hörte Larthi nur halben Ohres. Sie ließ die Augen auf ihren Schätzen ruhen und dachte an die langen Wochen ihrer Wiedergenesung im vergangenen Herbst nach Aranths Abreise. Am Tag, bevor er sie verließ, hatte er ihr noch ein Geschenk gebracht, das nun hier zwischen den anderen Festgaben stand: einen dreifüßigen, trommelförmigen Bronzebehälter für Toilettengegenstände. In verschiedenen Abteilungen enthielt er alabasterne Parfümflaschen mit Elfenbeinstäbchen zum Auftragen des wohlriechenden Öls, Haarnadeln, Pinzetten, einen Silberspiegel und Kämme. Während der langen Trennung hatte ihr diese schöne und nützliche Gabe viel Freude bereitet. Im Augenblick erregte sie Ramthas Entzücken. Sie war mit ihrer Mutter zusammen herangetreten und schlang nun ihre Arme um Larthi.

‚Ich bin so froh, daß die Götter Dir nach Deiner Krankheit all dies haben zuteil werden lassen. Mögest Du auf immer glücklich sein!‘

Larthi küßte sie dankbar und erklärte ihr, daß sie die Cista von Aranth bekommen hatte.

‚Sieh', was Marce mir gegeben hat, als er vor drei Monaten das letzte Mal hier war', sagte Ramtha und streckte stolz die Hand aus, um ihr einen goldenen Ring mit geschnittenem Siegelstein zu zeigen: der Karneol hatte die Form eines Skarabäus, auf seiner flachen Unterseite war eine Kriegerfigur eingegraben. ‚Der Siegelring, sagte er, solle mich an ihn erinnern, während er in der Fremde für seinen König kämpft – als ob er je meinen Gedanken fern wäre!'

Wieder küßte Larthi ihre Freundin, diesmal überwältigt von Mitleid für Ramtha und im Bewußtsein ihres eigenen großen Glücks. Wie ungewiß war doch Ramthas Geschick, verglichen mit ihrem eigenen. Für Marce bestand keine Aussicht zu heiraten und ein Heim zu gründen, es sei denn, die Tarquinier kämen in Ruma wieder zur Macht. Ramthas fester Glaube an einen glücklichen Ausgang war ergreifend.

‚Unsere Söhne haben diesen Monat bei den Wachtruppen Dienst und konnten deshalb nicht kommen, aber sie senden Euch beiden die besten Wünsche für den Segen der Götter', sagte Ramthas Mutter.

Larthi dankte ihr und all den vielen anderen, die zu ihr traten, um göttlichen Schutz für ihr künftiges Leben mit Aranth herabzuflehen.

Dann gingen sie alle in den ummauerten Garten unter die blühenden Sträucher und Bäume. Weiße Weinreben zum Schutz gegen Blitzschlag wuchsen längs der Umzäunung. In einem großen offenen Rechteck davor hatten Sklaven die Speisebetten aufgestellt. Kränze aus Frühlingsblumen erwarteten die Gäste für das Gelage im Freien, und der Vogelgesang, der von überall her erschallte, erhöhte die freudige Stimmung. Der König und Veilia, beide in prachtvollen, reichbestickten Gewändern, wiesen der Hochzeitsgesellschaft ihre Plätze an. Nie zuvor hatte Larthi ihren

Schwiegervater so voll Wohlwollen und heiterer Gelassenheit gesehen. Er neckte den Sohn, der kaum die Ungeduld, mit seiner Braut allein zu sein, verbergen konnte und fast keines der zahlreichen, köstlichen Gerichte berührte. Aranth wandte die Augen nicht von Larthi ab, die sich gleichfalls danach sehnte, der lärmenden Gesellschaft zu entgehen, aber dennoch geziemend auf die vielen anzüglichen Bemerkungen antwortete, die an das junge Paar gerichtet wurden.

Der kleine Mamarce hatte am Fußende des elterlichen Speisebetts sitzen dürfen, fühlte sich aber bald vernachlässigt, weil alle nur seinem Stiefbruder und Larthi Aufmerksamkeit schenkten. Er begann herumzuzappeln und zu wimmern, bis sein Vater es ihm ärgerlich verwies und der Junge sich schluchzend in die Arme seiner Mutter warf.

‚Laß ihn zu Bett bringen‘, sagte Velthur Velchanas streng zu seiner Frau, ‚ein Hochzeitsfest darf nicht von unheilverkündendem Weinen gestört werden.‘

Veilia verließ wortlos ihren Platz, drückte das Kind mit schützender Geste an die Brust und trug es in den Palast. Nach einer Weile kehrte sie mit starrem Gesicht an die Seite ihres Gatten zurück. Alle weiteren Speisen und Getränke lehnte sie ab.

Laris Matunas, der aufmerksam Himmel und Sonnenstand beobachtet hatte, verkündete nun, daß der günstigste Augenblick gekommen sei für die Vereinigung der Neuvermählten. Alle erhoben sich, die Musikanten fingen wieder an zu spielen, und Aranth nahm seine Braut bei der Hand. Larthi hatte den Schleier über den Kopf gezogen und hörte sich errötend die traditionellen derben Aussprüche der Gäste an, die böse Geister abschrecken und dem jungen Paar zahlreiche gesunde Nachkommen gewährleisten sollten.

Vom König und Laris Matunas auf der Rechten und Veilia und der alten Base auf der Linken begleitet, führte Aranth Larthi jetzt in den Teil des Gartens, wo in einer Laube von mit geweihten

Junges Paar vor einem Bett. Gravierter Bronzespiegel aus Tarquinia. Berlin. Antikenmuseum

Bändern geschmücktem Efeu das Ehebett aufgeschlagen worden war. Als sie sich der Blätterwand näherten, nieste Veilia plötzlich. Doch nur Laris Matunas bemerkte das schlechte Vorzeichen und machte rasch die übelabwehrende Geste. Larthi lauschte dem

Gurren der sich im Laub paarenden Tauben, einem lieblichen Laut, der die glückverheißende Gegenwart der Göttin Turan anzeigte. Scheu antwortete sie dem leidenschaftlichen Druck von Aranths Hand, während sie beide auf die Segenswünsche ihrer Eltern antworteten, die nun wieder zu ihren Gästen zurückkehrten.

Nur gedämpft klang die Musik des Festes zu dem Brautpaar herüber, nachdem sie das von Sonnenstrahlen durchleuchtete Blättergehege betreten hatten, in dem ihr Bett sie erwartete. Über seine Kissen war Aranths neugewobener Mantel als Decke gebreitet. Das Blut begann Larthi in den Ohren zu rauschen, und ihr Atem kam rascher, als Aranth ihr sanft die Kleider vom Körper nahm, sie umfing und auf das Bett hob. Zitternd schloß sie die Augen, bis seine glühenden Hände und Lippen sie die Geheimnisse der Liebesgöttin gelehrt hatten.

8

Es war Weinlese. Larthi, die mit Peci nähend im Schatten der Palastvorhalle saß, hörte das von Flötentönen begleitete, rhythmische Treten der Trauben aus dem Hof herüberklingen. Der süße Mostgeruch schien ihr die Luft drückend schwer zu machen. Sie war im dritten Monat ihrer Schwangerschaft und fühlte sich häufig unwohl. Es wurde ihr zunehmend unbequemer, länger still zu sitzen, und schließlich erhob sie sich ungeduldig. Voll Sorgen folgte Peci ihrer Herrin mit den Augen, als sie um die Ecke des Hauptbaus herum auf den Hof zuging, in dem die Sklaven mit dem Pressen beschäftigt waren.

In den letzten Wochen hatte sie eine zunehmende Unruhe in Larthi verspürt, und obgleich sie nicht wagte, ihre Herrin nach deren Ursache zu fragen, hatte sie sich doch ihre eigenen Gedanken gemacht. Auch sie fühlte sich in der neuen Umgebung kaum daheim. Sie war im Sklaventeil des Hauses von Laris Matunas geboren worden und betrachtete das als ihre Heimat. Dort hatte sie, erst als Culnis Magd und dann als beinahe mütterliche Freundin von Larthi, eine angesehene Stellung unter ihren Mitsklaven eingenommen, während sie hier, in dem von Dienern wimmelnden großen Haushalt des Königs nur eine von vielen war, der keine besondere Aufmerksamkeit gezollt wurde. Zwar bewohnten Larthi und Aranth ansehnliche Räume im Palast und hätten auch ein eigenes Haus führen können; tatsächlich schienen sie aber mehr wie Gäste dort zu leben, ohne die Unabhängigkeit und Entschlußfreiheit, die den Besitzer eines Heimes zu seinem eigenen Herren macht. Aranth war oft unterwegs, während Larthis Zustand sie zunehmend ans Haus ihrer Schwiegereltern fesselte. Kein Wunder, daß sie sich nicht einleben konnte.

Gegen die Wände des Hofes, den Larthi betrat, lehnte eine Reihe konischer Tragkörbe, hoch voll Trauben gehäuft, die von den Pflückern dort hingebracht worden waren. In die Mitte des Hofes hatte man einen riesigen geflochtenen Behälter auf einen flachen, leicht geneigten Steintrog gestellt. Unter der Öffnung an der tiefsten Stelle des Troges fing ein großes Tongefäß den Traubensaft auf, der dort zusammenrann. Zwei Sklaven mit nackten Füßen stampften auf den Früchten im Korb herum, der Saft sickerte durch das Flechtwerk des Bodens in den Trog. Die Traubenmenge unter ihren Füßen war nur noch gering. Immer langsamer wurde die Flötenmusik, nach deren Takt sie zu treten hatten, und hörte dann ganz auf. Der Sklave, dessen Aufgabe es war, Trauben aus den Körben der Pflücker nachzuschütten, hatte sich davongemacht.

Larthi blickte gedankenverloren auf diese Szene der Untätigkeit, bis sie plötzlich merkte, daß die Nachmittagshitze ihr ein stechendes Kopfweh verursachte. In einer halb vergessenen Bewegung rieb sie ihre Schläfe und warf einen besorgten Blick zum

Himmel auf, wo sich im Nordwesten dunkle Wolkenberge türmten, deren brennende Ränder die Sonnenstrahlung noch zu vervielfältigen schienen. In diesem Moment trat Veilia in den Hof. Für gewöhnlich überwachte sie niemals die Arbeit von Sklaven, da dies die Aufgabe von Cae, dem Verwalter des Königs, war. Dieser befand sich aber gerade in den Weinbergen, um festzustellen, wie weit die Ernte dort fortgeschritten sei, und die Haushaltssklaven waren deshalb ohne Aufsicht. Alle persönlichen Diener des Königs hatten ihn auf seine, mehrmals im Jahr in den Küstensümpfen abgehaltene, große Jagd begleitet.

Als Veilia sah, daß der Flötenspieler lässig im Schatten der Mauer kauerte, und die beiden im Korb stehenden Sklaven die paar übrig gebliebenen Trauben aßen, anstatt einen neuen Vorrat davon zu trampeln, rief sie mit scharfer Stimme: ‚Macht Euch an die Arbeit, faules Gesindel!'

Scheinbar ohne irgend einen Unterschied zwischen den Sklaven, die sie tadelte, und Larthi, die ihnen tatenlos zugesehen hatte, zu machen, warf sie ihrer Schwiegertochter einen kurzen Blick zu, aus dem unverblümter Haß sprach.

Rasch begannen die Sklaven so zu tun, als ob sie nur einen Augenblick Atem geschöpft hätten, und ihre Herrin zog sich wieder ins Haus zurück.

Larthi hatte das Gefühl, daß sie mit einer Peitsche gezüchtigt worden sei, und eilte so schnell sie konnte aus dem Hof. Als sie die Vorhalle wieder erreicht hatte, ließ sie sich schwer auf ihren Schemel nieder und stützte ihren schmerzenden Kopf in beide Hände. Entsetzt vom gequälten Aussehen ihrer Herrin sprang Peci auf und kniete neben ihr nieder. Mitleidig spähte sie ihr ins Gesicht und fragte: ‚Ist Euch wieder übel? Vielleicht legt Ihr Euch besser ein wenig in Eurem Zimmer nieder, hier draußen kommt man vor Hitze wirklich um.'

Larthi schüttelte den Kopf. ‚Niemals wieder gehe ich in das Haus', sagte sie plötzlich wild, ‚nie, nie wieder!'

Flötenspieler. Wandmalerei aus der Tomba del Triclinio. Tarquinia ▶

‚Herrin', rief Peci tief verstört aus, ‚was sagt Ihr denn da? Dies ist doch das Haus Eures Gatten und Euer Heim!'

Doch Larthi fuhr fort mit Worten, die in seltsam gebrochenem Ton von ihren Lippen kamen: ‚Hier wartet Böses – ich darf nicht bleiben.' Langsam stand sie auf und, wie in einer Trance, begann sie sich in Richtung auf ihr Vaterhaus zu entfernen. Peci blickte angstvoll um sich. Niemand war zu sehen, den sie um Rat und Hilfe hätte angehen können. Der Himmel sah jetzt drohend aus – riesige Gewitterwolken verbargen rasch die Sonne. Hastig bückte Peci sich nach dem Stück Stoff, an dem sie den Saum genäht hatte und eilte Larthi nach, um sie damit vor Nässe zu beschirmen. Schwere Tropfen begannen zu fallen.

Larthi schien ihre Magd nicht zu bemerken. Langsam überquerte sie den Platz vor dem Königspalast, dem sie den Rücken gekehrt hatte. Mit starr geradeaus gerichteten Augen und ohne des unheilvoll lang dahinrollenden Donners zu achten, lenkte sie ihre Schritte durch die vom Regen durchfegten Straßen, bis sie ihr früheres Heim erreicht hatte. Kaum war sie unter die schützend vorspringenden Dachsparren getreten, da ließ ein blendender Blitz und ein fast gleichzeitig erschallender entsetzlicher Donnerschlag Peci sich zu ihren Füßen ducken und in monotone Gebete ausbrechen. Larthi wandte sich wortlos um und machte die übelabwehrende Geste.

Ihr Vater, der in diesem Augenblick aus dem Haus stürzte, machte instinktiv dieselbe Bewegung.

‚Was hat Dich bewogen, in solchem Wetter Dein Haus zu verlassen?' fragte er sie streng, indem er tief beunruhigt von ihrem blassen Gesicht zum finsteren Himmel aufblickte. ‚Du solltest Dich und das Kind, das Du trägst, mehr in Acht nehmen. Wo ist Dein Mann?'

Larthi erwachte wie aus einem Alptraum.

‚Er ist vor zwei Tagen nach Pyrgoi gegangen. Die Schiffe werden auf den Strand gezogen', sagte sie langsam und strich sich mit der Hand über die Stirn. ‚Ich ängstige mich jetzt um ihn – der Sturm ist aus dem Nordwesten gekommen.'

Laris Matunas spähte in die Ferne und murmelte: ‚Diese Himmelsgegend sieht mir jetzt heller aus. Sei ohne Furcht für ihn. Das Unheil drohte jemand anderem.'

Er trat in die Straße hinaus und wandte sich in die Richtung, aus der Larthi gekommen war. ‚Dieser furchtbare Blitz muß ganz in der Nähe eingeschlagen haben – seine Bedeutung beunruhigt mich besonders; heute ist der gefahrbringende siebente Tag der Woche.'

Aus den Nachbarhäusern kamen zögernd Leute heraus und blickten verängstigt nach dem Stadtteil hinüber, wo der Donnerkeil eingefallen sein mußte. Der Regen hatte nachgelassen, und Laris Matunas rief nach Teitu und Thresu, damit sie ihn begleiteten, während er Peci befahl, mit Fasti ein Bett für seine Tochter herzurichten, die an einem der Pfeiler lehnte. Larthi sah aschgrau aus. Auf die Mägde gestützt, schleppte sie sich ins Haus ihres Vaters.

Die nassen Straßen, durch die Laris Matunas hastete, glänzten unheimlich im schrägen Licht der wiederauftauchenden Sonne. Als er fast den offenen Platz vor dem Königspalast erreicht hatte, stieß er auf zwei von Veilias Sklaven, die geschickt worden waren, ihn zu holen. Unzusammenhängend redend und aufgeregt gestikulierend, schienen sie sagen zu wollen, daß die Herrin und ihr kleiner Sohn vor Schrecken fast außer sich seien: der Blitz habe das Haus nur um Haaresbreite verfehlt und sei in den gepflasterten Teil des Platzes hart davor eingeschlagen. Laris Matunas legte die Hand auf den Mund, um ein Stöhnen des Entsetzens zu ersticken. Denn gemäß der Blitzlehre in den heiligen Büchern ist der Donnerkeil, der auf einen öffentlichen Platz fällt, ein Zeichen für den König selbst und bedeutet eine seinem Leben und seiner Herrschaft unmittelbar drohende Gefahr. Sofort schickte er Teitu und Thresu nach Larth Repesunas und Piana

Velavesnas, damit sie ihm bei der Ausübung seiner religiösen Pflichten beistünden. Dann näherte er sich dem unheilvollen Platz, der schon von einer aufgeregten Menschenmasse umgeben war. Er hob seinen Augurenstab und befahl ihnen zurückzutreten. Die Menge gehorchte voll Ehrfurcht.

Zersplitterte und geschwärzte Trümmer einer der großen Platten des Pflasters lagen zerstreut um ein gähnendes Loch im Boden nahe dem Eingang von Velthur Velchanas' Residenz. Ein paar der Stücke waren gegen die Fassade hochgeschleudert worden und hatten die bemalte Terracottaverkleidung des Giebels beschädigt. Einschlagsrichtung und Zerstörungskraft des Blitzes ließen Laris Matunas keinen Zweifel: sie waren Zeichen des dritten und allergefährlichsten der drei Blitze, die Tinia, der höchste Gott, schleudern konnte. Und selbst er vermochte diesen schicksalhaften Blitz erst nach Beratung mit den verhüllten Gottheiten freizusetzen, jenen, die mitleidlos und ewig von Geheimnis umgeben sind. Die Bedeutung des Vorzeichens war überwältigend in seiner Bedrohlichkeit.

Da der König und sein ältester Sohn abwesend waren, fiel die Pflicht, sofort die vorgeschriebenen Entsühnungsriten durchzuführen, auf Laris Matunas als den Hauptaugur, Haruspex und Deuter von Blitzen. Er ließ Veilia durch ihre Sklaven mitteilen, was er zu tun beabsichtige und bat sie, unverzüglich Boten an ihren Mann und Aranth schicken zu lassen. Nerie Peipnas, einer der wenigen Adligen, der wegen seines hohen Alters und seiner Gebrechlichkeit nicht wie die anderen umschichtig mit den Truppen diente, hatte sich Laris Matunas zugesellt und bot nun an, die Priesterschaft des Tinia herbeizuholen.

Dies ermöglichte es Laris Matunas, die nötigen Vorbereitungen für die Blitzbestattung und die Sühneopfer zu treffen. Als er wieder daheim angekommen war, erfuhr er von Teitu, daß er Piana Velavesnas nicht angetroffen habe. Niemand wußte zu sagen, wo er hingegangen sei, als er, ein paar Stunden vor Ausbruch des

Sturms, zusammen mit Thefarie Velianas von zuhause aufgebrochen war. Diese unerwartete Nachricht verblüffte Laris Matunas. Was hatte wohl ein Priesterkollege, der eng mit dem Königshaus verschwägert war, mit so einem Mann wie Thefarie Velianas zu schaffen?

Laris Matunas wurde in seinen Gedanken durch die Ankunft von Larth Repesunas unterbrochen, der die Aufforderung, an dem ungewöhnlichen Ritus teilzunehmen, so schnell befolgt hatte, wie seine zittrigen alten Beine es erlaubten. Altersschwäche und Aufregung machten ihn jedoch ziemlich nutzlos. Beim unbehilflichen Versuch, Laris Matunas beizustehen, ließ er das eiserne Opfermesser fallen, so daß von dessen eingelegtem Griff ein Stück Elfenbein absprang, und als er sich danach bemühte, das Räuchergefäß mit dem beweglichen Handgriff zu füllen, verschüttete er die meisten Weihrauchkörner. All dies war nicht gerade von guter Vorbedeutung für die bevorstehende Zeremonie. Eine geraume Zeit verging, bis alle notwendigen Geräte und Opfergaben in Körbe verpackt worden waren und die beiden Steinmetzen mit ihrem Karren voll Handwerkszeug und großen Steinplatten eintrafen. Gefolgt von diesen und von Sklaven, die die Körbe trugen, begaben sich Laris Matunas und Larth Repesunas dann wieder an den unheilvollen Platz. Die Priester des Tinia mit ihren Opferdienern und Musikanten waren schon dort versammelt, während eine immer größer werdende Menschenmenge sich in einiger Entfernung voll Unruhe drängte.

Das traditionelle Sühneopfer eines Schafes ging der Blitzbestattung voraus. All die geschwärzten Bruchstücke des Pflasters und Splitter der Dachziegel sowie die vertreuten Erdklumpen wurden sorgfältig eingesammelt und nebst den vorgeschriebenen Opfergaben in das vom Blitz aufgerissene Loch gelegt. Danach wurde das Grab mit frischer Erde aufgefüllt, der Boden geebnet und vier Steinplatten in Form eines kleinen Giebeldaches darüber errichtet. Die Steinmetzen befestigten die Konstruktion mit

Metallklammern und umgaben den Platz dann mit einer Einfriedigung. Der so umgrenzte Bezirk würde nun auf ewig für Menschen unbetretbar sein – ein geheiligter sowohl als auch verfluchter Platz.

Nachdem Laris Matunas seine Pflichten erfüllt hatte, begannen die Priester des Tinia ihre Gebete zu intonieren und den Gott um die Bewahrung des bedrohten Staatsoberhauptes anzuflehen. Während sie noch die Versöhnungsgaben darbrachten, kehrte das Unwetter, auf das niemand mehr geachtet hatte, mit verdoppelter Wut zurück. Ein Wolkenbruch löschte das Feuer auf dem Tragaltar aus, und Regen verwässerte die dargebotenen Trankopfer. Voll Angst und Bestürzung ergriffen die Priester eilig die heiligen Geräte und flüchteten sich in den Schutz des Tiniatempels. Die Menge machte sich gleichfalls rasch davon. Laris Matunas wurde von einer furchtbaren Gewißheit kommenden Unheils erfüllt. Vorzeitige Dunkelheit hüllte die Stadt ein, als die Gewitterwolken wiederum die sinkende Sonne völlig verdeckten. Es wurde ihm offenbar, daß die Götter ihre Unerbittlichkeit bekundet hatten – keine weiteren Gebete und Opfer vermochten nun das von ihnen bestimmte Geschick abzuändern. Den Menschen blieb nichts übrig, als ergeben zu erleiden, was ihnen bevorstand.

9

Der Leichnam des Königs in goldbestickten Gewändern war neben dem seiner ersten Frau im Familiengrab der Velchana zur Ruhe gelegt worden. Die meisten seiner kostbaren Besitztümer – sein prachtvoller Panzer, sein Helm, die Waffen und der Zeremonialwagen für ein Zweigespann, der schon seinem Vater gehört hatte, waren im Vorraum der eigentlichen Grabkammer aufgestellt worden, zusammen mit dem großen bronzenen Mischgefäß, das Aranth ihm geschenkt hatte. Nägel wurden in den Tuff ge-

Bronzener Paradewagen aus Monteleone di Spoleto. New York. Metropolitan Museum

schlagen und Gold- und Silbergeschirr, Weinkannen und Siebe daran aufgehängt. Die Wände des Grabvorraums waren mit einer Reihe buntbemalter, in natürlicher Größe aus dem Felsen gemeißelter Schilde geschmückt. Zwei steinerne Sessel mit hochgerundeter Rückenlehne und Fußschemeln flankierten die Tür, die in den mittleren Alkoven führte, wo das Königspaar lag. Diese Throne symbolisierten die höhere Wesenheit der Toten und wurden, dem Glauben nach, von ihnen eingenommen, wenn sie die regelmäßig dargebrachten Opfer von Speisen, Wein, Milch und Honig empfingen.

Nachdem die letzten Riten vollzogen waren, stiegen Aranth, Laris Matunas und die Totenpriester die Treppe wieder hinauf, die von den Grabräumen zum Straßenniveau führte, und der Eingang wurde mit einer massiven Steinplatte verschlossen. Der kleine Platz vor dem Grabhügel war gedrängt voll Leidtragender, Angehörigen des Königshauses und der großen Adelsfamilien von

Raum im Kammergrab Tomba degli Scudi e delle Sedie mit aus dem Tuff gemeißelten Thronen, Betten und Schilden. Cerveteri. Banditaccianekropole ▶

Ceizra. Larthi war das einzige weibliche Familienmitglied. Veilia, die sich im Palast eingeschlossen hatte, ließ sagen, daß sie von den Ereignissen zu mitgenommen sei, um am Begräbnis teilzunehmen. Seit dem Blitzschlag hatten weder Aranth noch Laris Matunas die Königin zu Gesicht bekommen. Als Aranth am Tag, nachdem das Unglückszeichen vom Himmel gefallen war, von Pyrgoi eintraf, war es sein Schwiegervater, der ihm berichtete, was er unternommen hatte, um die drohende Katastrophe abzuwenden. Sie berechneten gerade voll Sorge, wie lange der von Veilia geschickte Bote brauchen würde, um den König zu erreichen und die frühestmögliche Stunde seiner Heimkehr, da ritten zwei Sklaven, die an der Jagd teilgenommen hatten, auf erschöpften Maultieren heran. Ihr Gesichtsausdruck verkündete die entsetzliche Nachricht, noch bevor sie zu sprechen vermochten: der König war tot.

Am gleichen Tag, an dem die Jagdgesellschaft ein in der Ferne über Ceizra sich zusammenballendes Gewitter beobachtet hatte, war der König einem besonders mächtigen Eber auf der Spur gewesen. Seit Wochen hatte das Tier die an die Sümpfe angrenzenden Felder verwüstet, im Korn gewühlt und neugepflanzte Weinstöcke und Olivenschösslinge umgerissen. Eine Gesandtschaft der vom Schaden betroffenen Bauern hatte den König gebeten, sie vor der Heimsuchung zu schützen. Am Nachmittag war es endlich gelungen, den Eber in die Enge zu treiben. Der Platz, wo er sich stellte, war allerdings so sumpfig, daß immer nur ein einzelner Jäger sich ihm dort nähern konnte. Der König hatte seinen ersten Speer nach dem Tier geschleudert und es in der Flanke getroffen, jedoch ohne es zu töten. Rasend vor Schmerz brach der Eber aus dem Schilfdickicht und griff den König an, der ruhig mit dem zweiten Speer auf ihn wartete. Im Augenblick, in dem er zustieß, vernahmen alle das ferne Grollen von Donner und ein scharfes, splitterndes Geräusch – der Schaft des Speers war abgebrochen. Velthur Velchanas stürzte unter der Wucht des sterbenden Tieres zusammen, tödlich von seinen fürchterlichen Hauern verletzt.

Während sie immer wieder die unseligen Ereignisse der vergangenen Tage überdachte, wurde Larthi sich scheu bewußt, daß die Bürde prophetischer Sicht ihr wieder zugefallen war. Hatte sie nicht das kommende Unheil verspürt, als sie so plötzlich die Lauchumna verließ? Lag es nun in der Absicht der Götter, daß sie dorthin zurückkehren sollte, zusammen mit Aranth, dem zukünftigen Herrscher? Sie spannte alle Geisteskräfte aufs äußerste an, um das Dunkel der Zukunft zu durchdringen – vergebens, keine Erleuchtung kam ihr. Kein Bild kommenden Glücks im Palast stieg vor ihrem inneren Auge auf. Mit Ergebung mußte sie erkennen, daß es außerhalb ihrer Macht stand, die Gabe der Vision willentlich zu benutzen. Sie stammte von den Göttern, und in deren alleiniger Willkür lag es, sie zu verleihen oder vorzuenthalten.

Ein Barde, der begonnen hatte, eine Grabrede auf den toten König zu halten, rief sie aus ihrer Versunkenheit zurück. In wohlgerundeten Sätzen verkündete er laut das Lob des alten Geschlechts der Velchana und ihrer Taten über viele Generationen hin und pries zuletzt beredsam den verschiedenen Velthur: er sei weise in der Rechtsprechung, freigiebig gegen sein Volk, tapfer und tatkräftig im Krieg gewesen. Höchstes Lob zollte er ihm für seinen Mut als General der Armee, die mehr als zwanzig Jahre zuvor in Kampanien gekämpft hatte, für seine wohlwollende Herrschaft über Ceizra, die den Reichtum und die Macht der Stadt vergrößert hatte, für seine diplomatische Geschicklichkeit als Anführer des etruskischen Bundes, für die Großzügigkeit seiner Gastfreundschaft und schließlich für sein heroisches Ende bei der Tötung des Untiers, das die Plage seiner Untertanen gewesen war.

Larthis Niedergeschlagenheit verwandelte sich in Stolz, als sie dieser Aufzählung hoher Verdienste lauschte. Ihre Augen suchten die von Aranth, der, völlig gefangen vom Sang des Barden, neben ihm stand, und sie sandte ein inständiges Gebet an die Götter, daß der Sohn, den zu gebären sie gewiß war, ein ebenbürtiger Nachfolger seiner hochverdienten Vorfahren werde.

Der Grabrede sollten die traditionellen Wettspiele außerhalb der Stadt folgen, für deren Sieger Aranth bereits wertvolle Preise aus dem königlichen Besitz ausgesetzt hatte. Doch bevor die Leidtragenden den Friedhof verließen, um sich in die Arena zu begeben, wo das gemeine Volk schon wartete, machten sie sich bereit, der uralten Phersuzeremonie beizuwohnen.

Larthi erinnerte sich daran, daß ihr Vater sie in ihrer Kindheit darüber belehrt hatte, daß dieser Kampf gelegentlich mit dem Tod eines der Teilnehmer endete, gewöhnlich eines verurteilten Verbrechers oder Kriegsgefangenen. Es schien, daß in ferner Vergangenheit Menschenopfer auf dem Grab von Königen dargebracht wurden, und daß der Phersukampf in rituell gemilderter Form ein Nachleben solch düsterer Totenbräuche darstellte.

Die Zuschauer traten an den Rand des unregelmäßigen, von Grabhügeln umgebenen Platzes zurück, um der Vorstellung Raum zu geben. Larthi fand auf einem Felsblock, der am Fuß eines dieser Tumuli aufragte, einen Sitz. Zwei Priester führten einen muskelschwellenden Mann, der nur mit einem Lendentuch bekleidet war, in die Mitte des Menschenkreises. Sein Kopf steckte in einem Sack, der, mit Stricken um seinen Hals befestigt, ihn völlig der Sehfähigkeit beraubte. Man drückte ihm eine dicke Keule in die Hand, mit der er versuchsweise um sich schlug, indem er den Kopf hin und her wandte, so als ob er hoffte, im voraus feststellen zu können, aus welcher Richtung der Angriff seines Gegners wohl kommen würde. Dieser war der Phersu, ein höchst merkwürdig aussehendes Wesen, das jetzt herangesprungen kam. Er trug ein enganliegendes, blutrotes Leibchen mit kurzen Ärmeln, das über und über mit vielfarbigen Stoffetzchen benäht war und irgendwie lächerlich wirkte. Doch die unheimliche Kopfbedeckung des Phersu widersprach diesem Eindruck: es war eine spitze, dunkle Mütze, in etwa einem Helm mit erhobenen

Wangenklappen ähnelnd, mit daran befestigtem, steil aufsteigendem, künstlichem Stirnhaar, einer das Gesicht völlig bedeckenden Maske und langem, schwarzem Spitzbart. Durch die Löcher in der Maske konnte Larthi sehen, wie sich die Augen des Phersu rasch hin und her bewegten. Er hielt einen großen, scharfen Hund zurück, an dessen Halsband ein ungewöhnlich langer Riemen befestigt war. Plötzlich ließ er den Hund auf sein Opfer los, behielt aber das Ende des Koppelriemens in der Hand. Mit wildem Gekläff stürzte sich das Tier auf den Mann mit verbundenen Augen, der versuchte sich mit seiner Keule zu verteidigen. Seine verzweifelten Bemühungen, den Hund von sich abzuhalten, wurden indessen von der langen Lederleine behindert, die der Phersu weiterhin hielt. Ihre Schlingen umwickelten Arme und Beine des Mannes, der sich ständig um sich selbst drehte, immer mehr und machten es unmöglich für ihn, sich schnell zu bewegen und wirkungsvoll mit Keulenschlägen auf seinen Gegner loszugehen. Die spitzen Fänge des Hundes hatten ihm schon manche Wunde gerissen, und er fing nun laut zu stöhnen an, als der Phersu mit Zurufen das Tier zu noch schärferen Attacken aufreizte. Mit teuflischer Behendigkeit umtanzte der Phersu die Kämpfenden, und es gelang ihm, die Beine des Mannes so mit dem Riemen zu umschlingen, daß er mehrmals strauchelte und beinahe auf die Knie fiel. Da verbiß sich der Hund im linken Schenkel seines Opfers und ließ nicht mehr los. Obgleich er schwer verletzt und blutüberströmt war, gelang es dem Mann dann, den Hund am Halsband zu packen und ihm mit der Keule den Schädel zu zerschmettern.

Larthi wurde bei diesem abscheulichen Schauspiel übel, und sie bedeckte die Augen mit der Hand. Die anderen Zuschauer jedoch, die dem Kampf atemlos vor Aufregung gefolgt waren, riefen dem Verletzten nun aufmunternd zu, daß er sich seine Freiheit erfochten habe und jetzt die Binde von den Augen nehmen solle. Mit seinen zerkratzten, blutigen Händen versuchte er, die

Schnüre loszureißen, mit denen der Sack um seinen Kopf befestigt war, und es gelang ihm schließlich. Doch die plötzliche Helle blendete ihn: sein erster Keulenschlag auf den Phersu ging fehl, und dieser umtanzte ihn weiter höhnisch. Wieder taumelte der Mann mit der Keule auf seinen Peiniger los und verfehlte abermals sein Ziel. Der Phersu entkam endlich durch die Zuschauermenge, während der Verletzte ihm schwankenden Schrittes folgte.

Die nervöse Spannung, die sich während dieses gespenstigen Kampfspieles in den Zuschauern angestaut hatte, entlud sich nun in Gelächter und lautstarkem Lob für die Standhaftigkeit des Opfers. Aber Larthi zweifelte daran, daß der Mann die ihm zugefügten schweren Verletzungen überleben könne. Obgleich er über den Todesdämon, den der Phersu symbolisierte, obgesiegt hatte, sah sie doch traurig voraus, daß es nicht lange währen würde, bevor ihn der furchtbare Herrscher der Unterwelt vor sich fordern werde.

10

Der Kleine weinte schon wieder. Seufzend stand Larthi vom Webstuhl auf und beugte sich über den Korb, indem sie vergeblich versuchte, ihr Söhnchen zur Ruhe zu bringen. Er umklammerte einen ihrer Finger mit seiner winzigen Faust, fuhr aber fort zu schreien.

‚Oh, Vel, Vel!‘ sagte sie müde und hob ihn auf, ‚mir ist es ebenso zumute wie Dir, aber weinen hilft nichts – es bringt uns Deinen Vater nicht zurück.‘

Ramtha, die sich zum Nähen neben einem Kerzenhalter niedergelassen hatte, blickte auf und sagte: ‚Laß mich ihn ein wenig halten. Du mußt halb tot sein vor Mangel an Schlaf. Er zahnt jetzt eben. Ich erinnere mich noch gut, wie das war, als unser Arnza seine Milchzähne bekam.‘

Eilender Phersu. Wandmalerei aus der Tomba degli Auguri. Tarquinia ▶

Sie hob den kleinen Jungen hoch in die Luft. Plötzlich erblickte er die brennenden Kerzen und starrte erstaunt in ihr Licht. Sein Geheul verstummte, und Ramtha lächelte Larthi zu. Mit einem dankbaren Blick auf ihre Freundin setzte sich Larthi wieder an den Webstuhl. Wie uneigennützig und hilfreich Ramtha doch geblieben war, trotz ihres eigenen Unglücks.

Sie schaukelte Vel jetzt auf den Knieen und summte ihm ein Liedchen vor. Der Kleine antwortete mit kräftigem Strampeln seiner in Windeln gewickelten Beinchen. Ramtha sprach sanft auf ihn ein, und er blickte sie aufmerksam an.

‚Du wirst bald ein großer Junge sein, und eines Tages wirst Du ein starker Mann, genau wie Dein Vater, und Du wirst ihm dann helfen, uns von dem Pöbel zu befreien, der jetzt in der Stadt die Macht hat, und wir werden alle wieder glücklich und zufrieden sein.‘

Die dunklen Pupillen des Babys, die auf Ramthas Gesicht geheftet gewesen waren, glitten langsam zur Seite, seine Lider sanken herunter, der kleine Daumen stahl sich in den Mund, und der Kopf mit dem flaumigen schwarzen Haar lehnte sich in ihren Arm zurück. Ganz vorsichtig stand sie auf und legte den schlafenden Vel wieder in sein Körbchen.

‚Manchmal kann ich es einfach nicht glauben, was hier über uns hereingebrochen ist‘, murmelte Larthi, während Ramtha wieder ihre Näherei aufnahm.

‚Leider ist es nur allzu wahr‘, gab sie mit einem Seufzer zurück, ‚und ich erinnere mich, daß Du vor Jahren, als Marce uns das erste Mal verlassen mußte, mir sagtest, Du befürchtetest, daß uns in Ceizra ein ähnliches Schicksal wie das der Tarquinier in Ruma bestimmt sein könnte.‘

‚Hab ich das wirklich gesagt?‘ fragte Larthi, erstaunt über so viel Voraussicht in einem Mädchen ihres damaligen Alters. ‚Was ich allerdings dabei nicht geahnt habe, war, daß ich den Königssohn heiraten sollte, und daß dieser Emporkömmling Thefarie

Velianas das Ende der Herrschaft unserer Familie herbeiführen werde', fügte sie bitter hinzu.

,Ich hab' in letzter Zeit so viel über das alles nachgedacht', sagte Ramtha. ,Erinnerst Du Dich noch des Tages, als wir zum Heratempel gingen, um für die Gesundung Deiner Tante zu beten?'

,Ich werde nie das schreckliche Gesicht des Sklaven vergessen, der uns anfiel, und die feindselige Menge, die ihn auch noch ermutigte, bis dieser Mensch uns schließlich rettete – das war vermutlich die einzige gute Tat, die Thefarie Velianas je in seinem Leben vollbracht hat', sagte Larthi verächtlich und warf das Webeschiffchen so heftig durch die Kette, daß es mit lautem Knacken an den Rahmen des Webstuhls anschlug. Ängstlich blickte sie zu dem Körbchen hinüber, um zu sehen, ob Vel davon aufgewacht sei.

,Oh nein! Ich bin jetzt sicher, daß er es war, der schon damals versucht hat, die Gemeinen und die Sklaven gegen den König aufzuhetzen. Bedenke doch nur, daß er der einzige Mann von irgendwelchem Ansehen auf dem Marktplatz war, und daß sie ihm wie Lämmer gehorchten, als er ihnen befahl, still nachhause zu gehen.'

Larthi schaute ihre Freundin einen Augenblick verblüfft an. ,Das ist mir bisher nie aufgegangen', sagte sie dann, ,aber Du mußt recht haben. Es fällt mir jetzt wieder ein – wir trafen ja Onkel Caile, und er sagte, daß er in der Menge aufrührerische Reden gehört habe. Tatsächlich, nun glaube ich auch, daß Thefarie Velianas schon damals versucht hat herauszufinden, wie weit der Pöbel zu gehen bereit sei, und als er nicht genug Unterstützung fand, da verschob er eben seine Pläne – oder vielmehr, er änderte sie entsprechend . . .'. Brütend starrte sie ins Kerzenlicht.

Ramtha nahm den Faden wieder auf. ,Vermutlich hat er befürchtet, daß er für diesen Versuch, Aufruhr anzustiften, belangt werden könnte, und ist deshalb auf so lange Zeit ins Ausland gegangen. Wir hatten ihn beinahe vergessen, bis –'

,Bis er zum Bersten voll mit seinen unredlich erworbenen karthagischen Gütern heimkam und dachte, er könne mich kaufen und sich so in den Adelsstand hineinschmuggeln', unterbrach Larthi sie in heftigem Flüsterton, ,und daß ihm das jetzt gelungen ist, obwohl ich ihn abgewiesen habe!'

,Ich würde Veilia nie solch hinterhältiges Benehmen zugetraut haben', sagte Ramtha.

,Ich auch nicht, obschon ich vom Moment meiner Heirat an wußte, daß sie mich haßte. Aranths Heimkehr muß wohl der erste schwere Schlag für ihre Pläne gewesen sein. Sie hat wohl immer gehofft, er werde irgendwo in der Fremde umkommen und nie heimkehren, um seines Vaters Nachfolge anzutreten. Und bei meiner Schwangerschaft wurde ihr klar, daß ihre Hoffnungen für Mamarce auf immer dahin waren. Damals müssen sie und ihr ehrgeiziger Verwandter wohl die Köpfe zusammengesteckt haben ... und mittlerweile war da Thefarie Velianas, der seine eigenen Pläne schmiedete und den Mob bestach und aufwiegelte.' Sie hielt sich die Hand vor die Augen. ,Wie konnten wir nur so blind sein, nichts von all dem zu merken?'

,Wir mußten eben an so viel andere Dinge denken', sagte Ramtha. ,Erinnere Dich doch nur, was alles passierte: Deine Krankheit, Deine Hochzeit, Deine Schwangerschaft – und der König und Aranth waren völlig von der Neuorganisierung der Truppen und der Flotte in Anspruch genommen. Wir alle erwarteten doch den Feind von außen, nachdem Porsenna seinen Feldzug in Latium begonnen hatte . . .', Ramtha hielt inne. Ihre Stimme war unsicher geworden, und ihre Augen hatten sich mit Tränen gefüllt.

Diesmal war es Larthi, die aufstand, um ihre Freundin zu trösten. Sie stellte sich hinter Ramthas Stuhl und blickte mitleidig auf ihren gebeugten blonden Kopf herab. Dann legte sie die

Hände auf Ramthas, von unterdrücktem Schluchzen zuckende Schultern. ‚Porsenna ist Recht geschehen', sagte sie, ‚seine Armee ist vernichtet worden, und er hat seinen Sohn Arruns in der Schlacht verloren. Aber wir haben Marce hergeben müssen. So verleihen uns die Götter mit der einen Hand den Sieg und nehmen uns mit der anderen ein Leben, das uns lieb ist.'

Ramtha weinte bitterlich, und Larthi strich ihr über das Haar.

‚Wir dürfen stolz auf Marce sein', sagte sie dann. ‚Du weißt ja noch nicht, daß erst gestern jemand hier vorbeigekommen ist, der Nachricht von Avile Spurinna gebracht hat. Stell Dir vor, wie schwer es für einen Anhänger der Tarquinier gewesen sein muß, sich zu uns, die wir ja als ihrer und der Griechen Freunde verschrieen sind, durchzuschlagen – wo doch die Spione von Thefarie Velianas überall lauern. Deshalb hat er so lange gebraucht, bis er sich herwagen und uns berichten konnte, wie sich alles zugetragen hat.'

Sie kniete neben Ramtha nieder. Diese hielt sich das Stück Stoff, an dem sie arbeitete, vors Gesicht, um ihr verzweifeltes Schluchzen zu ersticken.

‚Laß mich Dir erzählen, wie tapfer er gewesen ist', sagte Larthi sanft. ‚Wir wußten ja schon, daß nach all seinen vergeblichen Versuchen, mit Hilfe der Rasenna wieder in Ruma an die Macht zu kommen, König Tarquinius sich zu seinem Schwiegersohn Mamilius Octavius nach Tusculum geflüchtet hatte. Porsenna war weiter darauf aus, seinen eigenen Einfluß in Ruma zu festigen und die Tarquinier endgültig auszuschalten und griff deshalb den mit dem verbannten König verbündeten Latinerbund an. Zunächst vermochten die Truppen unter Porsennas Sohn Arruns auch, die Latiner auf ihr Bundesheiligtum Aricia zurückzuwerfen. Obgleich sie sich in die Mauern der Stadt zurückziehen mußten, gelang es den Latinern aber, die Griechen von Kyme um Hilfe anzugehen, und die Kymäer schickten ihnen sofort Aristodemos mit einer Entsatzarmee. Er verschiffte seine Truppen in

Kyme, landete an der Küste südlich der Tibermündung und marschierte nach Aricia. Marce war einer der Gesandten, die nach Kyme geschickt worden waren, und er kam mit den griechischen Truppen zurück. Mit einer Abteilung von Aristodemos' Soldaten brachte er es fertig, Arruns von seinen eigenen Leuten zu trennen, und er selbst war es, der den Sohn von Porsenna erschlagen hat.'

Ramtha erhob den Kopf und blickte Larthi mit rotgeweinten Augen an.

‚Danach hatten die Griechen und die Latiner, die Ausfälle aus Aricia machten, leichtes Spiel mit Porsennas Truppen. Aristodemos' Strategie muß hervorragend gewesen sein. Aber während Marce dabei war, von Arruns' Leichnam Waffen und Rüstung als Trophäen zu nehmen, wurde er von dessen Leibwache überrascht, die zwar zu spät kamen, um den Sohn ihres Königs zu retten, aber seinen Besieger dann überwältigten.'

Ramtha hielt sich das Tuch wieder vors Gesicht. Das Kernzenlicht fiel auf den Ring, den Marce ihr geschenkt hatte, und ließ ihn aufblitzen.

‚Schau Dir den Krieger auf Deinem Siegelring an', sagte Larthi tröstend, ‚das ist Achilleus in der prachtvollen Rüstung, die seine Mutter, die Göttin Thetis, für ihn von Hephaistos hatte machen lassen. Achilleus war der größte Held unter all den Griechen – aber trotz seiner Tapferkeit und den inständigen Bitten seiner göttlichen Mutter mußte er sterben, weil es vom Geschick so bestimmt war. Es ist das Gleiche für uns alle, die wir als Menschen geboren sind.'

11

Laris Matunas war über das Spielbrett gebeugt und brütete über seinem nächsten Zug. Caile, der ihm wartend gegenübersaß, streckte seine steif gewordenen Hände nach dem auf dem Boden stehenden Holzkohlenöfchen aus.

‚Wie kalt es doch ist', sagte er zu Larthi, die gerade ihr Kind stillte.

Sie nickte nur und zog ihren Mantel fester um Vel, der zufrieden trank.

‚Thresu! Thresu!' rief Caile da, ‚bring mehr Holzkohle, wir sind fast erfroren!'

Erschreckt von der lauten Stimme, hielt der Kleine inne und fing zu wimmern an. Larthi warf ihrem Onkel einen aufgebrachten Blick zu. Wenn doch das Wetter nur besser würde, damit er mehr aus dem Haus käme! Seit er zu ihnen gezogen war, weil er sich angeblich im Haushalt des Augurs sicherer fühlte, hatte er es fertig gebracht, nicht nur alle ihre Sklaven durch sein anspruchsvolles Benehmen zu verstimmen, sondern er stellte auch ihres Vaters und ihre eigene Geduld ständig auf die Probe.

‚Thresu hilft eben beim Schweineschlachten; sie sind alle draußen im Hof und sehr beschäftigt', sagte sie und versuchte, Vel zum Weitertrinken zu bewegen.

‚Schrecklich, wie man heutzutage alles selber tun muß', beschwerte sich Caile, indem er selbst nach der Holzkohle suchte.

Laris Matunas verschob endlich seinen Spielstein. Larthi hatte mit wachsender Unruhe beobachtet, daß er öfter beim Spielen daneben griff, so als ob er im Halblicht des Wintertags nicht richtig sehen könnte. Wurde er etwa blind? In letzter Zeit hatte sie sich das mehrfach gefragt, wenn er beim Eintreten in ein dunkles Zimmer oder auf unebenen Wegen zögernd tastete. Auch las er jetzt nie mehr in den heiligen Büchern. Seit die Wahl von Piana Velavesnas zum Hauptaugur verkündet worden war, hatte er sie nicht mehr aufgerollt. Es wurde Larthi plötzlich bewußt, was der Umsturz auch für ihn bedeuten mußte. Sie sah ihn nun mit ganz anderen Augen an. Wie ihn doch das letzte Jahr gebeugt hatte, und wie gebleicht sein Haar jetzt war! Selbst früher hatte er nur selten gelächelt, aber seit ihrer Heimkehr während des Sturms, der den Tod des Königs angekündigt hatte, waren stets tiefe Falten zwischen seinen Brauen eingegraben und verrieten, wie bedrückt er sich fühlte. Mitleid wie Mutlosigkeit erfüllten Larthi. Wie gerne hätte sie ihn getröstet und ihm Hoffnung auf bessere Zeiten eingeflößt. Gleichzeitig fühlte sie sich aber fast überwältigt vom Gewicht der Verantwortung auf ihren Schultern. Sollte ihr Vater jetzt die Gesundheit und die Fähigkeit, ihr zu raten, verlieren, dann würde die Last für sie wahrhaft unerträglich werden. Es war hoffnungslos, von Caile irgendwelche Unterstützung zu erwarten.

Ihr ganzes Wesen verlangte nach Aranth. Sie bezweifelte, noch viel länger das Leben ohne ihn ertragen zu können. Seit ein geheimer Bote aus Pupluna gekommen war mit der Nachricht, daß Aranth dort heil eingetroffen sei und Unterkommen bei seinem Freund Tucer Hermenas gefunden habe, hatten sie nichts mehr von ihm gehört. Er hatte dem Boten befohlen, ein paar Brieftauben für ihn mitzubringen. Aber seitdem war schon ein Jahr verflossen, und keiner der Vögel war zu ihnen zurückgekehrt. Larthi selbst konnte niemand um Nachricht nach Pupluna schicken – alle ihre Sklaven und Freigelassenen waren viel zu gut bekannt, um Thefarie Velianas' Spionen zu entgehen, und sie zitterte davor, das Geheimnis von Aranths Zufluchtsort preiszugeben. Die anhaltende Ungewißheit rieb sie langsam auf. Caile kam jetzt mit einem Bronzebecken voll Holzkohle herein, legte ein paar Stücke davon auf das Öfchen und fachte die Glut an, indem er sie mit einem trockenen Vogelflügel fächelte.

‚Einen Vorteil zumindest bringt die Tatsache, daß wir keine griechischen Sklaven mehr halten können', bemerkte er jetzt, immer noch mit der rein persönlichen Unbequemlichkeit beschäftigt, die der Umsturz für ihn bedeutete. ‚Man hört auf diese Weise viel mehr Klatsch.'

‚Wieso?' fragte Laris Matunas, vom Spielbrett aufblickend.

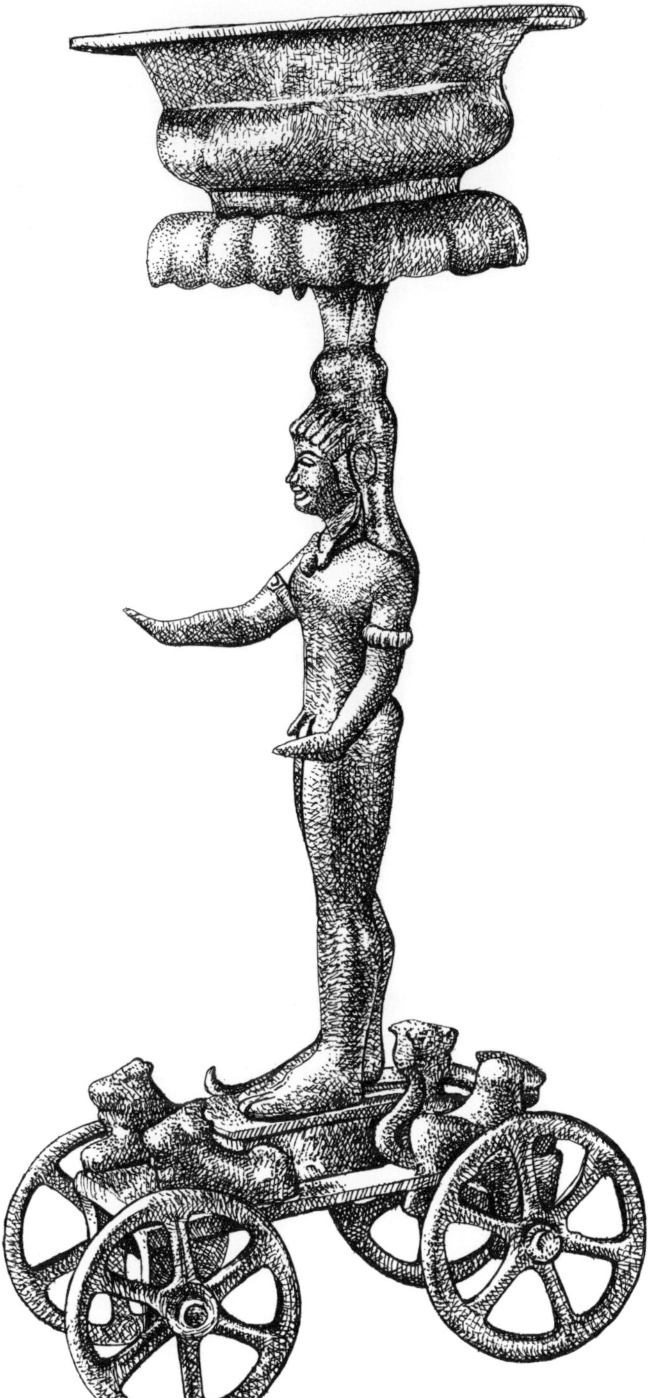

Bronzenes Räucher-gerät aus Vulci. Paris. Louvre

‚Nun, da ich jetzt zum Rasieren und Haarentfernen zum Barbier gehen muß, komme ich mit allerlei niedrigem Volk in Kontakt, mit dem umzugehen mir früher im Traum nicht eingefallen wäre. Es ist natürlich auch schmutzig da, alle Vorbeigehenden glotzen einen an, während man dran ist, und mir geht die Vertraulichkeit von Vetu, dem Inhaber, auf die Nerven, aber wenigstens hört man alle Neuigkeiten dort.'

‚Wenn Du Dich von Teitu rasieren lassen würdest, wie ich das tue, dann brauchtest Du derartige Läden nicht aufzusuchen!'

‚Wenn Teitu dreißig Jahre jünger wäre und etwas geschickter mit der Rasierklinge, dann würde ich mich seiner bestimmt bedienen. Aber er ist jetzt so blind wie eine Eule, der blutigen Erfahrung nach zu urteilen, die ich das einzige Mal, das ich mich habe von ihm rasieren lassen, machen mußte.'

‚Wir werden eben alle nicht jünger.' Laris Matunas' Stimme klang verärgert. ‚Wir sollten wirklich dankbar sein, daß wir in diesen schlechten Zeiten überhaupt noch alte Diener haben, die uns treugeblieben sind.'

‚Ach, wie ich es vermisse, mir hübsche, junge Griechensklaven auszusuchen! Keinen einzigen gibt es mehr auf dem Markt, seit der Kerl, dessen Namen auszusprechen ich mich nicht überwinden kann, den Karthagern ganz freie Hand gegeben hat.'

‚Du wolltest uns doch erzählen, was Du beim Barbier Neues gehört hast', sagte Larthi, die gerade Vel zum Schlafen in sein Körbchen gelegt hatte. Sie zog ihren Stuhl an den Ofen heran und fing an, die Holzkohle zu schüren.

‚Es war eigentlich nichts Besonderes', Caile hatte inzwischen seine Aufmerksamkeit wieder dem Spielbrett zugewandt. ‚Nur scheint es jetzt, als ob eine Menge Leute von dem Mann enttäuscht sind, den sie vor noch gar nicht so langer Zeit für einen besseren und gerechteren Herrscher als Velthur Velchanas ansahen – besonders all die Kaufleute, die wegen der Karthager ihre Geschäfte haben schließen müssen.'

Während sie in die glühende Holzkohle starrte, überkam Larthi wiederum die entsetzliche Erinnerung an des Königs Begräbnis. Es war wie ein ständiger Alpdruck: die furchtbare Verwirrung aller, ihre eigene tödliche Angst um Aranth, als der Verwalter Cae plötzlich atemlos auf den Friedhof geritten kam, um die gerade von dort zum Stadion Aufbrechenden zu warnen. Cae war mit den Vorbereitungen der Mahlzeit beschäftigt gewesen, die in der Lauchumna den Leidtragenden nach den Leichenspielen serviert werden sollte, als plötzlich schwer bewaffnete Männer in den Palast drangen, die Sklaven dazu zwangen, den Waffenraum für sie aufzuschließen und alles darin auszuhändigen, aber weder die Königin noch ihren jungen Sohn bedrohten. Dem Verwalter gelang es, unbemerkt zu entkommen. Er warf sich auf ein Pferd und galoppierte zum Stadion, wo er vermutet hatte, Aranth beim Vorsitz der Wettspiele anzutreffen. Stattdessen fand er eine erregte Volksmasse, die von Thefarie Velianas zur Empörung gegen den neuen König aufgerufen wurde. Thefarie Velianas war von einer bis auf die Zähne bewaffneten Leibgarde umgeben. Er beschuldigte den verstorbenen König und seine Familie, sich mit den Griechen, den Erzfeinden der Rasenna, verschworen zu haben und klagte sie der Tyrannei an. Die Götter selbst, so behauptete er, hätten ihrem Mißfallen Ausdruck gegeben durch das furchtbare Blitzzeichen, das auf das Haus der Velchana gefallen sei. Die unterdrückten Klassen bedürften eines Befreiers und Verfechters ihrer Rechte, und er, Thefarie Velianas, sei dieser Mann, dazu berufen, in Zukunft die Stadt und ihre Einwohner zu beschützen. Stürmischer Beifall folgte dieser aufrührerischen Ansprache.

Als Cae sah, was vor sich ging, wurde ihm klar, daß Aranth und all die Häupter der Adelsfamilien, die am Königsbegräbnis teilnahmen, bei ihrer Ankunft im Stadion ihres Lebens nicht sicher waren. Er mußte sie warnen. Die Stimmung des versammelten Volkes wurde immer bedrohlicher. Unauffällig zog Cae sich aus der Menge zurück und eilte zu dem Platz, wo er das Pferd angebunden hatte. Er erreichte den Friedhof, gerade als die Leidtragenden beim Aufbruch waren.

Aranth beschloß, sofort das Stadion zu stürmen und Thefarie Velianas zur Rechenschaft zu ziehen. Doch ein paar der älteren Adligen hielten ihn zurück und wiesen darauf hin, daß sie alle unbewaffnet seien. Die treugebliebenen Truppen in den fernen Grenzstationen könnten nicht schnell genug zu einem Angriff auf die rebellische Bevölkerung herbeigeholt werden. Eine Zeit lang herrschte allgemeine Verwirrung. Larthi erinnerte sich vor allem daran, daß sie Aranth immer wieder angefleht hatte, sich durch Flucht zu retten. Er hörte nicht auf sie. Wutentbrannt sann er auf Mittel, die ihm dazu dienen könnten, die Erhebung niederzuschlagen. Schließlich sah er die Unmöglichkeit ein, sofort mit dem Usurpator abzurechnen. Die meisten der anderen Adligen beschlossen, bis auf weiteres Ceizra zu verlassen. Nur Laris Matunas erklärte, daß er in der Stadt bleiben werde, um sich Larthis und ihres Kindes anzunehmen, da er, als der Hauptaugur, bestimmt weiter mit Respekt und religiöser Ehrfurcht behandelt werden würde. Diese Entscheidung vermochte Aranth endlich umzustimmen. Larthi rief sich wieder ins Gedächtnis, wie sie Aranth von sich gestoßen und ihn angeeifert hatte, ohne weiteren Aufschub das Pferd zu besteigen, auf dem Cae gekommen war. Die Erinnerung daran lastete schwer auf ihr. Was würde sie nicht jetzt darum geben, ihn auch nur einen Augenblick lang in ihren Armen halten zu können! Er wußte noch nicht einmal, daß er einen Sohn bekommen hatte. Ihr körperliches Verlangen nach Aranth wurde plötzlich so übermächtig, daß sie sich in die Vorstellung flüchtete, eines nachts werde sie sich aus dem Haus stehlen und auf den Weg nach Pupluna machen. Die Kürze und Dunkelheit der Wintertage wäre dabei nur ein Vorteil, da um diese Jahreszeit wenig Leute auf den Feldern arbeiteten. Sie würde kein Gepäck mitnehmen und sich nur von Cupe auf ihrem

Maultier begleiten lassen – vielleicht würde sie so nicht erkannt werden. Je eher Aranth erfuhr, wie die Lage in Ceizra war, desto besser; umso schneller konnte er Pläne für die Zukunft schmieden. Es wäre gewiß am besten, daß er die Wahrheit von ihr, anstatt von irgendeiner gleichgültigen Person erfuhr. Das Ausmaß von Veilias Verrat würde ihm bestimmt zunächst unfaßlich scheinen. Auch sie und ihr Vater hatten es erst nicht für möglich gehalten, bis die Berichte von Cae und anderen verläßlichen Dienern und verschiedene, scheinbar unzusammenhängende Ereignisse, sich so zusammenfügten, daß ihnen der Verlauf der Dinge klar wurde.

Kurz nach der Hochzeit von Aranth und Larthi hatte Veilia, durch Vermittlung von Piana Velavesnas, Thefarie Velianas wissen lassen, daß sie bereit wäre, ihn zu heiraten und auf diese Weise zum legitimen Herrscher zu machen, wenn er es auf sich nähme, den König und Aranth aus dem Weg zu schaffen. Dieser Gedanke war offenbar in ihr entstanden, als sie erfuhr, was Thefarie Velianas mit Larthi im Sinn gehabt hatte. Ihre ehrgeizigen Pläne für Mamarce zu verwirklichen, schien ihr so am ehesten möglich. Thefarie Velianas nahm dieses unerwartete Angebot mit größter Bereitwilligkeit auf. Nicht nur sah er hier plötzlich den Weg zu einem leidlich legitimen Herrschaftsanspruch offen, sondern auch zu dem riesigen Besitz der Königsfamilie. Das letztere war ihm um so willkommener, als er bei seiner jahrelangen geheimen Bestechungstätigkeit große Teile seines Vermögens ausgegeben hatte, um sich die Unterstützung des Volkes zu sichern, und nun fast mittellos war. Dadurch, daß er versprach, nach seiner Machtübernahme griechischen Schiffen die Häfen von Ceizra zu verbieten und alle griechischen Kaufleute zu verbannen, hatte er sich schon die politische Unterstützung der Karthager gesichert, die darauf aus waren, ihren eigenen Einfluß in den tyrrhenischen Küstengewässern weiter auszudehnen.

Obgleich es für die Verwirklichung von Thefarie Velianas' Plänen notwendig war, den König und seinen ältesten Sohn zu entfernen, konnte er es nicht über sich bringen, sie ermorden zu lassen. Da hatte Piana Velavesnas, der danach trachtete, sich bei dem zukünftigen Mann seiner Verwandten beliebt zu machen, ihm nahegelegt, sich eines uralten, schaurigen Rituals zu bedienen: einen Blitz auf das Königshaus herabzubeten. Am Tag des Gewitters hatte Cae, der gerade die Weinberge besichtigte, Thefarie Velianas und Piana Velavesnas dabei beobachtet, wie sie eine Kulthandlung ausführten, deren Bedeutung ihm nicht klar war. Ihm fiel jedoch auf, daß sie äußerst verstohlen zuwege gingen und die Zeremonie offenbar geheim halten wollten. Sie hatten dafür einen isoliert liegenden Felsblock am Ende des Friedhofshügels, der selten betreten wurde, ausgewählt. Der sich verdüsternde Himmel und der Wolkenbruch, der dem Blitzschlag vorausging, hatte Cae daran verhindert, alle Einzelheiten zu erkennen. Aber das Zusammenfallen ihrer Handlung mit dem unheilvollen Donnerschlag stimmte ihn verdächtig, und er fragte Laris Matunas nach seiner Meinung darüber, nachdem Thefarie Velianas in so offensichtlicher Weise Piana Velavesnas dadurch belohnt hatte, daß er ihn zum Hauptaugur und Haruspex ernannte. Inzwischen waren schon so viele andere Beweise für eine Verschwörung zwischen Veilia, ihrem Verwandten und dem Usurpator ans Licht gekommen, daß Laris Matunas nicht der geringste Zweifel darüber blieb, was für ein geheimer Beschwörungsakt an dem unseligen Tag in der verlassenen Friedhofsecke stattgefunden hatte. Diese Entdeckung machte ihr Los nur noch bitterer. Sie hatten nicht mehr die Möglichkeit, diese gotteslästerliche Tat anzuzeigen und bestrafen zu lassen.

Die meisten Mitglieder der alten Adelsfamilien hatten es für ratsam gehalten, sich aus der Stadt auf abgelegene Landgüter zurückzuziehen oder in die Fremde zu fliehen, während andere, beeindruckt von der karthagischen Macht, die neue Lage hinnahmen und es duldeten, Thefarie Velianas Ceizra regieren zu sehen.

Die Ausweglosigkeit ihres gegenwärtigen Daseins erfüllte Larthi mit hilflosem Zorn; sie warf das Schüreisen auf den Boden. Der dumpfe Schlag veranlaßte ihren Vater und Onkel, sich erstaunt nach ihr umzudrehen.

In diesem Augenblick wurde hastig die Tür aufgestoßen und Teitu und Thresu stürzten ins Zimmer. Alle drei sprangen beim Anblick der beiden Diener auf. Sie hatten blutbespritzte Schürzen an. Thresu hielt noch den langen fünfzinkigen Haken aus Bronze, mit dem das Fleisch aus dem Kochkessel geholt wird, während auf Teitus ausgestreckter Hand eine Taube saß. Der Vogel beäugte mißtrauisch das Feuer und trippelte seitwärts auf Teitus Unterarm entlang, ließ sich aber dann von Laris Matunas ergreifen.

‚Es ist eine von dem Paar, das wir Herrn Aranth geschickt hatten', flüsterte Teitu aufgeregt, ‚sie flatterte die ganze Zeit von einer Ecke des Hofes zur anderen, bis uns aufging, daß es keine gewöhnliche Taube war.'

Larthis Herz hatte rasend zu pochen begonnen, während ihr Vater das eine Bein des Vogels befühlte und alsbald eine kleine Leinenrolle davon abnahm.

‚Oh, bitte, laß es mich Dir vorlesen', drängte sie. Er hatte die Rolle aufgewickelt und schaute sie an, ohne ein Wort zu sagen.

‚Ich brauche mehr Licht', murmelte er, und Caile schickte Thresu nach einem Kerzenhalter.

‚Laß mich versuchen, es zu lesen, bitte!' rief Larthi leidenschaftlich flehend, und er händigte ihr den Streifen aus. Es war eine kurze Botschaft von Aranth des Inhalts, daß es ihm gut gehe und daß er gerne Nachricht von ihnen hätte. Er habe gemeinsam mit Tucer Hermenas eine Geschäftsreise nach dem Norden unternommen, die sie bis an die Pomündung geführt habe und für die Zukunft viel verspräche. Wenn die Umstände es erlaubten, werde er nach Ceizra kommen, doch nicht, ohne vorher ihren Rat zu erfragen.

‚Vater', rief Larthi aus, als sie fertig vorgelesen hatte, ‚wir dürfen ihn nicht die Gefahr laufen lassen, heimzukehren!'

Laris Matunas nickte düster zustimmend.

‚Und weder Du noch Caile können die Stadt verlassen, ohne aufzufallen, während ich mich ganz leicht eines nachts davonmachen könnte – niemand würde es merken. Ihr könntet verbreiten, daß ich oder Vel krank seien, wenn die Leute nach mir fragen sollten. Du mußt mir zugeben, daß das wirklich die einzige Möglichkeit ist. – Bitte, laß mich gehen!' drängte sie, als er zögernd den Kopf schüttelte.

‚Vater', sagte sie verzweifelt, ‚Du weißt, daß jemand gehen muß, und ich bin fest dazu entschlossen. Peci wird sich um Vel kümmern. Ich nehme Cupe mit. Er kennt den Weg, und wir können nachts reisen.'

Laris Matunas blickte seine Tochter einen Augenblick lang forschend an, dann erhob er die Hände im Gebet: ‚Mögen die Götter Dich beschützen und heil wieder heimgeleiten!'

12

Larthi erwartete ihr zweites Kind. Vels Geburt fünf Jahre zuvor war lang und schwer gewesen, trotz der Hebammenkünste von Teitus Frau. Erst nachdem Larthi endlich entbunden worden war, entdeckte man, daß eine alte Sklavin von Veilia, die in einem dunklen Winkel vor der Tür hockte, durch Zaubermittel, wie das Ineinanderverschränken der Finger und das Verknoten ihrer Kleider, die Geburt aufgehalten hatte. Da sie sich nach ihrem letzten heimlichen Aufenthalt bei Aranth wieder schwanger wußte, beschloß Larthi, im Heiligtum der großen Muttergöttin Uni in Pyrgoi um eine leichtere Geburt zu beten. Laris Matunas bestand darauf, sie dorthin zu begleiten, obgleich er jetzt fast gänzlich erblindet war. Larthi ließ ihn gewähren, da es sein Stolz offenbar erforderte, sich als ihr und Vels Führer und Beschützer zu fühlen. Im Stillen mußte sie jedoch lächeln: wie kurz und sicher war doch der Weg zum größten Hafen der Stadt, verglichen mit den langen und gefährlichen Reisen, die sie, nur von einem Sklaven begleitet, in den letzten Jahren unternommen hatte.

Seit das Heiligtum in Pyrgoi von Thefarie Velianas und seinen karthagischen Verbündeten erweitert und verschönert worden war, hatten sie es nicht mehr aufgesucht, und Larthi und ihr Vater wären lieber nicht an einem Ort gesehen worden, der jetzt so eng mit dem Tyrannen verknüpft war. Doch die Notwendigkeit, die Beschützerin der Gebärenden günstig zu stimmen, ließ ihnen keine Wahl. Larthis wiederholte Reisen nach Norden zu Aranth waren unentdeckt geblieben, weil sie von ihr mit der größten Heimlichkeit unternommen worden waren, aber auch, weil die Wachsamkeit von Thefarie Velianas' Spionen im Lauf der Zeit nachgelassen hatte. Der Usurpator fühlte sich jetzt völlig sicher, da keiner der in Ceizra verbliebenen Aristokraten einen Versuch gemacht hatte, ihn zu stürzen, während diejenigen, die in andere Städte geflohen waren, dort offenbar nicht Mittel und Wege für eine Rückkehr mit Waffengewalt gefunden hatten. Thefarie Velianas erfreute sich der Unterstützung aller Nutznießer des Handels mit den Karthagern, die jetzt ausschließlichen Zugang zu den früher von Griechen beherrschten Märkten genossen. Aber die unabhängigen Schiffsbesitzer und Seeleute, die vordem ihren Verdienst im ertragreichen Handel mit griechischen Städten und ihren Mittelsmännern gefunden hatten, waren jetzt ihres Broterwerbs beraubt und litten Mangel. Einige der etwas Wohlhabenderen vermochten zwar ihren Landbesitz durch bessere Bestellung produktiver zu machen; aber diejenigen, die keinerlei Grund besaßen und die kleinen Händler, die von ihren ehemaligen Lieferanten abgeschnitten waren, konnten kaum ihr Leben fristen. Die Erwartung einer Enteignung der Großgrundbesitzer und einer Neuaufteilung des Landes, auf die ihnen Thefarie Velianas während seiner Umtriebe Hoffnung gemacht hatte, war enttäuscht worden. Wohl gab er sich als ein Verfechter der Interessen der Unterdrückten aus, so lange er ihrer Unterstützung bedurfte. Nun schien er jedoch all seine früheren Versprechungen vergessen zu haben und erwies sich als weit habgieriger, als es je ein vormaliger Herrscher von Ceizra gewesen war; seine Schützlinge und Parteigänger nahmen sich indessen Freiheiten gegen die Bevölkerung heraus, wie sie früher niemals geduldet worden wären.

Der Maultierwagen rollte die große Straße entlang, die in nordwestlicher Richtung durch die Küstenebene aufs Meer zu nach Pyrgoi führte. Zuerst hatte Vel den Großvater unaufhörlich ausgefragt, dann waren beide eingeschlafen. Larthi verlor sich in Erinnerungen. Ihr kam ins Gedächtnis zurück, was Aranth gesagt hatte, als sie beim letzten Aufenthalt über die Lage in Ceizra gesprochen hatten.

‚Tyrannen neigen dazu, zu weit zu gehen. Ich bin sicher, daß Thefarie Velianas seinen eigenen Sturz herbeiführen wird, ohne daß wir erst das Blut unseres Volkes vergießen müssen. Was Veilia anbetrifft, so ist sie von dern Göttern genug dadurch gestraft worden, daß sie einen schwachsinnigen Sohn hat.‘

‚Oh, wenn ich doch nur das Ende dieser Mißherrschaft schnell herbeiführen könnte und Dich endlich wieder bei uns hätte!‘ war ihre ungeduldige Antwort. ‚Vel kennt Dich noch nicht einmal – es ist wirklich ganz gegen die Natur!‘

‚Ich brenne darauf, meinen Sohn zu sehen‘, sagte Aranth leidenschaftlich, ‚und wenn die Zeit reif ist, dann wird es dazu kommen. Glaube mir, ich denke öfter an Euch beide, als Du anzunehmen scheinst.‘

Da hatte Larthi sich geschämt, denn gelegentlich hegte sie wirklich den Verdacht, Aranth behage sein neues Leben in der

Fremde so wohl, daß er es nur ungern aufzugeben bereit war. Die großen, blonden Frauen da oben galten für besonders schön . . . Einmal jedoch hatte er sie auf die lange, anstrengende Reise nach Norden mitgenommen. Sie waren von Pupluna aufgebrochen, dem Hafen an der Küste gegenüber der Insel Elba. Schaute man dort übers Meer nach Westen, dann sah man die schwarzen Rauchsäulen von den Eisenschmelzöfen auf der Insel die Dunstwolke bilden, der Elba den griechischen Namen Aithalia, die Rußinsel, verdankte. Aranth hatte ihr die Eisen- und Bronzeverhüttung in Pupluna selbst gezeigt und dann die Bergwerke in den minenreichen Hügelketten nördlich, durch die sie auf dem Weg nach Velathri kamen. In der windigen Bergstadt mit ihrer von riesigen Steinmauern umgebenen Akropolis waren sie eine Weile Gäste von Avele Feluske, Aranths Freund und Teilhaber. Die beiden unterhielten ein weitverzweigtes Handelsunternehmen, das die tyrrhenische Küste mit der adriatischen verband. Tucer Hermenas, der reiche Bergwerksbesitzer in Pupluna, hatte nach neuen Absatzgebieten gesucht. Früher, bevor der Verkehr mit Kampanien und den weiter südlich gelegenen Häfen von westgriechischen und karthagischen Rivalen fast gänzlich abgeschnitten worden war, hatte Aranth viele Geschäfte mit ihm gemacht. Da Aranth weiter gereist war als die meisten seiner Freunde und mit allen neuen Entwicklungen im Schiffsverkehr vertraut, hatte er ihm vorgeschlagen, Kontakt mit athenischen Kaufleuten aufzunehmen. In einem von den Rasenna an der Pomündung neu gegründeten Hafen hatten diese Griechen ein Emporium. Sie waren an tyrrhenischem Erz, baltischem Bernstein und venetischen Pferden interessiert, im Austausch für ihre schön getöpferte und fein bemalte attische Keramik, mit der beladen sie den relativ kurzen und sicheren Seeweg durch die Adria heraufkamen. Für Aranth und seine Teilhaber war es ein gewagtes und schwieriges Unternehmen, ihre eigenen Waren über die Apenninenpässe zu transportieren. Aber es lohnte sich, da in den etruskischen

Städten attische Vasen in immer stärkerem Maße gefragt waren.

Während der Reise beeindruckten Larthi die riesigen, kahlen Bergketten, die sich über ihnen auftürmten, felsig, baumlos und im Winter von tiefem Schnee bedeckt.

Der Frühsommer hatte jedoch die Talhänge in Kaskaden von goldblühendem Ginster verwandelt, und die Luft war vom prikkelnden Geruch aromatischer Kräuter erfüllt. Jenseits des Kammes, in den bewaldeten nördlichen Vorhügeln der Apenninen, hatten sie die Reise in dem erst kürzlich gegründeten Misa unterbrochen – dieser seltsam einförmig wirkenden Stadt auf einem flachen Hügel, den ein rascher, geröllführender Bergstrom umfloß. Hier hatten sich Töpfer, Schmiede und Kaufleute niedergelassen, die ein gutes Auskommen fanden, da der Ort für den Handel günstig lag. Die große Straße nach Felsina führte an ihm vorbei in die Poebene hinaus, und jenseits Felsina bis zu dessen Mündung. Den letzten Teil der Reise hatten sie mit dem Boot zurückgelegt, auf das ihre Güter verladen worden waren.

Der Anblick der beinahe endlosen, im Hitzeglast flimmernden Flußufer, deren Eintönigkeit nur von silbrig-grünen Weiden und Ulmenreihen unterbrochen wurde, brachte völlig neue Eindrücke für Larthi, die an die so viel kleinteiligere und reicher geformte Landschaft ihrer Heimat gewöhnt war. Aranth hatte ihr erzählt, daß schon seit mehreren Generationen Rasennastämme diese weite, fruchtbare Gegend besiedelt hatten. Sie hatten das Land entwässert und bebaut und trieben Handel mit den in den wilden Alpentälern lebenden Barbaren. Schließlich hatten sie an der Pomündung, wo der breite Fluß sich zwischen schilfigen Inseln und Sanddünen in ein Delta von schmaleren Armen verzweigte, die Lagunenstadt erreicht. Niedrige Holzhäuser standen hier auf Pfahlrosten im Sumpfboden an Straßen und Kanälen, die sich in regelmäßigen Abständen rechtwinklig schnitten. Obgleich ihre Bauten nur bescheiden waren, pulsierte in dieser Hafenstadt doch Verkehr und Handel von vielen Nationen, und die Gesprä-

che drehten sich um Geschäfte, Politik und Krieg in fernen Weltteilen. Während sie sich in der Handelsniederlassung der Griechen an Mengen prachtvoll bemalter attischer Vasen erfreute, hörte Larthi, wie die Athener dort Aranth berichteten, was sich jüngst im Osten zugetragen hatte. Die asiatischen Jonier hatten sich gegen den persischen Großkönig Darius erhoben. Athen sandte ihnen zwanzig Schiffe zur Hilfe. Aber nachdem die Jonier zunächst Sardis gebrandschatzt hatten, wurden sie geschlagen. Nach einer Niederlage bei Ephesos segelten die überlebenden athenischen Hilfstruppen heim. Die auf Rache bedachten Perser jedoch eroberten nun eine nach der anderen die aufrührerischen jonischen Städte zurück und versklavten sie.
Larthi erinnerte sich wieder an den schwarzen Tag ihrer Kindheit, an dem sie zuerst von der Vernichtung einer griechischen Stadt – Sybaris – gehört hatte. Sybaris war aufs engste durch Handelsbeziehungen mit dem jonischen Milet verbunden gewesen, und nun schien Milet selbst gefährdet. An jenem Tag war sie sich zuerst der ständigen Drohung von Krieg, Unheil und Tod bewußt geworden . . . Vels helle Stimme unterbrach da ihr Brüten:

‚Und was ist das da drüben, Großvater?‘

Laris Matunas blickte angestrengt in die Richtung, in die der Junge wies. ‚Ich bin nicht sicher, was Du meinst‘, sagte er ungewiß.

‚Den großen Hügel da, mit Gras oben drauf.‘

‚Das ist ein Grabmal, Vel‘, sagte Larthi. ‚Dort liegen Griechen begraben.‘

‚Warum Griechen?‘ fragte Vel.

Überrascht hörte sich da Larthi zu, wie sie ihrem Sohn die Geschichte von der erbarmungslosen Steinigung der phokäischen Gefangenen genau mit den Worten von Tante Culni erzählte – den Worten, die Tante Culni stets benutzt hatte, wenn sie von den Ereignissen berichtete, die so eng mit dem Schicksal ihrer eigenen Familie verflochten waren.

‚Und bis auf den heutigen Tag werden die Leichenspiele hier abgehalten', fügte Laris Matunas hinzu, da sie gerade am Stadion vorbeikamen, ‚doch haben wir seit einigen Jahren nicht mehr daran teilgenommen.'

‚Warum denn nicht, Großvater?'

‚In den Adern des Mannes, der jetzt den Spielen vorsitzt, fließt kein königliches Blut, und er ist der Ehre unwürdig, die er sich angemaßt hat. Weder genießt er die Anerkennung der Oberhäupter der Adelsfamilien, noch ist seine Machtergreifung von den Göttern gesegnet worden. Ohne die feierliche Weihe, bei der der Hauptaugur die rechte Hand auf den Kopf des Königs legt, geht die Herrscherkraft nicht in ihn ein, und er ist unfähig, gerecht zu regieren.'

Einen Augenblick lang sah Vel seinen Großvater voll verständnisloser Ehrfurcht an. Dann fragte er weiter: ‚Können wir wieder zu den Spielen gehen, wenn wir erst wieder einen guten König haben?'

‚Die Götter allein wissen unsere Zukunft', sagte Laris Matunas düster.

Wiederum fühlte Larthi, wie sehr ihr Vater unter dem Verfall der heiligen Ordnung der Dinge und der lästerlichen Mißachtung von Riten litt, die durch uralte Tradition geweiht waren. Denn auch der Hauptaugur mußte nach einem Auspicium und unter Befolgung aller vorgeschriebenen Regeln erwählt werden, indem sein Vorgänger durch Handauflegung die übernatürlichen Kräfte auf ihn übertrug und so dafür sorgte, daß Sicherheit und Wohlergehen des ganzen Volkes gewährleistet blieben. Der Thronräuber hatte jedoch ganz willkürlich Piana Velavesnas in ein Amt erhoben, das, göttlichem Willen gemäß, Laris Matunas eingenommen hatte, und nichts als Unheil konnte aus diesem Frevel entstehen. Ohne Zweifel würden die Götter auch diese Untat bestrafen. Veilia spürte die Vergeltung: Mamarce, schon als Kind schwach und weinerlich, hatte beim Aufwachsen niemals das

Bronzegruppe eines mit Ochsen pflügenden Mannes aus Arezzo. Rom. Villa Giulia

Sprechen gelernt und vermochte sich nur torkelnd zu bewegen. Jahrelang hatte Veilia versucht, dies zu verheimlichen, aber schließlich ließ es sich nicht länger verbergen, daß Mamarce nicht nur hinfällig, sondern auch schwachsinnig war.

Larthi betrachtete voll tiefer Dankbarkeit Vels kräftige kleine Gestalt, seinen langen, dunkelhaarigen Schädel, die klaren, goldbraunen Augen – die Augen seines Vaters: mit dichten, schwarzen Wimpern und dem lebhaften, wißbegierigen Blick! Wie hübsch und gesund war doch ihr eigener Sohn!

‚Großvater, sieh mal, all die weißen Vögel da drüben!‘ Vels' Arm deutete in die Ferne, wo Mövenschwärme einem von Ochsen gezogenen Pflug folgten.

‚Was bedeutet es wohl, daß da so viele Vögel versammelt sind?‘

Laris Matunas konnte das Kreischen der Möven hören, doch vermochte er nicht mehr wahrzunehmen, wie sie abwechselnd herabstießen und sich rasch wieder von dem tiefbraunen Streifen Erde, den die Pflugschar im herbstlichen Stoppelfeld aufwarf, in die Luft emporschwangen.

‚Sie sind hungrig und suchen sich Würmer und Käfer da im frisch aufgebrochenen Boden', sagte Larthi sanft. Sie war im Stillen bewegt von der natürlichen Begierde ihres Kindes, die Bedeutung des Vogelflugs zu erfahren, und gleichzeitig litt sie darunter, daß ihr Vater nicht mehr im Stande war, seinen Enkel zu unterrichten. Sie wußte, wie schwer ihn der Verlust des Augenlichts betroffen hatte und wie sein Schmerz durch das Bewußtsein vertieft wurde, daß Vel eines Vaters bedurfte, eines Mannes, der ihm den Sinn aller Dinge erklären konnte – und er selbst versagte nun.

Laris Matunas, der schweigend über sein Unglück nachgrübelte, fragte sich immer wieder, ob denn die Götter gewillt seien, für Verbrechen, die nur wenige begangen hatten, das ganze Volk zu bestrafen.

Die Straße lief jetzt an einer seichten Bucht entlang. Vel, der das Meer noch nie aus der Nähe gesehen hatte, sprang aufgeregt von seinem Sitz im Wagen und deutete auf den Spülsaum von Muscheln und Tang. ‚Halt an, Cupe! Ich will aussteigen. Sieh doch nur, was da alles liegt!'

Larthi umfing ihn mit dem Arm. ‚Nein, Vel, wir haben keine Zeit zu verlieren. Später, wenn wir an den Hafen kommen, kannst Du da Muscheln suchen.'

Vel setzte sich nur widerwillig und mit schmollendem Gesicht nieder. Aber sein Zorn war schnell verflogen – es gab so viel Neues am Weg zu sehen.

‚Was ist das da drüben für ein komischer Turm aus Holz?'

‚Es gibt viele solche in regelmäßigen Abständen entlang der Küste', sagte Larthi. ‚Von da hält ein Wachtposten Ausschau nach Thunfischen, weil man von hoch oben weiter sehen kann als vom Boden aus. Wenn er am Horizont die ersten Zeichen eines

Schwarms beobachtet, dann bläst er in sein Horn, und die Fischer gehen in die Boote und fangen die heranschwimmenden Thunfische.'

Gerade fuhren sie an ein paar Fischerhütten vorbei, unterhalb derer Boote auf den Strand heraufgezogen lagen. Kein Mensch war bei den dürftigen Schilfzelten zu sehen, nur ein einsamer Hund, der den vorbeirasselnden Wagen flüchtig anbellte.

,Die sind sicher alle auf den Markt gegangen, um ihren Fang zu verkaufen. Schau, da kannst Du auch schon Pyrgoi sehen!' Larthi wies in die Ferne, wo auf flacher Landzunge Türme und Tempeldächer sich gegen den leuchtenden Himmel abzeichneten.

13

An der Nordecke des heiligen Bezirks stiegen sie vom Wagen, und Laris Matunas befahl Cupe, sie später dort wieder zu erwarten. Die gepflasterte Straße führte hier schräg in das Heiligtum und folgte der Langseite des Tempels, dessen Fassade auf Meer und Hafen blickte. Der Bezirk wimmelte von Pilgern, Priestern, Händlern und Seeleuten, und Larthi hatte Mühe, sich durch die Menge zu arbeiten. Ihr Vater stützte sich auf ihren rechten Arm und Vel zog sie an der Linken. Er bestand darauf zu erfahren, was die Tonfiguren auf dem Tempeldach bedeuteten und warum auf ihren Köpfen Bronzestacheln befestigt waren.

,Sie sind dafür da, die Vögel fernzuhalten. Aber jetzt warte erst mal, Vel, laß uns zur Eingangsseite gehen, damit wir den Tempel richtig sehen können. Es hat sich alles sehr verändert hier.'

Sie mußte Laris Matunas helfen, der von jemandem gestoßen worden war und über einen Sprung im Pflaster stolperte.

,Als ich das letzte Mal hier war, um mit Vetter Velthur zusammen den Fortgang des Tempelbaus zu inspizieren, da machten seine Gefolgsleute natürlich Platz für uns. Heutzutage scheint niemand einen gebrechlichen alten Priester mit Respekt zu behandeln', sagte er gereizt und pochte mit seinem Stock auf den Boden. Larthi versuchte ihn zu beschwichtigen. ‚Du siehst fast nichts als Fremde hier und zumeist Matrosen – das sind oft ungehobelte Kerle.'

Sie hatten nun den freien Platz vor dem Tempel erreicht.

‚Er ist ganz neu gebaut worden, mit sechzehn Säulen drumherum', sagte Larthi und begann ihrem Vater den Tempel zu beschreiben. ‚Die Cella ist aus unserem Tuff von Ceizra mit Verputz, und in der Vorhalle stehen vier Säulen. Ich glaube, daß die hölzernen Türflügel mit goldenen Nägeln beschlagen sind. Kannst Du sie glitzern sehen, Vel?'

Der Junge nickte, sprachlos vor Bewunderung und weit geöffneten Auges.

‚Und die großen Balken des Dachstuhls und des Gebälks sind mit wunderbaren bemalten Tonfriesen und Platten verkleidet. Schau doch nur, Vel, da oben: das ist der griechische Held Hercle mit seinem Freund Jolaos, und die Schlange mit den vielen Köpfen zwischen ihnen ist die Hydra, die sie gerade erschlagen. Und kannst Du die Mädchenfiguren auf galoppierenden Pferden an den Dachecken erkennen? Das sind Amazonen, ein kriegerischer Frauenstamm, mit dem die Griechen vor ganz langer Zeit einmal gekämpft haben. An den Traufseiten sind die Endziegel mit Köpfen von Negern und Satyrn und Mänaden verziert – es ist wirklich ein prachtvoller Anblick.'

‚Was ist denn das runde Ding da mit einem Loch in der Mitte?' fragte Vel und deutete auf einen niedrigen Rundbau, der links der Tempelfassade auf einer Plattform aus Tuffblöcken stand.

‚Das ist ein Altar, in den die Priester Opfer für die Unterweltsgötter gießen. Die werden hier auch verehrt.'

‚Großvater, wirst Du da jetzt opfern?'

‚Nein, mein Kind, es ist nicht meine Sache, hier den Unterirdischen Gaben darzubringen. Deine Mutter ist hergekommen,

Silen und Mänaden aus Conca. Bemaltes Terracottaantefix. Rom. Villa Giulia

um die große Göttin Uni durch ein Weihgeschenk günstig zu stimmen.'

,Schau, Vel, was ich der himmlischen Mutter geben werde, damit sie mich und das Schwesterchen oder Brüderchen für Dich, das ich erwarte, beschützt.'

Vel sah zu ihr auf, als sie sich die goldene Kette mit den Gorgonenmasken vom Hals nahm, mit der er als kleines Kind so oft gespielt hatte, während sie ihn auf dem Arm trug. ,Wird die Göttin Deine Kette wohl anziehen?'

,Ich denke, die Priester werden sie für sie aufheben. Sie verwahren schon viele Schätze hier, die andere Leute der Uni geweiht haben.'

Larthi sah sich rasch um und überlegte, wo sie wohl ihren Vater und Vel am besten unterbringen könnte, während sie selbst ihr Gebet und Opfer vollzog. Ihr Blick fiel auf einen der Grenzsteine auf der Meerseite des heiligen Bezirks und dahin führte sie die beiden. Laris Matunas ließ sich auf dem Steinblock nieder, dankbar, nicht mehr von der Menge umhergestoßen zu werden, aber Vel weigerte sich, dort zu warten und bestand darauf, daß er die Statue der Göttin sehen wolle.

‚Höre, Vel', flüsterte Larthi ihm hastig zu, ‚Großvater braucht Dich doch. Bitte bleib' bei ihm. Er ist zu gebrechlich, um wieder mit in das Gedränge zu kommen, und ich kann ihn nicht allein lassen.'

Vel biß sich auf die Unterlippe, hin und hergerissen zwischen seinem Wunsch und der Aufgabe, die seinem Stolz wohltat. Nach kurzem Zögern wandte er sich Laris Matunas zu und legte ihm die Hand aufs Knie: ‚Großvater, Du brauchst Dir keine Sorge zu machen, ich werde Dich hier beschützen.'

Der alte Mann mußte lächeln. Larthi fuhr Vel zärtlich durch die Haare und ging auf den Tempel zu, nicht ohne sich mehrfach umzuschauen und ihnen zuzuwinken. Vel begann nun, die Vorbeigehenden wachsam zu beobachten. Ihm fiel ein Mann mittleren Alters in Priesterkleidern auf, dessen Haare merkwürdig steif in die Höhe standen. Er hielt vor Laris Matunas an. Vel stellte sich rasch zwischen ihn und den Großvater und starrte den Fremden mit gerunzelten Brauen an.

‚Täusche ich mich?' sagte dieser nun, ‚oder ist dies der ehrwürdige und weise Lehrer meiner Jugend?'

Vel warf einen fragenden Blick auf Laris Matunas, der den Sprecher angestrengt musterte. ‚Ich erkenne Deine Stimme wieder, Lecne Teithurna, obgleich ich Dich seit vielen Jahren nicht mehr gesehen habe', murmelte er, ‚und ich werde Dich auch nie mehr sehen, da mein Augenlicht mich verlassen hat.'

‚Verehrter Lehrer und berühmter Augur, wie kommt es, daß Du hier, nur von einem Kind begleitet, sitzt?'

Vels Gesichtsausdruck verfinsterte sich.

‚Wo sind Deine Diener? Du siehst müde aus. Erlaube mir, Dich in mein Haus zu führen, es ist nicht weit von hier, und dort kannst Du Dich ausruhen und erfrischen.‘

‚Danke Dir für Deine freundliche Einladung, aber mein Enkel und ich können nicht von hier weggehen, weil wir auf meine Tochter warten, die eben der Göttin ein Weihgeschenk bringt und sie um eine leichte Geburt anfleht.‘

‚Möge die große Mutter ihr Gebet gnädig erhören‘, sagte Lecne Teithurna mit frommer Gebärde.

Laris Matunas wiederholte diesen Wunsch mit Nachdruck, dann sprach er in trübem Tonfall weiter: ‚Viel Hoffnung auf eine günstige Zukunft besteht allerdings nicht – die Götter haben sich hart gegen meine Familie erwiesen . . .‘, seine Stimme war fast unhörbar geworden.

‚Ich habe Gerüchte über das Unglück gehört, das über Euch gekommen ist, und es schmerzt mich tief. Laß mich Dir versichern . . .‘

Laris Matunas unterbrach seinen ehemaligen Schüler: ‚Vielleicht lauern auch hier schon Spione, und Du könntest Dir dadurch schaden, daß Du Dich freundlich erweist gegen jemanden, dessen Familie von den augenblicklichen Machthabern verfolgt wird.‘

Lecne Teithurna blickte sich verstohlen um und beugte sich noch tiefer zu Laris Matunas hinab, bevor er leise sagte: ‚Viele von uns lehnen die neuen Kultformen ab, die in den letzten Jahren hier im Heiligtum eingeführt worden sind. Man könnte fast glauben, unser Tempel stünde in Karthago selber, wenn man sieht, wie die Göttin Uni jetzt als Astarte angebetet wird. Und anstatt Tinia als ihren göttlichen Gatten zu verehren, halten sie im Frühling ein Fest ab, um die Hochzeit der Göttin mit dem phönikischen Melkart zu feiern, den sie wie unseren Hercle darstellen. Du weißt vielleicht, daß der Tyrann und seine punischen Verbündeten den Tempel ausgeschmückt haben, aber es dürfte

Dir neu sein, daß Thefarie Velianas tatsächlich behauptet, seinen Anspruch auf die Herrschaft einem besonderen Gnadenakt der Göttin zu verdanken. Auf Goldblechtafeln hat er eingraben lassen, daß Uni-Astarte ihm deshalb befohlen habe, ihr Heiligtum und Statue zu weihen.‘

Laris Matunas hob entsetzt die Hände auf und stöhnte: ‚Es ist frevelhaft!‘

‚Ja, wirklich‘, fuhr Lecne Teithurna fort, ‚diese Texte, von denen einer sogar auf Punisch abgefaßt ist, was ich nicht lesen kann, sind angenagelt an dem Schrein für das Bildnis der Göttin, welchen er ihr im dritten Jahr seiner Regierung aus Dankbarkeit errichtet hat. Die Inschriften enthalten seine Bestimmungen für den neuen Kult und geben dem Wunsch Ausdruck, daß die Statue der Uni-Astarte auf so viele Jahre in ihrem Heiligtum stehen möge, wie es Sterne am Himmel gibt.‘

‚Oh, wenn doch die Götter diese Vermessenheit bestraften!‘

‚Auch ich hoffe inständig, daß die alte Ordnung wieder hergestellt wird. Denn nicht nur sind fremde Priester und Riten hier eingeführt worden, sondern auch eine Unmenge von Frauen, die in besonderen Häusern untergebracht sind‘ – er blickte voll Widerwillen in die Hafengegend – ‚wo sie nach phönikischer Sitte im Dienste der Göttin sich der Prostitution hingeben.‘

‚Laß uns die Himmlischen anflehen, daß die Sitten unserer Ahnen die unserer Nachfahren bleiben mögen!‘ rief Laris Matunas aus, und beide Männer beteten inbrünstig, während Vel mit weit aufgerissenen Augen von einem zum anderen blickte.

‚Bist Du schon am Hafen gewesen?‘ fragte Lecne Teithurna, als sie ihre Anrufung beendet hatten.

‚Nein‘, sagte Vel eifrig, ‚aber sobald meine Mutter zurückkommt, gehen wir hin. Sie hat mir versprochen, daß ich da Muscheln sammeln darf.‘

‚Viele Muscheln wirst Du dort wohl nicht mehr finden, mein Junge. Das Hafenbecken ist gedrängt voll mit karthagischen

Schiffen, und am Ufer haben sie Arsenale und Lagerhäuser für ihre Waren gebaut. Pyrgoi und Punicum sind ihre nördlichsten Stützpunkte hier an der tyrrhenischen Küste, und sie wachen eifersüchtig darüber, der Griechen wegen. Denn der nächste Hafen nach Norden zu ist der von Tarchuna, dessen Einwohner seit langem mit den Griechen befreundet sind.'

Laris Matunas nickte und bemerkte, daß seine verstorbene Frau einer berühmten Familie aus Tarchuna angehört habe.

‚Dann weiß niemand besser als Du', sagte Lecne Teithurna, ‚seit wieviel Generationen griechische Schiffe Tarchuna anlaufen und kennst die Tempel am Ufer, die dort lebende griechische Handwerker und Händler für ihre Göttinnen Hera und Aphrodite errichtet haben. Ich habe sie selbst besichtigt und in der Nähe auch eine Stele gesehen, die der berühmte Seefahrer Sostratos zu Ehren des Gottes Apollon von Aigina aufgestellt hat.'

‚Warum war er denn so berühmt?' fragte Vel, der an Lecne Teithurnas Lippen hing.

‚Weil er der erfolgreichste und wohlhabendste aller griechischen Kaufleute war, die mit uns hier im Westen Handel treiben.'

‚Mein Vater ist auch ein großer Kaufmann und Seefahrer.'

‚Lecne Teithurna legte ihm die Hand auf die Schulter. ‚Du machst Deinem Vater und Deinem Großvater Ehre, mein Junge. Hoffen wir, daß das Geschick von Ceizra sich zum besseren gewendet hat, bevor Du das Mannesalter erreichst.'

Nach diesen Worten verabschiedete sich der Priester von ihnen, und bald darauf erspähte Vel Larthi, die aus der Menschenmenge vor dem Tempel auftauchte.

‚Großvater', rief er eifrig, ‚da kommt Mutter, und ich kann sehen, daß sie zufrieden ist.' Während sie lächelnd herankam, hüpfte er aufgeregt herum, ohne jedoch seinen Platz zu verlassen.

‚Ich danke Euch, daß Ihr so geduldig wart', sagte Larthi, indem sie Vel küßte und ihrem Vater auf die Füße half. ‚Hab' ich

Euch lange warten lassen? Ich bin sehr erleichtert, denn ich weiß jetzt, daß mein Gebet und die Weihgabe Gnade in den Augen der großen Mutter gefunden haben. Die Priester haben mir geraten, während der Geburt meinen Sinn fest auf die Göttin zu richten und ihr drei Mal neunfach hintereinander zu sagen, daß ich ihrer gedenke – dann wird die Entbindung leicht sein.‘ Sie legte die Hand auf ihren Leib, dessen leichte Wölbung anfing, ihre Schwangerschaft zu verraten.

‚Beim Warten auf Dich haben wir viele interessante Neuigkeiten von Lecne Teithurna gehört, den ich einst – lange vor Deiner Geburt – die heiligen Riten lehrte. Er wurde dann hier im Heiligtum Augur und Haruspex und hat sein Amt auch weiter beibehalten, trotz all der Veränderungen, die eingetreten sind. Vielleicht wird er es noch erleben, daß Gerechtigkeit geschieht und die alte Ordnung wieder hergestellt wird‘, sagte Laris Matunas wehmütig.

‚Mutter, zu mir hat er gesagt, daß ich Vater und Großvater Ehre mache, und er hat uns von einem griechischen Kaufherren erzählt, der im Hafen von Tarchuna einen Stein mit einer Inschrift aufgestellt hat. Glaubst Du, daß ich auch so weit herumkommen werde wie er, wenn ich erst groß bin?‘

‚Wenn es die Götter so bestimmt haben, gewiß‘, sagte Larthi und strich ihm über die dunklen Locken.

Es war inzwischen spät geworden, und sie verspürten Hunger und Durst.

‚Wenn es Dir recht ist, Vater, dann laß uns gehen und sehen, ob Cupe mit dem Wagen am Tor wartet. Ich habe Fasti Vorräte für uns packen lassen, die wir vielleicht ein wenig außerhalb der Stadt am Strand essen könnten; hier ist es wirklich zu voll.‘

‚Oh, ja, das ist fein, da kann ich auch meine Muscheln sammeln‘, rief Vel und hüpfte neben Larthi her, die wieder Laris Matunas am Arm führte.

Als sie gerade in dem engen Durchlaß angekommen waren, der aus der Tempelumfriedung hinausführte, hörten sie laute

Rufe. Die Menge wurde von einer mit Stöcken bewaffneten Leibgarde auseinandergetrieben, um für eine hochgestellte Persönlichkeit Platz zu machen. Sie traten zur Seite, um den Zug vorbeizulassen. Ein plötzlicher Stich in ihrer linken Schläfe ließ Larthi scharf Atem holen. Als sie den Arm erhob, um sich an den schmerzenden Kopf zu greifen, wurde ihr klar, daß die große Dame, die eben mit ihrem Gefolge vorüberging, Veilia war. Auch sie erwartete ein Kind. Larthis Armbewegung war Veilia aufgefallen, und sie hielt in plötzlichem Erkennen inne.

Haß glühlte in ihren Augen, als sie Larthi von Kopf bis zu Füßen anschaute.

‚Du hast wohl für den Bastard gebetet, den Du trägst!' rief sie höhnend. ‚Schäme Dich! Obwohl Dir Dein Mann davongelaufen ist, bist Du schwanger. Du befleckst dieses Heiligtum!' Damit ging sie weiter.

Larthi ließ die Hand herabsinken und taumelte totenblaß ein paar Schritte zurück. Alle Augen waren auf sie geheftet, während sie so beleidigt wurde, und all die Umstehenden, die der Prozession der Königin nicht folgten, steckten jetzt flüsternd die Köpfe zusammen und deuteten mit Fingern auf sie. Vel hatte seine Arme um ihre Beine geschlungen und blickte zu ihr auf. Er fühlte, daß seine Mutter tief verletzt war, ohne den Grund zu verstehen.

‚Mutter, warum war die dicke Frau mit gelben Haaren so böse zu Dir?'

‚Wer ist die Frau, die gewagt hat, eine Schwangere zu beschuldigen, daß sie frevelhaft den Tempel der Göttin aufgesucht habe?' fragte Laris Matunas streng. ‚Sie weiß nichts von der Gnade Unis, die sich aller erwartenden Mütter annimmt.'

Larthi war hilflos vor Empörung, Scham und ohnmächtigem Zorn. Schmerzhafte Stiche durchzuckten immer wieder ihren Kopf, kaum konnte sie antworten. Heiser flüsternd brachte sie heraus: ‚Das war Veilia. Sie sprach zu mir.'

‚Mögen die Götter sie für alle ihre Missetaten bestrafen!‘ rief der alte Augur mit zitternder Stimme aus.

Da begann sich in Larthis verstörtem Gemüt eine Gewißheit zu verfestigen: Veilia würde die Geburt ihres Kindes von Thefarie Velianas nicht überleben. Wie betäubt starrte sie dem Zug von Veilias Gefolge nach, das gerade hinter dem Tempel verschwand. Dann löschten ihr die Bilder einer entsetzlichen Vision alles wirklich Sichtbare weg. Es schien, als schaue sie in ein kommendes Zeitalter: Das Heiligtum sah seltsam verändert aus. Schnelle Schiffe aus dem Süden ankerten im Hafen. Fremde Truppen stürmten von Bord, die Wachen und Priester erschlugen, die Schatzhäuser ausraubten, Feuer an den Tempel legten. Larthi stöhnte tief auf. Das Blut rann kalt in ihren Adern, als sie erkannte, daß die Plünderer Griechen waren – Syrakusier – unerbittlich entschlossen, den Reichtum und die Macht von Ceizra zu zerstören.

14

‚Vel, in dieser Hitze lasse ich Dich nicht ohne Hut gehen!‘ rief Larthi und lief hinter dem Jungen her, der schon auf die Straße gerannt war, wo Caile und Cupe neben den Hunden und einem mit Vorräten und Jagdgerät beladenen Maultier warteten.

‚Ach, Mutter, ich brauche ihn doch nicht!‘ wehrte Vel ab; er fühlte sich wie ein kleines Kind behandelt, als Larthi ihm den hohen, kegelförmigen Strohhut mit aufgebogener Krempe aufsetzte und den Riemen unter seinem Kinn anzog.

‚Jeder gute Jäger trägt bei solchem Wetter einen Hut‘, sagte Larthi entschieden. ‚Sieh Dir Deinen Onkel an!‘

Vel verzog das Gesicht, aber er unterdrückte die Bemerkung, daß Onkel Caile bei seinem dünnen Haar ihn nötiger hatte als er.

Caile schob seine Kopfbedeckung sorgfältig zurecht und sagte: ‚Weißt Du, Vel, Hüte können kleidsam sein, ganz abgesehen davon, daß sie nützlich sind. Aber jetzt, glaube ich, machen wir uns besser auf den Weg, bevor die Sonne zu hoch steigt.‘

Die Hufe des Maultiers klapperten über die Pflastersteine, die bereits grell die Hitze zurückstrahlten. Larthi folgte den Jägern mit den Augen. Gerade als sie um die Ecke der zum Westtor führenden Straße bogen, drehte sich Vel rasch um und winkte ihr mit dem gekrümmten Wurfholz zur Hasenjagd kurz zu. Lächelnd trat sie ins Haus zurück, wo Peci dabei war, Seianthi ihren Brei zu geben. Das kleine Mädchen war Larthis zweites Kind und hatte den Namen ihrer Großmutter erhalten. Schon bei ihrer Geburt vor drei Jahren hatte Teitus Witwe behauptet, daß sie genau wie Larthis Mutter aussähe. Die weichen Locken des Kindes glänzten zweifellos in der selben Kastanienfarbe, die Larthi an Tante Culnis Haaren so bewundert hatte. Seianthi war recht weit für ihr Alter. Sie hatte früh sprechen gelernt, da Vel, der die kleine Schwester leidenschaftlich liebte, von Anfang an mit ihr geredet hatte. Ramthas Zwillingskinder, die nur sechs Monate jünger als Seianthi waren, aber in ländlicher Einsamkeit aufwuchsen, konnten sich dagegen noch kaum verständlich ausdrücken.

Larthi erwartete gerade Ramthas Besuch. Die seltenen Gelegenheiten, wenn ihr Mann, der Grundbesitzer Sminthe Ecnata, aus geschäftlichen Gründen in die Stadt kam, benützte Ramtha gern dazu, ihn mit den Kindern zu begleiten und dann ihre Eltern oder Freunde zu besuchen. Die Ecnatafamilie lebte auf einem großen Hof in der Tuffgegend nordöstlich von Ceizra, nicht weit von dem Platz, wo ein kleiner Fluß in silbriger Kaskade über Felsen in einen schäumenden Teich fiel. Obgleich von Gießbächen in zahlreiche Schluchten mit steilen, rostfarbenen Flanken zerrissen, war es fruchtbares Land. Auf den geschützten, saftigen Wiesen der Talböden weideten Sminthe Ecnatas große Herden.

Das Knirschen von Rädern und Stimmen auf der Straße kündeten Ramthas Ankunft an. Larthi nahm Seianthi auf den Arm und eilte mit ihr hinaus, um die Gäste zu begrüßen. Peci und Fasti waren ihr gefolgt, und jede der beiden Mägde nahm nun einen der wimmernden Zwillinge entgegen, die von ihrer Mutter und deren Sklavin Vesi vom Wagen heruntergereicht wurden. Während sie selbst ausstieg, sagte Ramtha besorgt: ‚Ich hoffe nur, die Kinder haben nicht zu viel Sonne abbekommen.' Sie wischte sich über die Stirn. ‚Vesi hat versucht, den Schirm über sie zu halten, aber wir sind so herumgeschüttelt worden, daß es nicht viel Zweck hatte. Du kannst Dir kaum vorstellen, wie zerfahren die Straßen sind – vom Staub ganz zu schweigen!'

‚Ich glaub' es wohl', sagte Larthi, während Seianthi aus den Armen ihrer Mutter in die von Ramtha strebte, die das kleine Mädchen zärtlich an sich drückte und küßte. Das Greinen der Zwillinge wurde daraufhin noch durchdringender.

‚Laß uns in den Garten gehen', schlug Larthi vor. ‚Unter den Bäumen ist es angenehm kühl, und Fasti kann euch Wasser zum Waschen bringen und uns allen etwas zu trinken.'

Sie zogen in den Obstgarten und ließen sich bequem auf dem langen Gras im Schatten der alten Apfelbäume nieder. Die drei Kinder betrachteten einander verstohlen, bevor sie anfingen zusammen zu spielen. Seianthis Puppe mit ihren beweglichen Holzgliedmaßen erregte die Neugier der Zwillinge. Seianthi hielt sie ihnen zwar entgegen, so daß sie die losen Arme und Beine berühren konnten, aber sie weigerte sich eifersüchtig, ihnen die Puppe auszuhändigen. Ein neuerlicher Chor von Geheul erscholl daraufhin.

Larthi schüttelte den Kopf und sagte zu Seianthi: ‚Sei brav und gib ihnen Deine Puppe. Ich hole Dir dafür auch das Puppengeschirr von Deiner Urgroßmutter.'

Seianthi überließ nun ihr Spielzeug den Zwillingen, die sich sofort beruhigten. Vergnügt krähend beugten sie sich über die Puppe und pufften und betasteten sie mit ihren plumpen Händchen.

‚Macht es Dir etwas aus, wenn ich Vater hole, damit er hier draußen bei uns sitzen kann?' fragte Larthi Ramtha. ‚Es ist so traurig für ihn, allein zu sein, jetzt, wo er völlig blind ist. Bei diesem Wetter ist es im Haus auch sehr stickig, und die Luft im Garten würde ihm gut tun.'

‚Ich sähe Deinen Vater sehr gern wieder, hoffentlich geht es ihm sonst nicht schlecht.'

Larthi sagte bedrückt: ‚Leider ist er in keiner guten Stimmung. Es ist nicht nur, daß er nicht sehen kann, in letzter Zeit hat er auch angefangen, sich Sorgen um das Familiengrab zu machen und darüber, wer den Ahnenkult weiterführen wird. Weil er selbst keinen Sohn hat, und Caile sich offenbar nicht zu verheiraten gedenkt, fürchtet Vater jetzt, daß unsere Familie aussterben könnte, und daß dann niemand mehr da sein wird, der sich um die Gräber kümmert und die nötigen Opfer vollzieht. Wie oft auch immer ich ihm verspreche, daß wir nach dem Grab der Matunafamilie genau so wie nach dem der Velchana schauen werden, er läßt sich einfach nicht beruhigen.'

‚Ich verstehe seine Sorge schon', sagte Ramtha voll Mitgefühl. ‚Laß uns hoffen, daß Dein Onkel sich doch schließlich noch eine Frau sucht. Wie alt ist er eigentlich jetzt?'

‚Fünfundvierzig. Es wird ein bißchen spät dafür, eine Familie zu gründen. Also, jetzt hole ich Vater. Vielleicht heitern ihn die Kinderstimmen ein wenig auf. Nein, Seianthi, ich vergesse bestimmt nicht Deine Täßchen und Töpfchen.'

Während Larthi ins Haus ging, erschienen die Mägde mit einer bronzenen Wasserkanne, einem niedrigen Waschbecken auf drei Löwenfüßen und leinenen Handtüchern. Sie halfen Ramtha die staubigen Gesichter der Kinder waschen und sich selbst etwas zu erfrischen.

Thresu brachte nun den Klappstuhl für seinen Herrn, den dann Larthi behutsam über den unebenen Boden heranführte. Laris Matunas erwiderte Ramthas Gruß, indem er die Hände auf der

Krücke seines Stocks verschränkte und sein Kinn darauf ruhen ließ. ‚Ich kann die Stimmen Deiner Kinder hören', fuhr er fort. ‚Dein Mann ist wirklich glücklich zu preisen, daß er einen Sohn hat. Sind Deine beiden Brüder auch schon verheiratet?'

‚Rasce, der Ältere, hat letztes Jahr geheiratet, und seine Frau erwartet ihr erste Kind; aber der Jüngere, Arnza – ich kann mir einfach nicht abgewöhnen, ihn bei seinem Kindernamen zu rufen, und er mag das gar nicht –, der ist noch Junggeselle.'

‚Mein jüngerer Bruder auch', seufzte Laris Matunas.

‚Schau, Seianthi', Larthi entknotete ein kleines Tuchbündel. ‚Hier sind die Spielsachen von Deiner Urgroßmutter. Du darfst sie jetzt haben, aber bitte, sei vorsichtig, damit nichts zerbricht.' Sie breitete das Tuch auf dem Gras aus und stellte eine Reihe von winzigen Krügen, Schüsseln, Tassen und Kelchen aus glänzend schwarzgebranntem Ton darauf.

Seianthi klatschte entzückt in die Händchen und fing an, das Geschirr in einer Weise anzuordnen, die ihr besser gefiel. Dann hielt sie eine der kleinen Schalen in die Höhe, da Fasti gerade Milch für die Zwillinge eingoß.

‚Milch für meine Puppe', befahl sie, und Fasti gehorchte. Während Ravnthu und Marce etwas ungeschickt ihre Tassen leerten – zuhause waren sie an solche mit Tüllen gewöhnt – nahm Seianthi ihre Puppe auf den Schoß und hielt ihr das Trinkschälchen vor die rotgemalten Lippen.

Laris Matunas hob indessen lauschend den Kopf. Mit dem feinen Gehör der Blinden hatte er ungewöhnliche Geräusche jenseits des Gartenzauns vernommen.

‚Larthi! Schick jemanden nachsehen, wer da angekommen ist. Ich glaube, daß ich Fremde im Seitengäßchen hören kann.'

Fasti ging, um festzustellen, wer diese so unerwarteten Besucher sein mochten. Einen Augenblick später kehrte sie mit erregtem Gesicht zurück und spähte rasch im Garten umher, um sich zu versichern, daß kein Unberufener in der Nähe war.

‚Es ist der alte Freund des Herren, Avile Spurinna', flüsterte sie, ‚nur mit einem Sklaven und einem Bündel – elend sieht er aus!'

Laris Matunas erhob sich, auf die Sessellehne gestützt, und rief: ‚Bring ihn sofort hierher und sage Thresu, daß er ein Bad bereiten und frische Kleider herauslegen soll.'

Larthi und Ramtha waren vom Gras aufgesprungen, die Kinder blickten verstört von ihrem Spielzeug in die Höhe. Larthi eilte dem Freund ihres Vaters entgegen und führte ihn in den Garten. Auch sie war entsetzt von Avile Spurinnas Aussehen. Aus seinem zerfurchten, abgehärmten Gesicht ragte die Adlernase noch schärfer hervor als früher, und sein Haar bestand nur aus ein paar verblichenen Strähnen. Staubbedeckt hingen die zerschlissenen Kleider um seine magere Gestalt.

Um ihre Bestürzung zu verbergen, flüsterte Larthi ihm zu: ‚Du wirst Vater kaum wiedererkennen, er ist seit ein paar Jahren blind.'

Mit dem Ausdruck tiefsten Mitleids ging Avile Spurinna auf Laris Matunas zu und ergriff seine Hände.

‚Mein Freund', sagte er, ‚die Götter haben uns kein glückliches Wiedersehen vergönnt. Als ich das letzte Mal in Deinem gastfreien Haus empfangen wurde, waren wir noch hoffnungsvoll und im besten Mannesalter. Jetzt aber sind wir alt, unglücklich und ohne Nachfahren, die sich um unsere Gräber kümmern könnten. Verflucht wie ich bin, möchte ich Dir nicht lange zur Last fallen, damit meine Gegenwart nicht noch weiteres Unheil auf dieses Haus zieht.'

Laris Matunas erhob die Hände in feierlichem Gebetsgestus und bat die Götter, beiden Familien wieder ihre Gnade zuzuwenden: ‚Was auch immer unsere Vergehen gewesen sein mögen, wir haben dafür gesühnt und mit Jahren des Unglücks und Leides für unwissentlich begangene Fehltritte gebüßt. Oh, Ihr Allmächtigen, verfolgt Eure treuen Diener nicht länger und erbarmt Euch derer, die schuldlos sind wie diese Kinder!'

Avile Spurinna, Larthi und Ramtha wiederholten seine Worte mit Andacht. Nach einer Pause sagte Laris Matunas: ‚Mein Freund, ich habe Dir ein Bad vorbereiten lassen. Bis es warm ist, solltest Du Dich etwas erfrischen. Du darfst uns keinesfalls schnell wieder verlassen. Ich bitte Dich, so lange hier zu verweilen, wie Du möchtest. Nur mußt Du verzeihen, wenn ich Dich nicht in der gebührenden Art bewirten kann. Unsere Lage hat sich sehr verändert, und ich bin blind und ein schlechter Gastgeber geworden.‘

‚Deine Freundschaft und Gastfreiheit sind unverändert‘, gab Avile Spurinna zurück, ‚aber ich will sie nicht mißbrauchen. Wenn ich ein paar Tage ausgeruht habe und mich wieder kräftiger fühle, dann werde ich mich nach meiner Vaterstadt Tarchuna aufmachen.‘

‚Wie gern behielte ich Dich länger hier! Doch ich glaube, es ist tatsächlich sicherer für Dich, in Tarchuna zu leben, wo die Griechen und ihre Freunde noch geschätzt werden. Die Tarquinier freilich . . .‘

‚Mein König ist tot‘, flüsterte Avile Spurinna, ‚und ich selbst suche nur noch nach einem Ort, an dem auch ich in Frieden sterben kann.‘

‚Wie ist König Tarquinius ums Leben gekommen?‘ fragte Laris Matunas mit zitternder Stimme, während Larthi und Ramtha Avile Spurinna stumm und erschüttert anschauten.

‚Du magst gehört haben, daß letztes Jahr Octavius Mamilius von Tusculum, des Königs Schwiegersohn, von den Römern in der Schlacht beim Regillussee erschlagen worden ist, als er den Latinerbund und die anderen Parteigänger der Tarquinier anführte. Auf seiten der Feinde kämpften Truppen, die Laris Porsenna den Römern zur Hilfe gesandt hatte. Nach langem, hartem Ringen ist unsere Hoffnung auf den Sieg und die Wiedereinsetzung von König Tarquinius in seine Rechte endgültig vernichtet worden. Als die Schlacht verloren war, flüchtete sich der greise

König nach Kyme: sein ehemaliger Verbündeter Aristodemos hatte sich dort zum Tyrannen aufgeworfen, nachdem er als Sieger von seiner Expedition gegen Porsenna bei Aricia heimgekehrt war. Ich zog mit meinem Herren ins Exil nach Süden. Wir hatten ja jetzt beide unsere Heimat, unsere Hoffnung und unsere Söhne verloren.'

Schluchzend beugte sich Ramtha zu dem kleinen Marce nieder, der sich an sie schmiegte, als ob er seiner Mutter Kummer nachfühlen könne. Larthi strich mechanisch immer wieder über Seianthis Haar, während diese verstört zu den ernsten Gesichtern der Erwachsenen aufsah.

‚Vor drei Monaten erkrankte König Tarquinius dann', fuhr Avile Spurinna fort, ‚und kurz darauf starb er. Ich tat mein Bestes, um Aristodemos behilflich zu sein, ein würdiges Begräbnis zu bereiten, und ich kann euch versichern, daß unserem verstorbenen König alle Ehren angetan worden sind. Aber danach bestand kein Grund mehr für mich, in Kyme zu bleiben. Aristodemos' Stellung dort ist keineswegs sehr sicher. Er stützt sich ja nur auf die Gemeinen. Alle Aristokraten sind nach Volturnum geflohen, als er sich zum Tyrannen gemacht hat, und dort warten sie nun auf ihre Chance heimzukehren und Aristodemos zu vernichten. Es wird wohl nicht lange dauern, bis es ihnen gelingt. Da meine Gegenwart für ihn nur eine Belastung bedeutete, beschloß ich, Abschied zu nehmen und nach Norden zu ziehen, um eine letzte Ruhestätte im Land meiner Väter zu finden. Die Reise durch das unsichere latinische Bergland war sehr anstrengend, und es ist mir klar, was für eine Gefahr ich in Ceizra als bekannter Gefolgsmann der Tarquinier laufe. Aber ich sehnte mich danach, euch alle noch einmal wiederzusehen und euch zu berichten, was geschehen ist. Mittellos und zerlumpt, wie ich bin, hat mich niemand erkannt. Ich konnte in die Stadt gelangen, weil ich mich unter die Bettler und Bauern mischte, die heute morgen zum Markt kamen.'

‚Mein armer Freund', sagte Laris Matunas, ‚Du mußt völlig erschöpft sein. Laß uns hineingehen, damit Du Dich ausruhen und vor dem Essen Dein Bad nehmen kannst.' Larthi führte die beiden alten Männer ins Haus, um den Dienern dort Anweisungen zu geben, während Ramtha bei den Kindern blieb, die voll verständnislosem Mitgefühl ebenso weinten wie sie.

Larthi war aufgewühlt und voll widersprüchlicher Gedanken und Pläne, als sie in den Garten zurückkehrte. Sie war Ramtha behilflich, die Kinder zu beruhigen und zu füttern.

Das tragische, einsame Ende von König Tarquinius bei den Griechen von Kyme erschien ihr plötzlich wie ein bedeutungsvolles Zeichen vom Himmel. Gaben die Götter damit ihre Absicht kund, die Herrschaft aller Könige der Rasenna enden zu lassen? Waren die Tage derer gezählt, die an ihrer althergebrachten Freundschaft mit den Griechen festhielten? Doch warum nur sollte nach göttlichem Willen die Tyrannei des Thefarie Velianas und seiner karthagischen Verbündeten die maßvolle Regierung ihres Schwiegervaters verdrängt haben? Mußte es nicht im Sinne der Überirdischen sein, daß die Rasenna Herren in ihrem eigenen Lande blieben und fortfuhren, in der traditionellen Art die Götter zu verehren? Die seltsame Übereinstimmung im Geschick von Kyme und Ceizra gab ihr gleichfalls zu denken: in beiden Städten hatte ein Tyrann die Macht ergriffen und die Aristokraten ins Exil getrieben. Und schon volle zehn Jahre lang hatten beide vermocht, allen Widerstand innerhalb ihrer Städte zu unterdrücken und die adligen Flüchtlinge der Heimat fernzuhalten. Konnten sie in Ceizra nicht etwas lernen von den Oberhäuptern der großen kymeischen Familien, die, wie Avile Spurinna zu berichten wußte, im etruskischen Volturnum wachsam planend auf den günstigen Moment warteten, sich an Aristodemos zu rächen?

‚Sobald ich von hier weg kann', sagte sie plötzlich zu Ramtha, ‚mache ich mich wieder nach Norden auf. Ich muß Aranth wissen lassen, was geschehen ist.'

15

‚Was ist denn mit Dir los?' fragte Fasti mit einem Blick zu Peci hinüber, die auf einem Hocker am Herd saß und trübsinnig, das Kinn in die Hand gestützt, ins Feuer starrte.

‚Ich mach' mir Sorgen um die Herrin. Hast Du nicht gemerkt, wie mager sie geworden ist?'

‚Du willst doch nicht etwa behaupten, daß meine Küche daran Schuld ist', rief Peci aus und unterbrach sich im Schneiden der Zwiebeln, um sich mit dem Handrücken über die Augen zu wischen. ‚Ich tue wirklich mein Bestes – obgleich das Essen, verglichen mit früher, nicht gerade sehr reichlich ist. Ich muß es ihm schon lassen, der junge Herr füllt mir die Vorratskammer sehr tüchtig mit Hasen und Tauben, aber ich kann mich kaum mehr daran erinnern, wann wir den letzten Ochsen geschlachtet haben.'

‚Es gab ja nicht viel Anlaß, Feste zu feiern', murmelte Peci, während Fasti die Zwiebeln und eine Hand voll Kräuter in den Suppenkessel warf, der auf dem Herd brodelte. ‚Nein', fuhr Peci fort, ‚ich bin sicher, daß sie nicht aus Mangel an Essen so abgezehrt aussieht.'

‚Was fehlt ihr denn dann?'

‚Ich fürchte, sie hat jetzt einfach alle Hoffnung aufgegeben. Die ganzen Jahre hat sie sich so tapfer allein durchgeschlagen, und sich um den alten Herren und die Kinder und das bißchen Besitz gekümmert, das ihr noch geblieben ist – alles ohne ihren Mann. Aber seit sie das letzte Mal bei ihm war, hat sie offenbar den Mut verloren. Ich kann das fühlen, und sie sieht auch danach aus.'

‚Aber warum nur – hier hat sich doch gar nichts geändert. Warum ist sie jetzt plötzlich so niedergedrückt?'

‚Das ist es ja gerade', antwortete Peci ungeduldig, ‚eben weil sich gar nichts verändert hat, fällt es ihr jetzt so schwer, weiterzumachen. Du brauchst Dich nicht um Deinen Mann zu sorgen und hast keine Ahnung, wie es ohne ihn wäre – Dein Thresu ist immer zur Hand, wenn Du ihn nötig hast. Aber meine arme Herrin ist mutterseelenallein und hat niemanden, auf den sie sich stützen kann. Auf Herrn Caile ist ja gar kein Verlaß!'

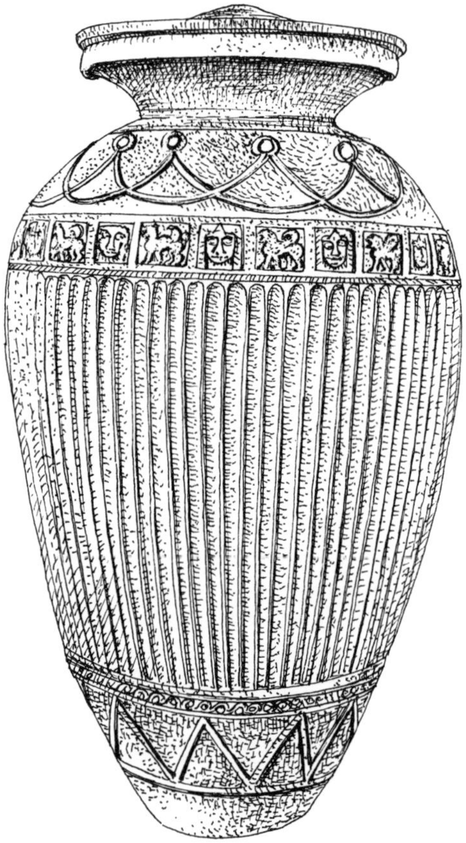

Tönerne Vorratsfässer aus Cerveteri

,Davon kann ich ein Liedchen singen', stöhne Fasti, während sie aus einem der großen tönernen Vorratstöpfe ein Maß Hafer holte; ,er beklagt sich nur alle Tage über das Essen.'

‚Er beklagt sich auch immer über den Schurken Thefarie Velianas, aber er tut nicht das Geringste, um ihn los zu werden. Ich verstehe es einfach nicht – keiner von all den großen Herren hat Mut genug, den Kerl umzubringen. Sie sitzen herum, in sicherer

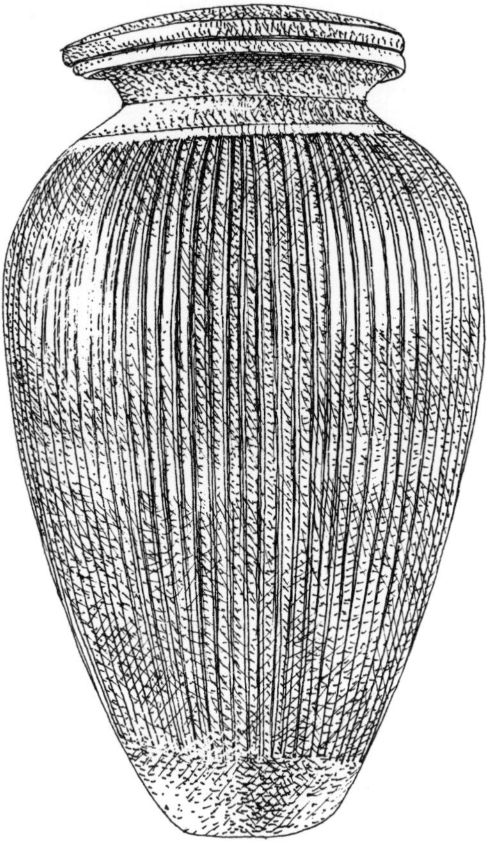

Rom. Vatikan. Museo Gregoriano Etrusco

Entfernung, und warten darauf, daß jemand anderer kommt und die Stadt für sie befreit. Kein Mensch hier scheint mehr Schneid zu haben!‘ sagte Peci verächtlich.

‚Die Leute wollen eben nicht ihr Leben umsonst aufs Spiel setzen. Wer kann schon was ausrichten gegen einen Mann, der sich so mit Wachen umgibt? Und seine Spione würden bald herausfinden, wenn eine Verschwörung gegen ihn bestünde.‘ Instinktiv hatte Fasti leiser gesprochen und warf nun einen verstohlenen Blick aus der Küchentür.

‚Wenn er doch nur krank würde und stürbe‘, sagte Peci inständig; ‚aber die Götter scheinen auf ihn und seine Missetaten herabzulächeln, und für meine arme Herrin gibt es keinerlei Hoffnung mehr. Ach je!‘ sie stand mit einem Seufzer auf; ‚und wir können auch nichts daran ändern. – Ich geh' jetzt besser und mach mich wieder an meine Flickerei.‘

Fasti schaute nachdenklich in den Kessel. ‚Bleib mal!‘ flüsterte sie plötzlich, und wischte sich die Hände an dem Tuch ab, das sie um die Hüften geknotet trug. ‚Kennst Du die Hexe Enicu?‘

‚Ist die das alte Weib, die in der Höhle bei dem Pfad zum See leben soll? Ich hab' sie nie gesehen, aber gehört hab' ich genug über sie!‘ Peci hatte in der Tür halt gemacht, ihre Hand formte das übelabwehrende Zeichen. Jetzt drehte sie sich fragend nach Fasti um, die mit eingestützten Armen und einem entschlossenen Ausdruck auf ihrem breiten Gesicht neben dem Herd stand.

‚Ja, das ist sie‘, Fasti nickte. ‚Ich kann Dir nur sagen, daß sie mir geholfen hat, als ich wollte, daß Thresu mich zur Frau nimmt, und er mich einfach nicht bemerkt hat.‘

Peci starrte sie erstaunt an. ‚Nein, wirklich? Auf den Gedanken wäre ich nie gekommen. Ich muß Dir ja gestehen, daß ich ziemlich überrascht war, als die Herrin und ich wieder hier ins Haus zogen, und da hattest Du Dir einen Mann angelacht, der sich vorher gar nichts aus Dir zu machen schien.‘

‚Ich brauchte mich meines Aussehens wegen wirklich nicht zu schämen‘, sagte Fasti gereizt und strich die Schürze über ihren vollen Hüften glatt. ‚Es mußte ihm nur jemand den Gedanken eingeben, daß ich eine gute Frau für ihn sein würde, und so bin ich eben eines Nachts bei Neumond zur alten Enicu gegangen – die hat so ihre Mittel, die Dinge ausgehen zu lassen, wie man sich das wünscht . . .'

Sie hielt inne, um nach dem Feuer zu schauen.

‚Was willst Du damit sagen? flüsterte Peci, ‚glaubst Du, daß sie bereit wäre, wegen dem Kerl da was zu tun?'

Fasti nickte heftig und sagte: ‚Natürlich müßten wir ihr was dafür geben – psst!'

Sie legte den Finger auf den Mund, da Thresu eben in die Küche trat, um nach einem Beil zu suchen. ‚Da drüben hängt's doch, genau an dem Platz, wo's hingehört', sagte sie zu ihm und gab vor, beleidigt zu sein, als er sie beim Hinausgehen zärtlich kniff.

‚Ich hab' Enicu damals ein gutes Stück Wollstoff gegeben, von meinem selbst gewobenen, aber sicher ist ihr Gold am liebsten.'

Peci sagte rasch: ‚Ich hab' noch den goldenen Ring, den mir die Herrin Culni vermacht hat – meinst Du, daß der ihr gefallen würde?'

Wieder nickte Fasti mit Nachdruck und flüsterte dann: ‚Bestimmt. Jetzt laß uns mal überlegen – der Mond ist im Abnehmen, das ist ein guter Moment für solchen Zauber. Ich frag' sie besser erst, und wenn sie bereit dazu ist, dann geh'n wir beide zu ihr und schauen, daß sie es auch macht, wie sich's gehört.'

Voll Bewunderung für Fastis Findigkeit stimmte Peci zu und verließ die Küche, einen Verschwörerblick zurückwerfend.

Zwei Tage später schlichen sie sich im Abenddämmern unauffällig aus dem Stadttor und bogen dann bald von der nach Süden führenden Straße ab. Sie folgten einem Pfad, der innerlandes hart am Fuß des steil abstürzenden Stadtplateaus entlangführte. Trotz der rasch einfallenden Dunkelheit schritt Fasti zielbewußt voran, während Peci, die schon zweimal über gewundene Baumwurzeln gestolpert war, ängstlich zögernd folgte.

Links über ihnen türmte sich die dunkle Felsenmasse, aber

rechts vom Weg war im Zwielicht noch der Talgrund mit den Wiesen am Fluß zu erkennen. Jenseits davon zog sich schattenhaft der niedrige Hügelrücken des südlichen Friedhofs hin. Peci fröstelte. Ein kühler Windhauch wehte von der naßkalten Wand herab. In ihren feuchttropfenden Schlünden ballten sich Klumpen von Efeu und Farnkraut. Frösche quakten in den Wasserlachen, die sich am Fuß der Felsrisse gesammelt hatten.

‚Ich bin nicht sicher, daß unser Herr es gut heißen würde, was wir tun', sagte Peci atemlos und versuchte mit Fasti Schritt zu halten.

‚Jetzt ist es zu spät, sich darüber Gedanken zu machen. Die alte Enicu hat mir den Ring schon abverlangt, als sie einwilligte, für heute abend alles vorzubereiten – Du bildest Dir doch nicht ein, daß sie ihn wieder zurückgibt, nach all der Arbeit, die sie schon gehabt hat!'

‚Geh' bitte nicht so schnell', flehte Peci jetzt. ‚Ich bin noch nie hier entlanggekommen, und ich kann die Hand nicht vor den Augen sehen – Hilfe!' Sie glitt auf dem schlüpfrigen Boden aus und klammerte sich an Fastis Arm, um nicht hinzufallen.

‚Es ist jetzt nicht mehr weit', sagte Fasti ermutigend, ‚aber wir müssen uns eilen, bevor es völlig Nacht geworden ist, damit wir die Trittsteine noch sehen können beim Überqueren des Baches.'

Peci richtete sich auf, zog ihren Mantel, der sich an einem herabhängenden Zweig verfangen hatte, fester um die Schultern und folgte Fasti etwas entschlossener als zuvor.

Am Bach angelangt, der da den Pfad versperrte, weil er in einer Schleife bis an den Fuß des Stadtplateaus floß, traten sie vorsichtig auf eine Reihe flacher Steine, um die das Wasser in dunklen Wirbeln quirlte. Am jenseitigen Ufer drang schwacher Lichtschein hinter einem riesigen, überwachsenen Felsblock hervor, der von den Schroffen oberhalb abgestürzt sein mußte.

‚Wir sind da', flüsterte Fasti, als sie um den Felsen herumgegangen waren. In der Finsternis der dahinterliegenden Steilwand zeichnete sich der Eingang einer Höhle ab, deren Inneres von flackerndem Feuer erleuchtet war. Daneben, den Rücken ihnen zugekehrt, kauerte die alte Hexe mit einem Raben auf der Schulter. Während sie mit einem Schwarzdornzweig eine Flüssigkeit in einem Bronzetopf umrührte, schwatzte sie mit dem Vogel.

‚Diese dummen Weiber sind spät dran – das könnte unseren Zauber verderben, wenn der Mond untergeht, bevor wir mit dem da abgerechnet haben.‘

Sie blickte nach der Seite und deutete mit ihrer krummen Nase auf die kleine Wachsfigur eines nackten Mannes, die, mit den Händen auf dem Rücken an einen Holzstab gebunden, gegen einen altarähnlichen Steinblock gelehnt war.

‚Enicu, hier sind wir‘, sagte Fasti, eingeschüchtert von dem unheimlichen Anblick.

‚Keinen Moment zu früh‘, grollte die Hexe, ‚seht Euch den Mond an!‘

Die beiden spähten betreten in den Nachthimmel hinaus und sahen, daß die blasse Sichel schon ganz niedrig am Horizont stand. Peci hielt sich so nahe wie möglich an ihre Gefährtin und betrachtete die alte Frau und die Gegenstände in der Höhle mit wachsendem Grausen.

‚Verhaltet Euch ruhig und sprecht kein Wort, was immer Ihr auch sehen mögt‘, befahl die Hexe, indem sie merkwürdig riechendes Holzwerk ins Feuer warf, das mit drohendem Zischen aufflackerte. Sie begann nun undeutlich Zaubersprüche vor sich hinzusingen, erhob dann drei Mal die Hände zum Mond, und es schien, als ob sie dessen schwache Strahlen auf das Wachsfigürchen herabzöge.

‚Nimm ihn mit, hinab, hinab, hinab zu den Göttern der Unterwelt, denen ich dies Trankopfer bringe.‘ Sie goß den Inhalt des Topfes, eine dicke, tiefrote Flüssigkeit, in die runde Öffnung des Altarsteins, die bis in den Erdboden führte.

Peci sah mit Schaudern, daß eine Anzahl riesiger Kröten auf dem feuchten Boden neben dem Wachsbild hockten, deren vorquellende Augen im Wiederschein des Feuers glitzerten. Da ergriff Enicu die Figur mit der linken Hand und zielte ihr mit einer Bronzenadel auf die Brust. Gerade war sie dabei, in die Herzgegend zu stechen, als der Rabe sich plötzlich mit durchdringendem Krächzen von ihrer Schulter in die Luft schwang und schweren Flügelschlags in die fernste Ecke der Höhle flog. Die Nadel glitt von der Brust des Wachsbildes ab und drang stattdessen durch seine Schulter.

‚Wir haben kein Glück', sagte die Hexe grimmig. ‚Ein Dämon beschützt den Mann. Ich weiß nicht, ob mein Zauber wirkt.'

Mit gerunzelten Brauen starrte sie eine Weile brütend auf die Figur, dann schüttelte sie sich die fettigen, grauen Haarsträhnen aus dem Gesicht und murmelte: ‚Ich krieg Dich doch noch unter!'

Sie tauchte einen Finger auf den Grund des Topfes und schmierte den Rest der roten Flüssigkeit zunächst über das Loch in der wächsernen Schulter und dann über die ganze Figur. ‚Hinab, hinab, hinab!' wisperte sie heftig und warf das Wachsbild ins Feuer.

‚Ihr könnt jetzt gehen', sagte sie zu den Mägden, die sich, starr vor Entsetzen, aneinandergeklammert hatten. ‚Sprecht nicht, bis Ihr zuhause seid, und redet niemals über diese Sache mit irgend jemand', fügte sie heiser hinzu, ‚sonst könnte Euch manches geschehen, das Euch nicht freuen würde.'

16

Larthi lag schlaflos da. Ein breiter Streifen Mondlicht fiel auf das Bett und beleuchtete Aranths nackte Schulter und seinen Arm, der ihren schmalen Körper umschlang. Seine tiefen, regelmäßigen

Atemzüge erfüllten den Raum – ein Geräusch, das ihr vertraut war und sie beruhigte – denn sein beschattetes Gesicht, das an ihrer Brust lag, wirkte mit dem grauen Haar und Bart fast wie das eines Unbekannten. Er war am Tag zuvor aus der Fremde heimgekehrt. Doch Larthi hatte so viele Jahre vergeblich auf ihn warten müssen, und war von den furchtbaren Entbehrungen der letzten Monate derart entkräftet, daß seelische und physische Erschöpfung sie unfähig machten, seine Rückkehr glücklich zu genießen. Aranths Leidenschaft aber war ungestillt nach ihrer langen Trennung. Ihn hatten Mangel und Hunger kaum betroffen, da die nördlichen Regionen des Landes der Dürre, die Südwest-Etrurien und Latium heimgesucht hatte, entronnen waren. Aranths kraftvoller Torso mit seiner festen, glatten Haut schien noch der eines jungen Mannes. Auf einen kurzen Augenblick zu Beginn der Nacht hatte sein glühendes Verlangen vermocht, sie aus ihrer Starrheit zu lösen, und sie waren aufs tiefste vereint, wie in früheren Zeiten. Doch jetzt, während er in schwerem Schlaf neben ihr ruhte, fühlte sie sich gänzlich erschöpft und fern von ihm. Ruhelos überdachte sie immer wieder die Ereignisse der letzten vier Jahre; so lange war es her, seit sie das letzte Mal in seinen Armen gelegen hatte.

Damals hatte er sie überzeugt, daß es sinnlos für ihn sei, in eine nähergelegene Stadt zu ziehen und von dort aus die Entwicklung der Dinge in Ceizra zu beobachten. Sie wollte, daß er nach Tarchuna käme, wo er bei Avile Spurinna und den entfernten Verwandten ihrer Mutter gewiß gastliche Aufnahme gefunden hätte. Aber er machte ihr klar, daß es von dort aus praktisch unmöglich für ihn sein würde, seine Geschäfte weiter zu betreiben, von deren Ertrag sie alle abhingen. Die gewinnbringenden neuen Handelsbeziehungen, die er im Lauf von zehnjähriger, harter Arbeit aufgebaut hatte, einfach aufzugeben, erschien ihm sinnlos, und wie vergeblich ein jeder Versuch sein würde, ohne tätigen Beistand der Einwohner von Ceizra wieder an die Macht zu kommen, hatte die Erfahrung der Tarquinier in Ruma gelehrt. Solange Thefarie Velianas sich auf die unteren Klassen zu stützen vermochte und den Schutz der Karthager zur See genoß, konnte niemand hoffen ihn zu stürzen. Aranth hatte seiner großen Erleichterung darüber Ausdruck verliehen, daß seit dem Tod von Veilia im Kindbett der Tyrann, offenbar aus religiösen Bedenken, die Matunafamilie nicht weiter zu verfolgen schien.

Entmutigt von der Aussicht auf abermals lange Jahre des untätigen Wartens, war Larthi nachhause zurückgekehrt. Doch umstürzende Ereignisse spielten sich ab, wenngleich nicht in Ceizra, sondern im fernen Asien. Erst Gerüchte und schließlich Auswirkungen davon erreichten auch sie.

Der persische Großkönig Darius, entschlossen, dem Aufstand der jonischen Griechen ein Ende zu bereiten, hatte eine riesige Flotte zur Blockade von Milet versammelt. Die zahlenmäßig geringeren und schlecht disziplinierten Schiffe der rebellischen jonischen Städte waren, vermöge der Übermacht der Feinde und mit Hilfe von Überläufern aus den eigenen Reihen, in einer Seeschlacht bei der Insel Lade vor Milet geschlagen worden. Danach hatten die Perser die Stadt erstürmt und alle ihre Einwohner erschlagen oder als Sklaven nach Susa in Elam verschleppt. Das schreckliche Schicksal des reichen und mächtigen Milet ergriff nicht nur die ebenfalls jonischen Athener aufs tiefste. Die Etrusker unterhielten seit langen Jahren Handelsbeziehungen mit Milet; schon unter der Zerstörung von Sybaris hatten sie gelitten. Nun waren sie neuerlich schwer betroffen.

Indessen segelten einige milesische Flüchtlinge, die der Niederlage von Lade entronnen waren, gemeinsam mit abtrünnigen Samiern auf Suche nach einer neuen Heimat westwärts. Anaxilas, der griechische Tyrann von Rhegion, bewog diese Jonier, Zankle auf der sizilianischen Seite der Meerenge zu besetzen, da er dem Herrscher von Gela, Hippokrates, zu dessen Gebiet Zankle gehörte, auf diese Weise zu schaden hoffte. Die Ankunft von ihnen freundlich gesinnten jonischen Siedlern auf der Westseite der Meerenge ließ etruskische Kaufleute hoffen, daß ihnen dort ein Stützpunkt für ihren Seehandel gewährt werden könnte; denn daß Sybaris und der sichere Landweg zum jonischen Meer verloren waren, hatte bedeutet, daß nun alle etruskischen Waren durch die Meerenge verschifft werden mußten, wo sie von feindlichen phokäischen und chalkidischen Griechen ständig bedroht wurden.

Die Karthager waren mittlerweile bestrebt, von ihrem festen Besitz im Westen Siziliens aus ihren Einfluß auch über die Küstengewässer des Ostteils der Insel auszudehnen. Dabei erwiesen sich aber griechische Kolonisten aus Knidos, die sich auf den äolischen Inseln niedergelassen hatten, als ernsthafte Widersacher. Ihre von Lipara aus unternommenen Kaperfahrten und Raubzüge stellten eine dauernde Gefahr für die Schiffahrt vor der Nordküste Siziliens dar. Auch Schiffe von Ceizra hatten unter solchen Piratenakten zu leiden. So bewogen Thefarie Velianas' karthagische Verbündete ihn dazu, eine Strafexpedition gegen Lipara zu unternehmen.

Eine Ablenkung war Thefarie Velianas nicht unwillkommen. Der Handel in Ceizra war ins Stocken geraten, da die Karthager sich mehr und mehr Privilegien und Märkte anzueignen wußten. Unzufriedenheit begann sich nun auch unter den Klassen in Ceizra zu verbreiten, die bisher treue Parteigänger des Usurpators gewesen waren. Gleichzeitig wurden beunruhigende Vorzeichen aus der von Dürre befallenen Umgebung der Stadt gemeldet: Feurige Flammen waren am Himmel gesichtet worden, ein Steinregen fiel auf den Unitempel, der See östlich von Ceizra wallte wie ein kochender Kessel auf, und man hatte eine Kuh sprechen hören. Weit schlimmer noch: in Pyrgoi war eine unverheiratete Frau von einem zweiköpfigen Monstrum entbunden worden, das volle sieben Tage am Leben blieb, bevor man es in der vorgeschriebenen Weise im Meer ertränkt hatte. Diese bedrohlichen

Vorfälle erhöhten die Unruhe unter der Bevölkerung beträchtlich. Selbst Piana Velavesnas konnte sie einzig als unheilverkündende Warnungen der Götter interpretieren, denen die herrschenden Zustände offenbar mißfielen. Nachdem Thefarie Velianas eine feierliche Prozession nach Pyrgoi angeführt hatte, um dort seiner Schutzpatronin Uni zu opfern, entschloß er sich bekanntzugeben, daß die Göttin ihm befohlen habe, nach Lipara zu segeln und die Piraten dort auszurotten. Truppen und Seeleute wurden eilig gemustert, und die lange vernachlässigten Kriegsschiffe überholt. Der Tyrann selbst übernahm das Kommando.

Diese Maßnahmen brachten neue Aufgaben und Sorgen für die Bevölkerung, so daß die Vorzeichen für den Augenblick vergessen waren. Überdies wurde eine große Anzahl Unzufriedener aus der Stadt gezogen, um als Ruderer Dienste zu leisten. Die Unruhe begann sich allmählich zu legen. Voll Vertrauen auf Sieg und in Erwartung kommenden Ruhmes, segelte Thefarie Velianas mit der Flotte nach Süden. Er war ein erfahrener Kapitän von Handelsfrachtern; freilich hatte er nie zuvor bewaffnete Schiffe befehligt und ermangelte jeder taktischen Kenntnis.

Trübsinnig hatte Larthi von ihrem Ausguckposten am Ende des Gartens mit den Blicken die schlaffen Segel verfolgt, die träge in der Flaute südwärts trieben, bis sie über die Kimmung verschwunden waren. Wochenlang hörte man nichts von der Flotte.

Mittlerweile hielt die Dürre an. Die Stadt litt dazu noch unter einem Einfall von Mäusen und Ratten, die schon in den Feldern der Umgebung schweren Schaden angerichtet hatten. Die wegen der Trockenheit an sich schon magere Ernte war vernichtet, und die gelagerten Vorräte erlitten nun dasselbe Schicksal. Hungernde Bauern begannen, mit ihrem abgemagerten Vieh vom Land in die Stadt zu ziehen, in der vergeblichen Hoffnung, dort Nahrung zu finden. Überfülle von Menschen, Verunreinigung der Brunnen und Augusthitze führten, zusammen mit den schädlichen Nagetieren, zu einem Ausbruch von Pest. Die Straßen lagen voll Sterbender und Toter, für die, fern von zuhause, kein angemessenes Begräbnis möglich war. Die Einwohner von Ceizra selbst vermochten bald den zahllosen Opfern unter ihren Mitbürgern nicht mehr die traditionellen Bestattungsriten zuteil werden lassen. Während die Landbewohner und Sklaven sich in die Stadt gedrängt hatten, versuchten die wenigen noch vorhandenen Aristokraten, sich entweder in ihren Häusern vom Kontakt mit den Kranken isoliert zu halten oder sich auf ihre Landsitze in der gesunderen Hügellandschaft des Inneren zu flüchten.

Laris Matunas weigerte sich jedoch, Ceizra zu verlassen. Tagelang konnte sich Larthi nicht entscheiden, ob es ihre Pflicht sei, weiter mit ihm in der Stadt zu bleiben oder um der Kinder willen das verpestete Ceizra zu verlassen. Ihre Sorge um Seianthi, die im gefährdeten siebenten Lebensjahr stand, war besonders groß. Schließlich entschloß sich Larthi, bei ihrem Vater auszuharren und Peci mit Vel und Seianthi zu Ramtha zu schicken. Teitus Witwe, die sich unermüdlich um die von der Pest Befallenen in der Nachbarschaft gekümmert hatte, wurde selbst ein Opfer der Krankheit und starb. Cupe war kaum mit dem Wagen vom Gute der Ecnatafamilie zurück, als er sich ebenfalls infizierte. Doch erholte er sich schließlich von der Seuche.

Obwohl sie außer sich vor Angst um die Kinder war, von denen sie keine Nachricht hatte, mußte Larthi sich auf das nächstliegende Problem, die Versorgung ihres Vaters, Cailes und der noch überlebenden Sklaven konzentrieren. Für sie alle Nahrung zu finden, war eine immer schwerere Aufgabe. Sie war jetzt dazu gezwungen, die vergilbten Blätter von Brennesseln zu kochen, die am Ende des ausgedörrten Gartens wuchsen, da ihre letzten Vorräte an Hülsenfrüchten erschöpft waren. Ihr ganzes Geflügel war längst geschlachtet, und es gab kaum noch einen Singvogel in der ganzen Stadt. Die Schleudern kleiner Jungen hatten ihnen den Garaus gemacht. Angst vor Ansteckung hielt die Fischer davon ab, wie früher mit ihrem Fang von der Küste heraufzukommen. Doch war es Caile einmal gelungen, einen großen Aal auf dem schlammigen Grund eines noch nicht ganz ausgetrockneten Bachbettes zu fangen. Er rühmte sich dieser Tat denn auch wochenlang. Aber der Hunger wurde schlimmer und schlimmer, und immer noch fiel kein Tropfen Regen aus dem flammenden Himmel.

In dieser verzweifelten Situation befahl Laris Matunas Caile plötzlich, ihn zum Oberpriester des Tinia zu führen. Er schien wieder etwas von seiner alten Autorität auszustrahlen, als er den siechen Priester, der sich noch nicht von der überstandenen Krankheit erholt hatte, ansprach. Zunächst interpretierte er die in den letzten Monaten erschienenen drohenden Vorzeichen vom Himmel in aller Furchtbarkeit ihrer Bedeutung, dann verlangte er, daß dem Herrscher Tinia besondere Opfer dargebracht würden und daß die gesamte Bevölkerung die Götter darum anflehen müsse, ihre Heimsuchungen einzustellen. Seine Anordnungen wurden peinlich genau befolgt, da er der einzige in Ceizra verbliebene Augur von Rang war. Piana Velavesnas hatte Thefarie Velianas auf die Expedition nach Lipara begleitet. Gegen Abend des Tages, an dem die allgemeinen Gebete stattgefunden hatten, sammelten sich plötzlich schwere Wolken im Nordosten und binnen kurzem begann wohltätiger Regen zu fallen. Die Erleichterung des Volkes war derart, daß es Laris Matunas nicht schwer fiel, die Leistungsfähigeren zur Arbeit zu bewegen: die Leichen der an der Pest Verstorbenen mußten verbrannt, die verunreinigten Brunnen gesäubert werden. Da der Regen anhielt, fing auch die Vegetation auf den Feldern wieder an, sich zu beleben, und die noch verbliebenen Bauern zogen auf ihre Höfe zurück. Kurz darauf nahm die Heftigkeit der Krankheit ab, und schließlich erlosch sie ganz.

Mit der Billigung ihres Vaters sandte Larthi nun Cupe zu Aranth, um ihn über die Ereignisse in Ceizra ins Bild zu setzen, während sie selbst mit Thresu die Kinder nachhause holte. Sie fand Vel und Seianthi wohlauf. Es war ihnen auf dem abgelegenen Gut unter Ramthas Obhut sehr viel besser ergangen, als das in der ausgehungerten und verseuchten Stadt der Fall gewesen wäre.

Da landete in Pyrgoi ein karthagisches Schiff mit der Nachricht, daß die Expedition gegen Lipara in einer Katastrophe geendet habe. Als die Flotte sich der Insel näherte, war sie in einen Sturm geraten und zerstreut worden. Eine große Anzahl der Schiffe sank, während der Rest von den geübten und unbarmherzigen griechischen Seeleuten angegriffen und gekapert wurde. Diese hatten erfahren abgewartet, bis das Meer sich hinreichend beruhigt hatte und die erschöpften Überlebenden unfähig waren, ihnen noch Widerstand zu leisten. Obgleich Thefarie Velianas in der linken Schulter verwundet worden war, als ein Stück des Mastes absplitterte, gelang es seinem Schiff und zwei weiteren zu entkommen. Ihre Ankunft im Hafen war binnen weniger Tage zu erwarten.

In der schon schwer betroffenen Stadt brach allgemeines Wehklagen über diesen weiteren furchtbaren Verlust an Menschenleben aus. Gleichzeitig wuchs die Empörung gegen den Tyrannen wieder, der in so leichtsinniger Weise zu dieser Expedition abgesegelt und für das Unglück verantwortlich war. Wie konnte ein Mann, der nie zuvor Truppen oder Geschwader geführt hatte, es wagen, sich an die Spitze eines so gefährlichen Unternehmens zu setzen? Vordem hatte man dergleichen nur fähigen Offizieren mit taktischer Erfahrung anvertraut, und diese waren einzig und allein aus den Reihen der ältesten Adelsfamilien gekommen. Es erhoben sich Stimmen, die für Thefarie Velianas Bestrafung forderten und sogar die Wiedereinführung der Monarchie. Angehörige der Aristokratie, die bis dahin im Exil gelebt hatten, begannen nun, nach Ceizra zurückzukehren und durch wohlüberlegte Äußerungen die Volkswut zu schüren.

An dem Tag, als der verletzte Thefarie Velianas, nur von seinen wenigen überlebenden Anhängern begleitet, in einer Sänfte zur Stadt heraufgetragen wurde, blieben die Türen aller großen Häuser fest verschlossen. Kein einziger wohlwollender Freund fand sich, der herangetreten wäre, um den Tyrannen zu begrüßen und ihm Mitgefühl auszudrücken. Vereinzelt standen kleine Gruppen einfacher Leute in grollendem Schweigen, als er vorbeizog, während andere ihm bitter zuriefen, er solle ihnen die verlorenen Männer, Väter, Söhne und Brüder wiedergeben. Bleich und leidenden Gesichts, verhüllte Thefarie Velianas den Kopf mit dem Mantel und ließ sich in die Lauchumna tragen. Nur eine Handvoll seiner Sklaven war noch dort, der Rest seines Haushalts an der Pest gestorben. Mamarce fiel der Seuche gleich zu Anfang zum Opfer.

Während die heimgesuchte Bevölkerung versuchte, die Felder wieder zu bearbeiten und die ruhelosen Seelen ihrer ertrunkenen und erschlagenen Angehörigen zu beschwichtigen, lag Thefarie Velianas beinahe völlig verlassen im königlichen Palast. Die wenigen seiner Gefolgsleute, die noch am Leben waren, fühlten, daß die Tage des Tyrannen gezählt waren und suchten sich durch rechtzeitige Flucht zu retten. Eine Woche nach seiner unseligen Rückkehr erlag Thefarie Velianas dem Brand, der in der Wunde eingesetzt hatte. Die trostlosen Räume der Lauchumna hallten wider vom Wehklagen der beiden einzigen Sklaven, die bis zuletzt bei ihrem Herrn geblieben waren, und die ihn, nur widerstrebend von zwei Totenpriestern begleitet, zum Friedhof trugen. Menschen, die auf diesen elenden Leichenzug trafen, wandten sich mit gemurmelten Flüchen von ihm ab.

Laris Matunas und Larthi wurden indessen von den mittlerweile zurückgekehrten Adligen vielfach geehrt. Man war bestrebt, so schnell wie möglich die alte Ordnung wieder herzustellen. Alle erwarteten daher Aranths Ankunft mit Ungeduld. Drei Tage nach dem Tod von Thefarie Velianas legte ein großes, mit Korn beladenes Frachtschiff in Pyrgoi an. Aranth hatte seine Heimkehr nur so lange aufgeschoben, wie er brauchte, um für die Stadt Vorräte zu beschaffen. Cupes Schilderung des erlittenen Hungers hatte ihn bewogen, zu allererst die Not der Darbenden zu lindern. Sein Zug vom Hafen ins Innere glich dem eines Triumphators. Vom Volk wurde er als Retter und von den Oberhäuptern der großen Familien als der rechtmäßige König von Ceizra gefeiert. In einer kurzen Ansprache dankte er seinen Standesgenossen für ihren Empfang und rief dann die Götter an, die Stadt vor weiterem Leiden und auf immer vor tyrannischer Herrschaft zu beschützen. Zum allgemeinen Erstaunen schloß er mit den Worten: ‚Nie wieder soll das Schicksal aller von der willkürlichen Macht eines einzelnen Menschen abhängen.‘

Danach bat er die Adligen, sich zu einer Versammlung einzufinden, die binnen kurzem einberufen werden sollte, über das zukünftige Geschick von Ceizra zu entscheiden. Erst dann hatte er sich in das Haus seines Schwiegervaters begeben, um seine Familie zu begrüßen.

Das Mondlicht war weiter durch Larthis Schlafkammer gewandert und fiel nun auf Aranths Panzer, seinen bronzenen Helm und die Waffen, die er vor dem Fenster abgelegt hatte. Sein Gesicht und sein Körper waren in tiefen Schatten getaucht. Larthi seufzte: in solch schattenhaftem Dunkel lag auch ihr kommendes Leben. Was mochten die Götter ihnen jetzt, nach dem Tod des Tyrannen und ihrer endlichen Wiedervereinigung, wohl vorbestimmt haben? Sie schmiegte sich an Aranth und umfing ihn schützend mit den Armen.

Eine Eule schrie mehrfach im Garten, und das ferne Heulen eines Hundes kam aus der Richtung der Lauchumna. Larthi hörte diese unheilvollen Laute nicht mehr, denn endlich war sie in unruhigen Schlaf gesunken.

17

'Vater, warum willst Du nicht mehr König sein?' Vel blickte fragend zu Aranth auf. Sie waren auf dem Weg zum früheren Palast. Jeder, der ihnen begegnete, blieb stehen, um das wieder heimgekehrte Oberhaupt der Velchanafamilie persönlich zu begrüßen und ihm Gutes zu wünschen. 'Die anderen möchten doch alle, daß Du der Lauchume bleibst.'

Aranth dankte den Leuten mit freundlicher Würde, bevor er im Weitergehen seinem Sohn ernsthaft und genau antwortete: 'Während gewisser Zeiten im Leben der Völker werden bestimmte politische Einrichtungen von den Göttern gebilligt und bleiben auf so lange unverändert bestehen, wie es den Himmlischen gefällt. Über viele Generationen hin hat sich die Königsherrschaft als gut für uns erwiesen. Aber die Ereignisse der letzten zehn Jahre, derer wir hier und in anderen Städten Zeuge gewesen sind, zeigen deutlich, daß die Götter nun eine Veränderung fordern. Das Beispiel von Thefarie Velianas beweist, daß große Macht nie lange in denselben Händen liegen darf. Aus diesem Grunde habe ich mich entschlossen, den Königstitel abzulegen und die Stellung, die meine Vorfahren eingenommen haben, aufzugeben. Die Aufsicht über die Angelegenheiten der Stadt soll in Zukunft von einer Anzahl jährlich erwählter Beamter aus den Adelsfamilien ausgeübt werden. Die Oberhäupter dieser Familien haben meinem Vorschlag zugestimmt, unter der Bedingung, daß ich mich selbst auch den Wahlen stelle, und ich habe dem nachgegeben. Nur wenige bezweifelten zunächst die Weisheit meines Entschlusses; sie vermochte ich zu überzeugen, indem ich sie daran erinnerte, daß die Rasenna ja ihren Bundesanführer bereits seit langem jährlich aus den Reihen der Könige wählen. Dieser Brauch, der sich für die gesamte Nation als nützlich erwiesen hat, kann unserer eigenen Stadt auch nur Gutes bringen.'

‚Du hast recht, Vater. Mögen die Götter die neue Ordnung segnen!‘

Aranth legte den Arm um die Schulter seines Sohnes. ‚Hier ist auch eine Neuordnung nötig‘, sagte er und deutete auf das Königshaus, dem sie sich jetzt näherten. Die Lauchumna wirkte äußerst vernachlässigt. In Aranths Erinnerung war es ein eindrucksvoller, schöner Bau gewesen. Jetzt, nach all den Jahren in der Fremde, fiel ihm plötzlich auf, wie bescheiden und altmodisch er aussah. Im Laufe mehrerer Generationen hatten Um- und Anbauten die Residenz in einen unsymmetrischen, verwinkelten Komplex verwandelt. Hart vor der Fassade lag das Bidental, das kleine Steinmal, über dem Platz errichtet, wo der Blitz an jenem schicksalschweren Tag von Velthur Velchanas' Tod eingeschlagen hatte.

‚Tatsächlich glaube ich, es ist das beste, das Haus ganz niederzureißen. Es ist entweiht durch die Missetaten des Thronräubers und der nichtswürdigen Frau, die für meines Vaters Tod verantwortlich ist.‘

‚Wirst Du dann ein neues Haus für uns bauen lassen?‘

‚Gewiß, denn wir können nicht alle weiter bei Deinem Großvater wohnen, so gastfrei er auch ist.‘

‚Ob wir wohl recht große Ställe bauen könnten?‘ fragte Vel eifrig.

Aranth mußte über des Sohnes offensichtliche Leidenschaft für Pferde lächeln. Aber er wurde rasch wieder ernst, als er sich klarmachte, wie dessen Kinderzeit kaum etwas von all dem, ihm in diesem Alter selbstverständlichen, Sport und Spiel zugekommen war. Er beschloß, ihn dafür so bald wie möglich zu entschädigen. Vel sollte zwei edle Pferde erhalten und Knappen dazu, damit er ausgiebig für das Truiaspiel trainieren konnte. Er würde ihm auch gute Waffen und eine Rüstung machen lassen.

‚Natürlich brauchen wir genug Platz für Deine und meine Pferde und all unsere Maultiere‘, sagte er, und Vels Augen glänzten.

Sie waren nun in die verlassene Lauchumna eingetreten, gefolgt von Thresu und Cae. Der ehemalige Verwalter des Königs hatte sich, während Aranth im Exil lebte, auf einen einsamen Hof im Bergland geflüchtet; nun war er in die Stadt zurückgekehrt, um dem Sohn seines verstorbenen Herren seine Dienste wieder anzubieten. Aranth hatte den treuen Freigelassenen dankbar in den Haushalt aufgenommen.

Der Herbstwind heulte im Kamin, und eine lose Tür schlug in einem fernen Teil des Hauses immer wieder gegen ihren Rahmen. In der Düsternis des wolkenverhangenen Tages wirkte die Lauchumna unheimlich. Rauchgeschwärzte Fresken auf großen Tonplatten schmückten die Wände der Halle. Vel schaute sich mit einer Mischung von Neugier und Ehrfurcht um. Er hatte nie zuvor das Haus seiner Ahnen betreten, das ja schon vor seiner Geburt der Familie entrissen worden war. Während er die Gemälde betrachtete und sich überlegte, was auf ihnen dargestellt sei, ging Aranth von einem Raum zum anderen, um mit Caes Hilfe seinen eigenen Besitz zu identifizieren. Alles was Thefarie Velianas gehört hatte, sollte gesammelt und versteigert werden. Der Erlös war dem Tinia bestimmt, zum Dank für die Hilfe, die der Gott der Stadt bei der Befreiung vom Tyrannen gewährt hatte.

Aranth lag besonders viel daran festzustellen, ob die beschriebenen Leinenrollen des Familienarchivs noch vorhanden waren, Dokumente, die für das Haus der Velchana von größter Wichtigkeit und ihren Schutzgöttern geweiht waren.

Nach eingehender Suche in den Vorratsräumen stieß er auf eine große Holztruhe mit Bronzescharnieren und Griffen, die er als den Behälter der Leinenstreifen wiedererkannte, auf denen Namen und Taten seiner Vorfahren aufgezeichnet waren. Als er den staubigen, quietschenden Deckel geöffnet hatte, sah er mit Freude, daß die kostbaren Dokumente erhalten geblieben waren. Eine ganze Reihe von Möbeln und Haushaltsgegenständen, an die er sich aus seinen jüngeren Jahren erinnerte, war ebenfalls noch vorhanden, obgleich recht vernachlässigt. Es schien, daß Thefarie Velianas, im Versuch sich den Anschein von Legitimität zu verleihen, nicht nur die Autoritätszeichen des früheren Königs, sondern auch viel von dessen persönlichem Besitz übernommen hatte. Veilia hatte, im Gedanken an Mamarces Zukunft, das gleiche angestrebt. Dem war es zu verdanken, daß die Residenz fast genau so aussah wie in alter Zeit.

‚Vater, sag mir doch, wen die Figuren auf den Wänden in der großen Halle darstellen!'

Vel hatte Aranth in dem Vorratsraum gefunden, in dem außer der Truhe mit den Leinenrollen auch eine Menge Haushaltsgeschirr und bemalte griechische Tongefäße gestapelt waren. ‚Oh, schau nur, was für schöne bemalte Vasen Großvater gehabt hat!' rief er aus, als seine Augen sich an das schwache Licht gewöhnt hatten. ‚Ich wünschte, ich wüßte, wer all die Leute darauf sein sollen – was ist das wohl für ein komischer Hund mit drei Köpfen?'

‚Deine Mutter kann Dir das besser erklären als ich', sagte Aranth schnell, da er darauf erpicht war, eine möglichst vollständige Übersicht über all sein Eigentum zu gewinnen. ‚Sie hat versprochen, herzukommen, um uns zu helfen. Ich glaube, ich kann sie draußen mit Seianthi sprechen hören.'

Vel rannte aus dem Vorratsraum, um seine Fragen an Larthi zu stellen, die gerade dabei war, Seianthi die Halle zu zeigen.

‚Und hier pflegte Dein Großvater zu sitzen, wenn er Recht sprach', hörte er seine Mutter sagen, während sie auf den Elfenbeinthron deutete, der von zwei auf der Wand dahinter gemalten, heraldisch einander zugewandten Sphingen flankiert wurde.

‚Welches war Dein und Vaters Zimmer?' fragte Seianthi.

‚Es war drüben – im anderen Flügel', antwortete Larthi langsam und versuchte, sich an die so weit zurückliegenden Tage vor dreizehn Jahren zu erinnern, als sie auf eine Weile in diesem Haus gelebt hatte. Hier war nun ihr Sohn Vel, den sie damals in dem breiten, im Alkoven stehenden Bett empfangen hatte – ihrer eigenen kleinen Welt im unruhigen Treiben des königlichen Haushalts. Vel, der jetzt vor ihr stand und ungeduldig zu wissen verlangte, was auf den Wandfresken dargestellt sei.

‚Schau', sagte sie endlich, ‚das ist das Parisurteil. Hab' ich Euch diese alte griechische Geschichte nie erzählt? Hier führt der Gott Hermes, den wir Turms nennen, die drei Göttinnen vor Paris, den Sohn von König Priamos von Troja. Er soll im Streit zwischen ihnen, wer die Schönste ist, Schiedsrichter sein. Die Göttin mit dem Speer ist Athena, unsere Menrva, dann kommt Hera, die Ihr besser als Uni kennt, und schließlich die Liebesgöttin Turan, deren griechischer Name Aphrodite ist. Für sie wird sich Paris entscheiden, weil das Geschick es so bestimmt hat, und Turan wird ihn mit Helena, der schönen Frau des griechischen Helden Menelaos belohnen. Weil Paris sie aus dem Haus ihres Mannes in Sparta entführte, brach der zehnjährige Krieg aus, der mit der Zerstörung Trojas endete. Einer der wenigen Überlebenden war Äneas, der mit seinem alten Vater und den Haushaltsgöttern auf den Schultern und seinem Söhnchen an der Hand aus der brennenden Stadt entkam und nach langer, gefährlicher Seereise in der Nähe von Ruma landete und der Stammvater eines neuen Geschlechts wurde.'

Die Kinder hatten ihrer Erzählung wie gebannt gelauscht, da rief Aranth plötzlich nach Larthi: ‚Komm' und besieh Dir, wie erstaunlich viel von unserem Besitz noch erhalten geblieben ist!'

Sie gingen zusammen zu ihm in den Vorratsraum, und Aranth sagte nachdenklich: ‚Es muß die Absicht der Götter gewesen sein, daß ich all das erben sollte, was schon meinen Vorfahren gehörte, aber ich bin sicher, daß es ihnen mißfallen würde, wenn wir wieder in dieses, von den Mördern meines Vaters geschändete Haus zögen.'

‚Wir würden uns auch gegen den Schatten von Velthur vergehen, wenn wir in diesen entweihten Mauern wohnten', sagte Larthi voll innerster Überzeugung.

‚Ich werde das Haus abreißen lassen und nach einer Reinigungszeremonie wollen wir dann ein neues Heim für uns bauen – ein wenig weiter vom Bidental entfernt.'

‚Vater hat mir versprochen, daß wir ganz viel Platz für Pferde in den neuen Ställen haben werden.'

Larthi fuhr Vel zärtlich durchs Haar.

‚Mutter, wird da auch genug Platz für Peci und für meine Puppen sein?' fragte Seianthi und zupfte an Larthis Chiton, da ihre Mutter in Gedanken verloren schien. Larthi überlegte sich gerade, daß sie zum ersten Mal im Leben Herrin in einem eigenen Haus sein würde, und diese wunderbare Aussicht erfüllte sie, trotz ihrer noch anhaltenden Schwäche, mit tiefer Freude und Tatkraft.

‚Aber gewiß', antwortete sie nun und lächelte Seianthi zu, ‚und wenn Großvater lieber zu uns zöge, statt in seinem Haus zu bleiben, dann wären wir wieder alle zusammen.'

‚Und Onkel Caile?' Vels Frage klang etwas zweifelnd.

‚Vielleicht möchte er weiter in Großvaters Haus wohnen bleiben, denn das ist schließlich das alte Heim der Matunafamilie.'

Aranth war inzwischen mit Thresu und Cae in den nächsten Raum gegangen und ließ den Verwalter auf seiner Wachstafel verzeichnen, was Thefarie Velianas' Besitz war und zur Versteigerung abtransportiert werden sollte. Larthi wollte ihm gerade folgen, da besann sich Vel auf seine übrigen unbeantworteten Fragen.

‚Ach, Mutter, erst mußt Du mir noch sagen, was auf dem Wasserkrug hier gemalt ist.'

‚Eine der Taten des Hercle. Erinnerst Du Dich nicht an den bösen König Eurystheus, der dem Helden alle möglichen schweren Arbeiten auftrug? Hier bringt Hercle ihm gerade den dreiköpfigen Wachhund der Unterwelt, den Kerberos – grausig sieht er aus mit all den Schlangen, die aus seinem Körper hervorwachsen! Eurystheus hat solche Angst vor dem Untier, daß er sich in ein großes Vorratsgefäß geflüchtet hat, und Du kannst nur seinen Oberkörper und die entsetzt erhobenen Hände sehen.'

,Der ist aber komisch!' rief Vel entzückt. ,Sein Mund ist aufgerissen – ich glaube, er schreit um Hilfe.'

Larthi nickte. ,Tante Culni hatte auch ein paar von solchen Wasserkrügen. Sie stammten alle aus der Werkstatt eines jonischen Griechen hier. Der hatte sich vor vielen Jahren in Ceizra niedergelassen und bemalte seine Vasen gerne mit griechischen Sagenszenen, aber immer so, als ob es ganz komische Geschichten wären. Ich selber mag die in Athen gemachten Vasen lieber. Schau dies Mischgefäß hier, das Euphronios bemalt hat. Da siehst Du wieder Hercle, aber diesmal ringt er mit dem Riesen Antaios, den er schon beinahe erwürgt hat. Kannst Du sehen, wie schön der Körper gemalt ist, mit all den feinen Linien der Muskeln?' sagte Larthi voll Bewunderung.

,Mir gefallen solche Bilder mit Kämpfen gar nicht', erklärte Seianthi, ,die Frauen hier bei dem Ringkampf laufen alle davon. Ich glaube, denen gefällt es auch nicht.'

Wie sehr sie doch Tante Culni auch im Wesen ähnelt, dachte Larthi überrascht. Sie faßte Seianthi an der Hand und sagte: ,Du hast ganz recht. Aber vielleicht sind Vater und Cae fertig, dann können wir alle nachhause gehen.'

Als sie die Lauchumna verlassen hatten, fragte Vel seinen Vater: ,Warst Du schon mal in Athen? Ich würde zu gerne dahin gehen und sehen, wo sie all die Vasen und die anderen schönen Sachen machen.'

,Bis jetzt kenne ich Athen noch nicht. Aber eines Tages werde ich Dich bestimmt dahin mitnehmen, denn in ihrem Handelsposten an der Pomündung haben wir uns mit einer Menge von Athenern befreundet.'

,Wie bald können wir wohl losreisen?'

‚Das wissen die Götter. Denn um die Athener und die anderen Griechen steht es im Augenblick schlimm. Der Perserkönig ist mit einer riesigen Armee auf dem Marsch gegen sie, um sie dafür zu bestrafen, daß sie vor ein paar Jahren ihren jonischen Stammesbrüdern bei ihrem Aufstand in Asien geholfen haben. Wir müssen abwarten, was geschieht und hoffen, daß die Athener siegen werden.'

Genau wie sein Vater, machte Vel das übelabwehrende Zeichen.

Sie näherten sich dem Haus, da stürzte ihnen Caile mit wichtigtuerischem Gesichtsausdruck entgegen. ‚Ihr werdet mir kaum glauben, was ich gerade gehört habe', keuchte er. ‚Dein Agent Paie brachte die Nachricht aus Pyrgoi, wo er sie von einem Bekannten erfuhr, der von einem Schiff kam, das eines aus Kyme getroffen hatte.'

‚Ja und, was gibt's Neues?'

‚Dieser Aristodemos ist wirklich größenwahnsinnig geworden. Weißt Du, was er sich jetzt geleistet hat? Man würde es kaum für möglich halten!'

‚Könntest Du uns bitte endlich sagen, was vorgefallen ist?'

‚Also, hört euch das an: offenbar hat er ein paar Frachtschiffe mit Beschlag belegt, die die Römer nach Kampanien und Sizilien geschickt hatten, um Korn für die hungernde Stadt zu kaufen. Sie hatten Kyme angelaufen, um dort einen Handel abzuschließen, da erklärt doch dieser Aristodemos, daß er der rechtliche Erbe der Tarquinier sei, und daß er deshalb die Schiffe konfisziere, um sich wenigstens etwas schadlos für all die den Tarquiniern in Ruma enteigneten Güter zu halten. Das ist doch wohl kaum zu überbieten: der rechtliche Erbe der Tarquinier, wo er doch nicht einen Tropfen Rasennablut in seinen Adern hat!'

‚Anmaßend und eigenmächtig ist diese Tat schon', sagte Aranth sehr ernst. ‚Aber Aristodemos wird seinen Übergriff bald bereuen – die Götter lassen solche Hybris nicht unbestraft.'

18

‚Mutter, meine Hühner wollen nicht fressen!' rief der junge Laris und kam mit nachdenklichem Gesicht in die geräumige Halle des neuen Hauses der Velchana. Er hielt noch den Sack mit Korn, aus dem er jeden Morgen sein Geflügel fütterte. ‚Das ist bisher noch nie vorgekommen. Sie rannten zwar alle auf mich zu, als ich die erste Handvoll ausgestreut hatte, aber dann scharrten sie nur etwas ängstlich in den Körnern, ohne zu fressen, und verstreuten sich wieder. Was mag das bedeuten?'

Larthi wandte sich von ihrem Wollkorb ihrem jüngsten Sohn zu. Während ihre Hände mechanisch tätig waren, hatte sie im Geist Aranth und Vel begleitet, die schon wieder auf einer langwährenden Reise im Norden waren, sich um die schlecht gehenden Geschäfte dort zu kümmern. Wieviele weitere Jahre ihres Lebens war es ihr wohl bestimmt, ohne ihren Mann zu sein? Während er ständig über Land unterwegs war, oder in ferne Häfen segelte, mußte sie immer weiter allein den Haushalt führen, seine Kinder erziehen und ihren alten Vater pflegen.

Der Handel mit dem Süden war in den letzten Jahren fast ganz zum Erliegen gekommen. Seit der Zerstörung von Sybaris hatte er nur auf kurze Zeit geblüht, als etruskische Schiffe ungehindert durch die Meerenge segeln konnten, dank eines Stützpunktes, den die freundlich gesinnten Milesier in Zankle ihnen gewährten. Aber vor einigen Jahren hatte Anaxilas, der Tyrann des gegenüber gelegenen Rhegion, Zankle eingenommen und Messenier in der Stadt angesiedelt. Nachdem ihnen so dieser Stützpunkt entzogen worden war, sahen sich die Etrusker genötigt, einen anderen Hafen in Süditalien als Basis zu gewinnen, und sie griffen zunächst Skyllaion an. Aber Anaxilas hatte die Stadt befestigt, es gelang nicht, sie einzunehmen. Mittlerweile dehnte nun – und das war gefährlicher als alles andere – Syrakus unter der Herr-

Schwarzfigurige Caeretaner Hydria. Herakles und der Höllenhund vor Eurystheus. Paris. Louvre ▶

schaft des Tyrannen Gelon, seine Macht immer weiter nach Norden aus. Es wurde für die Etrusker lebenswichtig, sich irgend einen Stützpunkt nahe der Meerenge zu sichern. Nur so konnten sie die Syrakusier daran verhindern, sich im tyrrhenischen Meer auszubreiten. Vielleicht konnte diesmal glücken, woran Thefarie Velianas gescheitert war. Also schickte Ceizra eine große Flotte aus, die Äolischen Inseln zu besetzen. Aber auch das Unternehmen schlug fehl. Die Griechen von Lipara feierten ihren Sieg über die etruskische Flotte mit der Aufstellung eines Weihgeschenks an Apollon im Heiligtum von Delphi. Die Niederlage hatte für Ceizra unwiederbringlichen Verlust an Macht und Einfluß bedeutet. Larthi erinnerte sich an den schlimmen Tag vor vier Jahren, als ob es gestern gewesen wäre. Wieder war die Stadt von Wehklagen erfüllt, als die wenigen, schwer beschädigten Schiffe, der Seeschlacht entronnen, in Pyrgoi ankerten und bekannt wurde, wieviele Erschlagene und Ertrunkene zu betrauern waren. Auch Arnza, Ramthas jüngster Bruder, zählte zu denen, die nicht zurückgekehrt waren. Der Entschluß, sich der Ausdehnung syrakusischer Macht in Gewässer, die seit hunderten von Jahren etruskischer Machtbereich waren, zu widersetzen, war gefaßt worden, als Aranth auf Reisen war. Er hatte nach seiner Heimkehr aus dem Exil wiederholt den Posten des höchsten Beamten innegehabt, doch nicht in jenem Jahr. Damals amtierten und entschieden andere, während er sich im Norden aufhielt, um den Sohn bei seinen Geschäftspartnern einzuführen. Larthi hatte nicht aufgehört, den Göttern dafür zu danken, daß ihr Mann und ihr Ältester auf diese Weise verschont geblieben waren. Wären sie zuhause gewesen, dann hätten sie zweifellos an der Expedition gegen Lipara teilgenommen. Die häufige Trennung von Aranth und Vel war wohl der Preis, den sie für deren Überleben zu zahlen hatte. Zärtlich blickte sie zu Laris auf. Er war erst neun Jahre alt und ähnelte ihr mehr als die beiden anderen Kinder. Gleich ihr und ihrem Vater, nach dem er hieß, war er besonders empfänglich für sich in der Natur kundtuende Zeichen von den Göttern und versuchte stets, deren Bedeutung zu entdecken.

‚Ich weiß nicht, warum Deine Hühner heute nicht hungrig sind, Laris. Hast Du die Sklaven gefragt, ob einer von ihnen sie vielleicht schon gefüttert hat?'

‚Nein, aber ich bin sicher, daß es niemand getan hat, weil es immer meine Aufgabe gewesen ist.'

‚Ob Großvater vielleicht wüßte, was es zu bedeuten hat?' sagte Larthi versuchsweise. Sie bewog gerne den Jungen dazu, ihren Vater um Rat zu fragen, der in letzter Zeit bettlägerig, niedergedrückt und schweigsam geworden war. Laris hatte sich nämlich, kaum daß er sprechen gelernt hatte, besonders an seinen Großvater angeschlossen, dessen Vorrat an Märchen und Mythen ebenso unerschöpflich schien, wie seine Geduld. In den Jahren nach Aranths Heimkehr wurde Laris Matunas wieder von allen wichtigen Persönlichkeiten in Fragen, die Riten oder die Deutung von Vorzeichen betrafen, konsultiert. Aber seine Blindheit hinderte ihn daran, sich in den schwierigeren Fällen Rat in den heiligen Büchern zu holen. Sein Enkel hatte indessen früh lesen gelernt, und war bald imstande, die verblaßte, altertümliche Schrift auf den Leinenrollen zu entziffern. Nachdem der junge Laris diese Kunst gemeistert hatte, erwies er sich seinem Großvater in der Ausübung seiner Pflichten als außerordentlich nützlich. Aber gleichzeitig erlernte er auch die überlieferten Erzählungen und ihre verborgene Bedeutung und wurde mit dem großen Schatz von alten Riten und Vorschriften vertraut. Er bediente sich bereits der Kultinstrumente – Opferschale und Kelle, Bronzebeil, Weihrauchgefäß und eisernes Opfermesser – mit einem aus dem Verständnis der Dinge erwachsenden Selbstvertrauen, das seinem Alter weit voraus war. Larthi war sich bewußt, welch tiefe Befriedigung es ihrem Vater gebracht hatte, seine geheimnisvollen Kenntnisse und sein vielfältiges Können an seinen Enkel als einen möglichen Amtsnachfolger weiter zu vermitteln. Das plötzliche Nachlassen seines Interesses während der letzten Wochen beunruhigte sie daher besonders.

‚Bestimmt könnte er es mir erklären‘, sagte Laris, ‚aber ich weiß nicht, ob er es noch will.‘

‚Geh’ doch und frag’ ihn. Er ist wach – ich hab’ ihm vor kurzem erst sein Frühstück ans Bett gebracht.‘

‚Gestern wollte ich gerne wissen, was es bedeutet, daß ein Widder mit wunderbar rot-goldenem Fließ zu mir kam und sich an mir rieb, während ich mit Cae die Herden zählte. Aber als ich zuhaus mit meiner Frage zu Großvater ging, da drehte er sich nur zur Wand und gab mir keine Antwort.‘

‚Vielleicht war er müde. Ich würde es nochmal versuchen.‘ Larthi lächelte ihm ermutigend zu, und der Junge ging nachdenklich zur Kammer seines Großvaters. Larthi war von stiller Freude erfüllt. Sie wußte, daß das Vorzeichen mit dem Widder zukünftige Größe für Laris bedeutete.

‚Wie geht es Dir heute?‘ fragte der Junge, als er an das Bett trat, neben dem das Frühstück noch unberührt stand.

‚Mein Herz ist schwer und mein Körper ist schwach‘, sagte der alte Mann.

‚Aber Großvater, wenn Du nichts ißt, wirst Du nur noch schwächer. Laß mich Dir das Brot in die Milch brocken‘, sagte Laris aufmunternd.

‚Warum soll ich meinen Körper am Leben erhalten, wenn mein Geist niemandem mehr nützt?‘

‚Wie kannst Du nur so etwas sagen, Großvater? Du, der Du doch alles weißt und mir so viel beigebracht hast!‘

‚Mein Leben neigt sich dem Ende zu‘, antwortete Laris Matunas traurig, aber gefaßt. ‚Ich kann es fühlen, und ich habe mein siebzigstes Jahr erreicht – die Götter senden einem, der so alt geworden ist, keine Zeichen mehr.‘

Laris war vom Ernst in seines Großvaters Stimme verstört und sagte angstvoll: ‚Ich werde zu den Göttern beten, daß sie Dein

Leben verlängern – wir brauchen Dich doch alle, und ich muß noch so viel von Dir lernen.‘

Mit melancholischem Lächeln fühlte Laris Matunas nach der Hand seines Enkels und hielt sie zwischen seinen knorrigen Fingern.

‚Mein Kind‘, sagte er, ‚sollte ich binnen kurzem sterben, dann soll mein früherer Schüler Lecne Teithurna Dich in den Dingen unterrichten, die Du noch nicht von mir erfahren hast. Aber ich weiß, daß schon viel an Kenntnis und Wirkungskraft in Dich eingegangen ist. Erinnere Dich daran, daß Jugend manchmal mit großer Weisheit gepaart ist. Der Prophet Tages, der einst auf wundersame Weise von einem Landmann bei Tarchuna aus der Erde gepflügt wurde, sah wie ein Knabe aus. Aber trotz seines kindlichen Äußeren war seine Weisheit allumfassend. Denn alsbald begann er, den Leuten aus ganz Etrurien, die erstaunt zusammengelaufen waren, dies Wunder zu bestaunen, die Worte vorzusingen, die sie dann in den heiligen Büchern aufschrieben. Als er seine Offenbarungen beendet hatte, verschwand er, aber die Texte sind uns zur Belehrung und Anleitung verblieben.‘

‚Aber ich weiß oft nicht, wo ich in ihnen nachschlagen soll, um ein Omen zu deuten, und deshalb brauche ich Dich, Großvater‘, sagte Laris eindringlich. ‚Und selbst wenn die Götter Dir wegen Deines hohen Alters keine Zeichen mehr senden, so weißt Du doch noch die zu interpretieren, die anderen zuteil werden. Bitte, hilf mir doch weiter!‘ fuhr er fort und befreite seine Hand aus der des alten Mannes, um ihm seine Milch und das Brot zu geben. ‚Zum Beispiel heute morgen haben sich meine schönen griechischen Hühner, die mir Vater von der letzten Reise mitgebracht hat, geweigert, ihr Korn zu fressen. Zuerst haben sie nur darin herumgescharrt, und danach wandten sie die Köpfe erst nach Süden und dann nach Osten und rannten dann hin und her. Das muß doch etwas bedeuten – nur weiß ich nicht, was.‘

Tanz- und Bankettszene. Wandmalerei aus der Tomba del Triclinio. Tarquinia ▶

Laris Matunas hatte aufgehört zu essen und lauschte aufmerksam. ‚Sind sie dabei alle zusammen geblieben?‘ fragte er.

‚Zuerst ja, aber nachdem sie eine Weile wie verwirrt umherrannten, lief die eine Hälfte nach Osten, und dabei war der Hahn, der dann triumphierend krähte. Aber der Rest scharte sich im Süden zusammen, als ob sie sich fürchteten.‘

Laris Matunas strich sich mit der Hand über die Stirn. ‚Es ist schwer zu deuten‘, murmelte er, ‚aber ich glaube, daß binnen kurzem zwei Schlachten stattfinden werden – und in beiden werden Griechen siegreich gegen fremde Eindringlinge kämpfen. Aber obgleich wir Rasenna ihren Sieg im Osten begrüßen werden, wird der griechische Triumph im Süden uns schließlich großes Unheil bringen.‘

Er ließ sich mühsam atmend auf sein Bett zurücksinken. ‚Laß sein‘, flüsterte er nach einer Weile, als Laris ihm wieder den Löffel an die Lippen hielt. ‚Geh jetzt, mein Kind. Ich bin sehr müde.‘

19

Die Eheschließungszeremonie von Vel und Thancvil Catharnai war vorüber. Das junge Paar hatte sich schon zurückgezogen, aber die beiden Familien und die zahlreichen Gäste waren noch geblieben und genossen das Zusammensein in der festlichen Umgebung. Larthi sah sich all die vertrauten Gesichter an, dankbar, daß so viele von ihnen, selbst aus entfernten Gegenden, hatten kommen können. Da war Tute Velthina, der stattliche älteste Sohn eines von Aranths Partnern, der eine Geschäftsreise im Süden mit dem Besuch der Hochzeit hatte verbinden können. Er und Seianthi, die neben ihm auf dem Speisebett lag, würden auch bald heiraten. Seianthi ähnelte Tante Culni jetzt noch mehr als früher. Obwohl sie ihrem Verlobten nur gelegentlich ein Lächeln zuwarf, wußte Larthi, daß ihre Tochter sehr glücklich war und daß Tute ihr ein guter und verläßlicher Mann sein würde.

Vel hatte das Schicksal bei der Wahl seiner jungen Frau besonders begünstigt. Thancvil bezauberte alle durch ihre Anmut, und sie entstammte einer der angesehensten und wohlhabendsten Familien von Ceizra. Wie hatten die beiden gestrahlt, als sie auf ihren Schemeln einander gegenüber saßen während des Vermählungsritus! Vel war das Abbild seines Vaters in jüngeren Jahren, nur etwas schlanker von Gestalt. Larthi dachte an ihre eigene Hochzeit vor sechsundzwanzig Jahren zurück und wandte sich auf einen Augenblick Aranth zu, der trotz seiner grauen Haare noch stattlich und kraftvoll aussah. Er gab ihren nachdenklich-zärtlichen Blick mit einem vergnügten Zwinkern zurück, fuhr aber fort, Cae Anweisungen zu geben.

Ihre Augen wanderten weiter über die Gesellschaft: Caile, der neben seiner großen, matronenhaften Frau, Hasti Afunei, ruhte, hatte sich kaum verändert. Seine Verehelichung vor zehn Jahren war für Laris Matunas ein großer Trost gewesen, da die beträchtlich jüngere Hasti Caile bald zwei Kinder geboren hatte: Avile und Thesanthei gewährleisteten nun die Fortdauer des Geschlechts der Matuna. Wie glücklich ihr Vater auch heute gewesen wäre, dachte Larthi. Es war zu schade, daß er an diesem frohen Fest nicht mehr hatte teilnehmen können. Doch mußten sie den Göttern wahrhaft dankbar dafür sein, daß sie ihm eine so lange Lebensdauer gewährt hatten. Laris Matunas war erst im vergangenen Jahr im Alter von einundsiebzig Jahren gestorben, nicht ohne zuvor dem jungen Laris die Hand aufs Haupt gelegt zu haben, damit die Priesterwürde in ihn übergehe. Etwas früher hatte er ihm bereits seinen Augurenstab und all die anderen Ritualgegenstände in Gegenwart des Lecne Teithurna und zweier anderer Priester übereignet.

Laris stand gerade in ernstem Gespräch mit seinem neuen Lehrer neben dem Speisebett von Lecne Teithurna. Sein braunes

Haar war über der Stirn kurz geschnitten und fiel ihm in einer weichen Welle auf den Nacken. Er hatte Larthis dunkle Augen und ihre feingezeichneten Brauen geerbt. Mit seinem stets nachdenklichen Gesichtsausdruck wirkte er reifer als seine elf Jahre. Ihr Blick ruhte dankbar auf ihm. Es war ihr ein Trost, daß er noch viele Jahre lang bei ihnen im Haus sein würde, während die anderen schon aus dem Nest geflogen waren.

Ramtha und ihr Mann waren von einem Schwarm kleiner Enkel umgeben. Ihre Zwillinge, Marce und Ravnthu, hatten beide früh geheiratet und Kinder gehabt. Cailes Kinder, als Älteste der jungen Schar, beaufsichtigten wohlwollend die Spiele der Kleineren, die zu Füßen von Ramthas Couch stattfanden. Das Blond ihrer Haare war zwar etwas verblaßt, aber Ramthas rosiges, hübsches Gesicht strahlte immer noch die gleiche Freundlichkeit aus. Kein Wunder, dachte Larthi, daß alle Kinder ihr zuflogen. Ihrer Natur hatte von jeher etwas unwiderstehlich Warmes und Schutzverheißendes innegewohnt.

Wie Larthi selbst und Thancvils Mutter, Hathli Alsinei, trug auch Ramtha noch die traditionelle Kleidung und ihr Haar vom Tutulus umwunden. Aber die Braut und Seianthi folgten der letzten attischen Mode, und ihr Haar fiel unter dem festlichen Kranz in natürlichen Locken auf Schläfen und Nacken.

‚Ich hörte, daß Du kürzlich in Athen gewesen bist', sagte Caile zu Tute Velthina, einem zurückhaltenden jungen Mann, der nie mehr redete, als unbedingt nötig. Er nickte bloß, und Seianthi warf rasch ein: ‚Ich hoffe, Du hast mein neues Kleid bemerkt. Tute hat es mir aus Athen mitgebracht.'

Hasti Afunei bewunderte den neuen Chiton ihrer Großnichte gebührend, während Caile fortfuhr: ‚Erstaunlich, wie schnell sie sich dort von der Verwüstung durch die Perser erholt zu haben scheinen. Konntest Du noch Spuren von der Kriegszerstörung sehen?'

‚Und ob! Die Tempel auf der Akropolis liegen in Trümmern, und die Athener haben beschlossen, sie nicht wieder aufzubauen zur ewigen Erinnerung an die frevelhaften Taten der persischen Eindringlinge.‘

‚Ich vermute, dieser Themistokles denkt an nichts anderes als daran, noch mehr Schiffe zu bauen, seit seinem Seesieg in der Buch von Salamis.‘

‚Je mehr Schiffe sie haben, desto besser für unseren Handel‘, war Tutes Antwort.

Aranth, der dieser Unterhaltung gefolgt war, rief von seinem Lager herüber: ‚Ganz recht! Wir müssen viel wieder aufholen nach zehn schlechten Jahren zwischen den beiden Griechenlandzügen von Darius und Xerxes. Unsere athenischen Partner hatten da an andere Dinge zu denken als an ihre Geschäfte. Jetzt hat sich die Lage endlich zum besseren gewendet, und sie kommen wieder regelmäßig in unseren adriatischen Hafen.‘

Thancvils Vater, Thefre Catharna, ein großer Landbesitzer, sagte nachdenklich: ‚Es war wirklich seltsam, daß die Götter an ein und demselben Tag den Griechen bei Salamis zum Sieg über die Perser verhalfen und denen von Syrakus und Akragas gegen die Karthager bei Himera.‘

‚Mir wäre es wirklich lieber gewesen, wenn die sizilischen Griechen die Schlacht nicht gewonnen hätten‘, sagte Aranth mit Nachdruck. ‚Ich war zwar nie ein besonderer Freund der Karthager, aber eins muß ich zugeben, seit das Schicksal uns von ihrem Parteigänger Thefarie Velianas befreit hat, haben sie nicht weiter versucht, sich in unsere Angelegenheiten zu mischen, während diese Deinomeniden . . .‘

‚Aranth!‘ unterbrach ihn da Caile plötzlich und schlug sich mit der flachen Hand vor die Stirn, ‚ich wollte Dir ja sagen – nur hab’ ich’s völlig vergessen in all dem Betrieb wegen der Hochzeit –, daß ich gestern einen Besucher aus Kampanien hatte: er kam mit der Nachricht, daß Gelon, der Sohn des Deinomenos, in Syrakus an einer Krankheit gestorben ist. Sie haben ihn mit dem größten Pomp begraben und verehren ihn jetzt beinahe wie einen Heros dort. Seltsam, wenn Du bedenkst, daß er ja gar kein Syrakusier war, sondern ein Usurpator aus Gela, und daß er die Leute wie ein absoluter Tyrann behandelt hat.'

,Wer ist sein Nachfolger geworden?' fragte Aranth rasch, mit tiefernstem Gesicht.

,Sein Bruder Hieron. Offenbar hat es wegen der Thronfolge zunächst Auseinandersetzungen gegeben mit seinem jüngeren Bruder, Polyzalos. Aber einer von diesen Deinomeniden ist so schlimm wie der andere. Sie sind alle streitsüchtig und habgierig.'

,Und auch berechnend und klug', sagte Aranth brütend. ,Erinnere Dich nur daran, wie Gelon sich sofort nach dem Sieg bei Himera mit Anaxilas und Terillos versöhnt hat, obgleich sie es doch waren, die die Riesenarmee der Karthager unter Hamilkar gegen ihn zur Hilfe gerufen hatten. Auf diese Weise hat Gelon es fertig gebracht, alle Griechen Westsiziliens unter seine Macht zu bringen. Und die Stärke der so vereinten Flotten ist äußerst bedrohlich für uns geworden. Hieron wird bestimmt dieselbe Politik wie sein Bruder betreiben. Ich fürchte, uns steht eine schwere Zeit bevor, sollten sie weiterhin versuchen, sich in unseren Gewässern auszubreiten.'

,Ja, besonders da auch die Griechen von Kyme sich nun als Feinde erweisen, nachdem die exilierten Aristokraten den Aristodemos erschlagen haben. Die Rasennastädte in Kampanien leiden schwer darunter', sagte Thefre trübsinnig.

,Und wir können kaum etwas zu ihrer Hilfe unternehmen, seit die Latiner uns den Landweg abgeschnitten haben.' Ein Ton von Verzweiflung schwang in Aranths Stimme, als er sagte: ,So bleibt uns eben nur noch das Meer . . .'

Eine eiskalte Hand schien sich Larthi aufs Herz zu legen. Mit steigender Angst hatte sie dem Gespräch der Männer gelauscht, und Aranths letzte Worte trafen sie tief.

‚Laß uns beten, Laris', flüsterte sie ihrem Sohn zu, der mit einer Bestellung von Lecne Teithurna zu ihr getreten war. ‚Oh, daß die Götter uns hören möchten und uns allen gnädig ihren Schutz gewähren!'

20

Vel war dabei, mit Caes Hilfe die Sklaven zu beaufsichtigen, wie die seit langem nicht benützten Panzer und Waffen aus den Vorratsräumen in Aranths Haus getragen wurden.

‚Wir müssen Haltu und Pupli die Klingen säubern und schleifen lassen', sagte Vel, als er ein paar rostende Eisenschwerter begutachtet hatte.

‚Das Futter von einigen der Helme muß auch erneuert werden, Herr.' Cae deutete auf die zerschlissenen Stücke schweißverfärbten Leders im Inneren eines Bronzehelms.

‚Sag Ane, daß er sich darum kümmern soll. Es müssen noch genug Häute da sein.'

Cae bestätigte das, während er die Spitzen von Lanzen prüfte, die gerade vorbeigetragen wurden.

‚Und dabei kann er auch gleich darauf achten, daß alle Bronzeplättchen noch gut an den Lederpanzern befestigt sind. Es schien mir, als ob ein paar davon lose wären und daß die Riemen der Schulterklappen an einigen abgerissen waren.'

Sie untersuchten eben, ob alle Schildbänder auf der Innenseite der großen Rundschilde noch fest angenietet waren, da kam der kleine Aranth mit vergnügtem Krähen angelaufen. Das Dröhnen der Bronze hatte ihn aus dem Hof gelockt. Er ließ seinen Reifen und das Stöckchen fallen und begann mit den kleinen Fäusten auf einem der Schilde herumzuhämmern. Dann legte er das Ohr gegen die gewölbte Oberfläche, um dem Nachhall zu lauschen. Vel lächelte stolz auf seinen Sohn herab. Schon mit drei Jahren

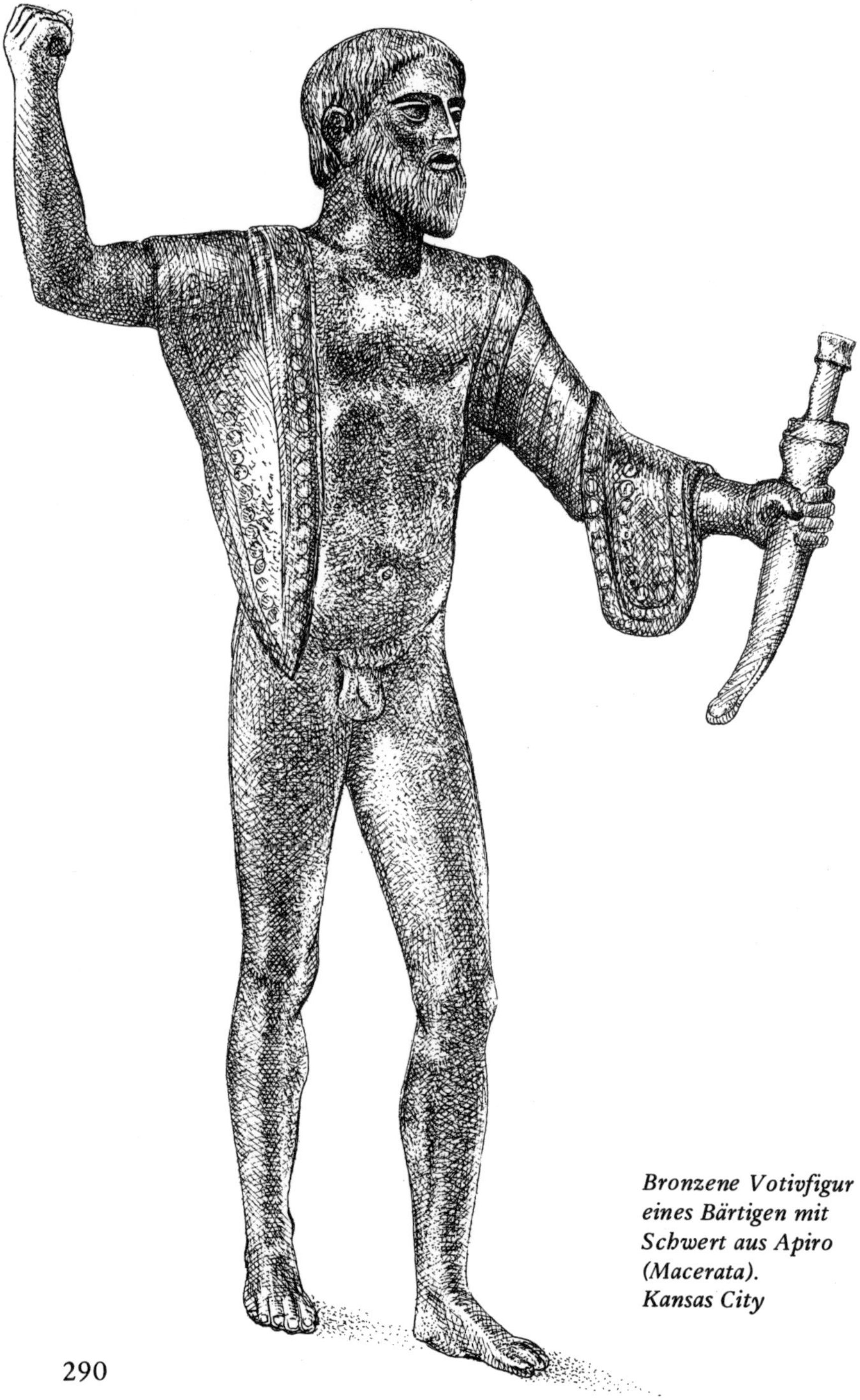

Bronzene Votivfigur eines Bärtigen mit Schwert aus Apiro (Macerata). Kansas City

schien er sich mehr für seines Vaters Rüstung, als für sein eigenes Spielzeug zu interessieren.

‚Wenn Dir der Klang von Bronze so viel Spaß macht, mein Junge, dann hör' Dir mal das an', sagte er und ergriff eine der großen gebogenen Kriegstrompeten, die gerade herausgebracht wurden. ‚Dies ist das Horn, in das vor fünfzig Jahren der Trompeter Deines Urgroßvaters stieß, als sie bei Kyme in die Schlacht zogen. Sollen wir den Griechen verkünden, daß wir sie jetzt wieder angreifen werden? Sie haben sich schon immer vor dem Ton dieser Trompete, die wir Rasenna erfunden haben, gefürchtet.'

Er setzte das Mundstück an die Lippen. Aranth sah verwundert zu seinem Vater auf, der mit aufgeblasenen Backen dastand. Ein merkwürdig klagender und gedämpfter Laut entrang sich dem Instrument.

‚Man kann nicht mehr richtig darauf blasen – das Horn ist zu lange außer Gebrauch gewesen', sagte Vel ungehalten, und reichte es wieder dem Sklaven, der auch eine der geraden Trompeten mit trichterförmigem Ende hielt. ‚Die müssen alle gereinigt und in Ordnung gebracht werden.'

Cae schrieb auch dies auf seine Wachstafel nieder, damit nichts vergessen würde. Aranth, enttäuscht in seiner Erwartung eines großartigen Ereignisses, zog indessen vergebens am Mantel seines Vaters und brach schließlich in Tränen aus. Vel war zu beschäftigt, sich um ihn zu kümmern. Aber nach einer Weile begann ihn das anhaltende Weinen zu ärgern, und er verwies es Aranth mit scharfer Stimme. Die Antwort war ein noch durchdringenderes Geschrei, denn Aranth hatte das hitzige Temperament seines Vaters geerbt.

Larthi, die mit Peci dabei gewesen war, die Kleider der Männer zu sortieren, eilte aus dem Haus und sah sofort, was zu tun sei.

‚Arnza!' rief sie ihrem Enkel zu, ‚laß Dir von Peci die Schweinchen zeigen, die gestern geboren worden sind.'

Er blickte auf seine Großmutter, aber er heulte weiter, bis sie ihn auf den Arm nahm und ihn hin und her trug, indem sie leise und mit beruhigender Stimme auf ihn einredete. ‚Die Schweinchen werden Dir aber gefallen. Sechs sind es – alle niedlich und rosig. Peci wird Dich jetzt zum Stall drüben führen, denn wir dürfen Deinen Vater und die Männer hier nicht stören. Sie müssen doch alles rechtzeitig in Ordnung bringen. Dein Vater kümmert sich um die Waffen und Panzer für die Fußtruppen, und Dein Großvater ist unten im Hafen, wo die Kriegsschiffe ausgerüstet werden. Er ist von den Beamten zum Befehlshaber der Expedition gegen Kyme ernannt worden. Die Griechen haben unsere Stammesbrüder, die da wohnen, angegriffen, und sie lassen auch unsere Handelsschiffe nicht mehr in Frieden dort vorbeisegeln. Deshalb müssen wir alle den im Süden lebenden Rasenna zur Hilfe kommen und auch unsere Freiheit zur See verteidigen.‘

Larthi nahm einen Hemdzipfel des Kleinen und wischte ihm die letzten Tränen von den Bäckchen, bevor sie ihn Peci übergab.

Dann wandte sie sich mit einem Seufzer zu Vel, der schon früh am Tag mit dem kleinen Aranth aus seinem eigenen Haus herübergekommen war. ‚Wie geht es Thancvil?‘ fragte sie ihren Sohn.

Der war gerade damit beschäftigt, gebückt ein paar Beinschienen anzuprobieren.

‚Nicht sehr gut. Diese zweite Schwangerschaft scheint schwierig – und sie läßt mich nicht gerne ziehen, jetzt.‘ Er bog die federnde Panzerung von seinem Schienbein los und richtete sich auf.

‚Ich werde mich um Thancvil kümmern‘, sagte Larthi sanft, und legte ihre Hand auf Vels Arm. Er warf ihr einen raschen Blick zu.

‚Mutter, ich weiß genau, wie Dir zumute ist, weil Vater in seinem Alter noch in die Schlacht ziehen will. Aber weil sie ihm das Kommando übertragen haben, ist er fest dazu entschlossen, was immer wir auch sagen mögen. Niemand ist so erfahren und so

Etruskischer Bronzehelm mit griechischer Weihinschrift aus Olympia. London. British Museum

fähig wie er, und ich verspreche Dir, daß ich kein Auge von ihm lassen werde, damit Du ihn heil wieder zuhause siehst.‘

Einen Augenblick lang ließ Larthi ihren Kopf auf Vels Schulter ruhen, und er strich ihr tröstend über den Rücken, bevor er sich zurück an seine Arbeit wandte. Auch sie konnte nicht müßig verweilen; ohnedies fiel Peci jetzt aus. Als sie an den gestapelten Rüstungen vorbei auf das Haus zuging, fiel ihr Auge auf Aranths Helm. Die Erinnerung überkam sie an die Stunde, da sie ihn vor vielen Jahren zum letzten Mal mit Bewußtsein gesehen hatte – im Mondlicht schimmernd unter dem Fenster, in der Nacht nach

Aranths Heimkehr aus dem Exil. Sie beugte sich nieder, um ihn aufzuheben. Liebkosend strich sie über die schmucklose, doch edel gewölbte gold-braune Bronze. Einen Moment nur hatte sie so auf den Helm herabgeblickt, da wurde ihre linke Schläfe von Stichen heftigsten Schmerzes durchbohrt. Vor ihren Augen wurde es dunkel. Sie unterdrückte ein Stöhnen und griff sich an die Stirn, indem sie versuchte, ihren unsicheren Blick zu konzentrieren.

Zunächst nur undeutlich, aber dann mit grausamer Klarheit nahm sie wahr, daß plötzlich drei Reihen einer griechischen Inschrift auf Aranths Helm eingegraben erschienen.

Ἱάρων ὁ Δεινομένεος
Καὶ τοὶ Συρακόσιοι
Τῷ Δὶ Τύραν' ἀπὸ Κύμας

Ihre Hände begannen zu zittern, als sie die Bedeutung dieser Weihinschrift begriffen hatte:

Hieron, der Sohn des Deinomenos
und die Syrakusier
dem Zeus für den Sieg über die Tyrrhener

Die Bronze fühlte sich an, als ob sie glühte. Der Helm entglitt ihren Fingern. Klirrend stürzte er zu Boden. Sie starrte auf ihn herab – keinerlei Inschrift. Larthi mußte sich gegen den nächsten Holzpfeiler lehnen, ihre Knie gaben nach. Die Botschaft der Götter – denn als solche hatte sie das Erscheinen der Inschrift erkannt – war ihr tief in die Seele gedrungen, und ihr Herz zog sich in unerträglichem Schmerz zusammen. Aranth war es bestimmt, in der kommenden Schlacht zu fallen, und die mit den Griechen von Kyme verbündeten siegreichen Syrakusier würden ihn seiner Rüstung berauben. Der triumphierende Hieron aber würde den

Helm seines großen Gegners als Beutestück dem Zeus in Olympia weihen.

Sie suchte Kraft zu sammeln, um ins Haus zurückzukehren, da sah sie, bleich und verstört, Peci mit dem weinenden Arnza auf sich zukommen.

‚Herrin', stammelte sie, ‚es war entsetzlich! Als wir zum Stall kamen, da hatte die Sau gerade ihre Jungen getötet – nur eins von dem ganzen Wurf ist am Leben geblieben. Was für ein Anblick! Nicht zu ertragen!'

Larthi rang nach Luft. Vel und Cae trugen die Ohnmächtige ins Haus.

Eine Woche später stand sie an Laris' Seite auf die Brüstung gestützt am Ende ihres väterlichen Gartens. Schweigend suchte sie mit den Blicken den Horizont ab. Die Stadt war fast völlig verlassen. Die meisten Familien derer, die mit der Flotte zum Kampf segelten, hatten den ausziehenden Truppen bis zum Hafen das Geleit gegeben. Larthi, noch zu geschwächt, um mit dem Rest der Familie nach Pyrgoi zu fahren, hatte sich dazu gezwungen, bis zum Haus ihrer Kindheit zu gehen. Wenigstens wollte sie von ihrem alten Aussichtsposten aus dem Abschied der Schiffe aus der Ferne folgen.

Laris war jetzt fünfzehn Jahre alt und verzehrt vom Wunsch, an der Seite seines Vaters und Bruders zu kämpfen. Aber als zu jung war er von der Teilnahme an der Expedition zurückgestellt worden. Es fiel ihm schwer, seiner bitteren Enttäuschung Herr zu werden. Aranth hatte ihn gebeten, nicht zur Einschiffung mitzukommen, sondern zuhause bei seiner Mutter zu bleiben.

Larthi hatte indessen in ihrem Inneren einen weit härteren und einsameren Kampf zu bestehen. Als sie nach dem vernichtenden Blick in die Zukunft, den die Götter ihr aufgezwungen hatten, wieder zu Bewußtsein gelangt war, erfüllte sie die Gewißheit, daß jeder Versuch, die Himmlischen um eine Änderung des Geschicks für Aranth und Vel anzuflehen, hoffnungslos sein werde. Mit äußerster Willenskraft gelang es ihr, ruhig und voll Vertrauen in den glücklichen Ausgang der Expedition zu scheinen. Kein Wort, das ihre furchtbare Vorahnung verraten hätte, entrang sich ihr, und sie vermochte es, sich von ihrem Mann und Sohn zu verabschieden, ohne dabei mehr Gefühlsbewegung zu zeigen, als bei einem solchen Scheiden natürlich war.

Die Männer gaben sich fast leichtfertig und schienen sich auf die Aussicht zu freuen, endlich mit den Griechen abrechnen zu können: die Spannung und Ungewißheit der letzten Jahre hatte zu lange angehalten. Endlich gegen die in den Kampf zu ziehen, die nicht nur den letzten Posten der Nation im Süden bedrohten, sondern auch ihren Seehandel zum Erliegen gebracht hatten, war an sich schon etwas wie eine Befreiung.

In den schrägen Strahlen der Spätnachmittagssonne glänzte das Meer wie gehämmerte Bronze. Von Zeit zu Zeit zogen Wolkenschatten über das bewegte Wasser und tauchten weite Strecken in flüchtige Dunkelheit. Endlich kamen die Schiffe in Sicht: Segel um Segel zogen sie in geschlossener Formation nach Süden.

Sie hörte Laris mit einem tiefen Seufzer enttäuschter Sehnsucht sagen: ‚Oh, was für ein herrlicher Anblick! Warum hast Du mich nicht mitziehen lassen?‘

‚Weil nur Du allein dazu bestimmt bist, am Leben zu bleiben und Deines Vaters altes Geschlecht und meines Vaters heilige Überlieferungen forzuführen‘, flüsterte Larthi, die Augen auf das an der Spitze liegende Schiff geheftet.

Allmählich kleiner werdend, wurde es jetzt vom düsteren Schatten einer riesigen Wolkenbank verschlungen. Während sie sich mühte, einen unwiederbringlich letzten Blick auf seine Segel zu erhaschen, erhob sich plötzlich ein kalter Wind, der die Bäume des Gartens ungestüm peitschte und sie beide frösteln machte.

Laris hatte sich, tief ergriffen von ihren unerwarteten Worten, seiner Mutter zugewandt. Ihre Augen schienen nach innen zu blicken und ihr Körper bebte vor Spannung, als sie dem wachsenden Wind lauschte und ihr gesteigertes Bewußtsein ein weiteres Zeichen von den Göttern erwartete.

Über dem Sausen der Zweige und dem Heulen des aufziehenden Sturms vernahmen sie plötzlich aus dem Südhimmel den durchdringenden Ton einer Trompete.

Larthi umklammerte Laris' Arm. ‚Das ist das Zeichen aus der oberen Welt. Es verkündet das Ende unseres Zeitalters', sagte sie mit blutleeren Lippen. ‚Das Schicksal von Ceizra ist erfüllt – seine Größe vorüber. Mögen die Götter den zukünftigen Generationen gnädiger sein.'

*

ERLÄUTERUNGEN

Achäer	Griechen aus der nördlichen Peloponnes, die sich als Kolonisten in Sybaris, Kroton und anderen süditalischen Städten niederließen.
Achilleus	Held der griechischen Sage. Sohn des Peleus und der Thetis, eine der Hauptpersonen in Homers Ilias.
Äneas	Held der griechischen Sage. Sohn des Anchises und der Aphrodite. Der einzige der trojanischen Helden, der der Zerstörung Trojas entrann.
Äolische Inseln	Vulkanische Inselgruppe nordöstlich von Sizilien. Zu den Hauptinseln zählen das heutige Lipari, Stromboli, Vulcano und Salina.
Agylla	Griechischer Name der etruskischen Stadt Ceizra, Cisra oder Caere; das heutige Cerveteri.
Aigina	Griechische Insel im Saronischen Golf.
Akragas	Griechische Stadt in Südsizilien, von Gela um 580 v.Chr. gegründet; das heutige Agrigento.
Alalia	Griechische Stadt, von Phokäern an der Ostküste Korsikas gegründet, das heutige Aleria.
Anaxilas	Griechischer Tyrann von Rhegion (das heutige Reggio di Calabria) 494–476 v.Chr.
Aphrodite	Griechische Liebesgöttin.
Apulu	Etruskische Namensform des griechischen Gottes Apollon.
Arethusa	Griechische Nymphe und Quelle in Syrakus in Ostsizilien.
Aricia	Latinische Stadt südöstlich von Rom am Fuß der Albanerberge, das heutige Ariccia.
Aristodemos	Sohn des Aristokrates von Kyme (Cumae). Nach seinem Sieg in der Schlacht von Aricia um 505 v.Chr. warf er sich zum Tyrannen von Kyme auf und regierte noch um 492 v.Chr.

Arruns	Sohn des Königs Laris Porsenna von Clevsina (Clusium). Er fiel um 505 v.Chr. in der Schlacht von Aricia.
Astarte	Phönizisch-karthagische Göttin, die in Pyrgoi mit der etruskischen Uni gleichgesetzt wurde.
Astragalos	Antikes Geschicklichkeitsspiel mit Schafsknöcheln. Da die Knöchel vier verschieden geformte Oberflächen hatten, konnten sie auch als Würfel benutzt werden.
Athena	Griechische Göttin, die Schutzpatronin von Attika und von Künstlern und Handwerkern.
Augur	Priester, der Vorzeichen wie Vogelflug u.a.m. deutete und dementsprechend die Ausführung oder Unterlassung privater, wie öffentlicher Vorhaben empfahl.
Auspicium	Lateinisches Wort, das gewisse Arten von Voraussagungen, insbesondere aus dem Vogelflug, beschreibt.
Bidental	Der rituelle Begräbnisplatz eines Donnerkeils. Die Etrusker pflegten, wenn ein Blitz eingeschlagen hatte, die angeblichen Reste des Donnerkeils zu begraben und den Platz durch Einzäunung unbetretbar zu machen.
Calu	Etruskischer Unterweltsgott.
Ceizra	Cisra oder Caere. Bedeutende etruskische Stadt nördlich von Rom, das heutige Cerveteri.
Chalkis	Griechische Stadt auf der Insel Euböa. Im 8. Jh. v.Chr. wurden chalkidische Kolonien in Süditalien und Sizilien gegründet.
Charun	Etruskischer Unterweltsdämon.
Charybdis	Im griechischen Mythos Strudel in einer Meerenge (die später mit der Straße von Messina gleichgesetzt wurde). Der Odyssee zufolge gegenüber dem Ungetüm Skylla gelegen.
Clevsina	oder Chamars, das römische Clusium und das heutige Chiusi in der Provinz Siena.
Darius I.	Achämenidischer König von Persien, 521–486 v.Chr.
Delphi	Griechisches Heiligtum am Hang des Parnass, berühmteste Orakelstätte des Apollon.
Demaratos	Griechischer Handelsherr aus Korinth, der sich um 650 v.Chr. in Tarquinia niederließ und dort eine Etruskerin heiratete.
Elea	Griechische Stadt an der Westküste Süditaliens, um 535

v.Chr. von phokäischen Kolonisten gegründet, das heutige Velia.

Ephesos	Bedeutende jonisch-griechische Stadt an der Mündung des Kayster im westlichen Kleinasien.
Euphronios	Griechischer Töpfer und Vasenmaler, der am Ende des 6. und zu Beginn des 5. Jh. v.Chr. in Athen tätig war.
Eurystheus	Im griechischen Mythos König von Tiryns, in dessen Diensten Herakles seine zwölf Arbeiten ausführen mußte.
Gabii	Alte latinische Stadt östlich von Rom.
Gela	Griechische Stadt an der Südküste Siziliens, um 688 v.Chr. von Kretern und Rhodiern gegründet.
Gelon	Sohn des Deinomenos, ca. 540–478 v.Chr. Griechischer Tyrann, zunächst in Gela und dann in Syrakus.
Gorgo Medusa	Im griechischen Mythos ein schlangenhaariges, weibliches Ungeheuer, dessen Anblick Menschen versteinerte.
Groma	Antikes Instrument zur Landvermessung.
Hamilkar	Karthagischer General, der eine große Flotte und Armee gegen die sizilischen Griechen führte. Er wurde in der Schlacht bei Himera 480 v.Chr. von Gelon geschlagen und fiel.
Haruspex	Plural Haruspices. Wahrsager, die Naturphänomene, Vogelflug und Eingeweide von Opfertieren deuteten und aus ihnen den Willen der Götter zu erkennen suchten.
Helena	Im griechischen Mythos die Tochter von Zeus und Leda. In Ilias und Odyssee die Frau des Menelaos, die von Paris nach Troja entführt wurde.
Hephaistos	Griechischer Schmiedegott.
Hera	Griechische Göttin und Gemahlin von Zeus.
Hercle	Etruskische Form des griechischen Helden Herakles.
Hermes	Griechischer Gott der Fruchtbarkeit der Herden, Götterbote und Seelengeleiter.
Hieron I.	Sohn des Deinomenos. Wurde zum Herrscher von Gela, als sein Bruder Gelon in Syrakus die Macht ergriff. 478 v.Chr. folgte er ihm dort als Tyrann. Als Verbündeter der Griechen von Kyme vernichtete er die etruskische Seeherrschaft 475 v.Chr.
Himera	Griechische Stadt an der Nordküste Siziliens, um 649

v.Chr. von Kolonisten aus Zankle (dem heutigen Messina) gegründet.

Hippokrates Griechischer Tyrann von Gela; trat um 498 v.Chr. die Nachfolge seines Bruders Kleandros an und fiel um 490 v.Chr.

Hydra Vielköpfige Schlange des griechischen Mythos, von Herakles erschlagen: eine seiner zwölf Taten.

Jalaos Im griechischen Mythos der Gefährte des Herakles.

Jonien Der nach seiner griechischen Bevölkerung, den Joniern, genannte mittlere Teil der Westküste Kleinasiens.

Kameiros Griechische Stadt an der Nordwestküste von Rhodos.

Kampanien Fruchtbare vulkanische Region Süditaliens zwischen den Apenninen und dem tyrrhenischen Meer, im Norden von Latium begrenzt und im Süden von der Sorrentiner Halbinsel.

Karthager Einwohner von Karthago, einer phönizischen Kolonie an der tunesischen Küste, der Überlieferung nach um 814 v.Chr. von Tyros gegründet.

Kerberos Im griechischen Mythos der dreiköpfige Wachhund der Unterwelt, den Herakles zu König Eurystheus brachte: eine seiner zwölf Taten.

Kleoboulos Tyrann von Lindos auf Rhodos im 6. Jh. v.Chr.

Knidos Griechische Stadt am Westende der gleichnamigen Halbinsel im südwestlichen Kleinasien, der Überlieferung nach von Spartanern gegründet.

Kottabos Ein ursprünglich griechisches Spiel, das bei Gelagen gespielt wurde und gelegentlich als Liebesorakel diente. Die Teilnehmer schleuderten den Satz vom Grunde ihrer Trinkschalen, um mit den fliegenden Tropfen einen lose auf einen hohen Bronzeständer gelegten Gegenstand zum Sturz zu bringen.

Kos Griechische Insel vor der Südwestküste Kleinasiens.

Krathis Fluß bei dem antiken Sybaris, der heutige Crati.

Kroton Griechische Stadt Süditaliens; um 710 v.Chr. von achäischen Kolonisten gegründet.

Kyme oder Cumae. Griechische Kolonie in der Nähe von Neapel, um 750 v.Chr. von Chalkis (Euböa) gegründet.

Lade Kleine, der Stadt Milet vorgelagerte Insel an der Westküste Kleinasiens, heute durch die Schwemmtätigkeit des Mäanders mit dem Festland verbunden.

Laos — Griechische Stadt an der Westküste Süditaliens, als Kolonie von Sybaris gegründet.

Lasa — Häufig geflügelt dargestellte weibliche Figur des etruskischen Mythos, vermutlich eine Nymphe der Anmut.

Lauchume — Etruskisches Wort für Herrscher, König.

Lauchumna — Etruskisches Wort für Wohnsitz des Herrschers, Palast.

Lindia — Eine mit Athena identifizierte Stadtgöttin, die in Lindos auf Rhodos verehrt wurde.

Lindos — Griechische Stadt an der Südküste von Rhodos.

Lipara — Das heutige Lipari, eine vulkanische Insel nordwestlich von Sizilien, die zwischen 580–576 v.Chr. von knidischen und rhodischen Kolonisten besiedelt wurde.

Lucumo — Die lateinische Form des etruskischen Wortes Lauchume = König, Herrscher.

Manlius Octavius — Latinischer Schwiegersohn des etruskischen Königs Laris Porsenna, stammte aus Tusculum südöstlich von Rom.

Maris — Etruskischer Gott, der mit dem römischen Mars und dem griechischen Ares identifiziert wurde.

Menelaos — Im griechischen Mythos der jüngere Bruder des Agamemnon und Gemahl der Helena.

Menrva — Etruskische Göttin, die mit der römischen Minerva und der griechischen Athena identifiziert wurde.

Messenier — Die griechischen Einwohner der südwestlichen Peloponnes.

Milet — Bedeutende jonisch-griechische Stadt an der Westküste Kleinasiens.

Misa — Vermutlicher etruskischer Name des heutigen Marzabotto am Renofluß südlich von Bologna.

Nethuns — Etruskischer Gott, der mit dem römischen Neptun und dem griechischen Poseidon identifiziert wurde.

Nortia — Etruskische Schicksalsgöttin.

Paris — Im griechischen Mythos der Sohn von Priamos und Hekuba, der Helena nach Troja entführte.

Phokäer — Griechen aus der jonischen Stadt Phokaia in Kleinasien, die im 6. Jh. v.Chr. das westliche Mittelmeer erforschten und viele Kolonien gründeten.

Pithekoussai	Das heutige Ischia, eine Insel im Golf von Neapel, die in der ersten Hälfte des 8. Jh. v.Chr. von euböischen Griechen besiedelt wurde.
Polyzalos	Sohn des Deinomenos und Bruder des Gelon und Hieron.
Porsenna	Laris, Etruskischer König von Clevsina oder Clusium, dem heutigen Chiusi in der Provinz Siena.
Poseidonia	Griechische Stadt in Lukanien, um 700 v.Chr. von Sybaris gegründet, das heutige Pästum.
Priamos	Im griechischen Mythos der Sohn des Laomedon und König von Troja.
Promanteia	Das Privileg, vor allen anderen das Orakel von Delphi zu befragen.
Punicum	Eine der Hafenstädte der etruskischen Stadt Ceizra am tyrrhenischen Meer.
Pupluna	Etruskische Hafen- und Bergwerksstadt an der tyrrhenischen Küste gegenüber Elba, das heutige Populonia.
Pyrgoi	Einst der wichtigste Hafen der etruskischen Stadt Ceizra mit einem berühmten Heiligtum der Uni-Astarte, das heutige Santa Severa nordwestlich von Cerveteri.
Pytho	Alter Name von Delphi.
Rasenna	Griechische Form des etruskischen Wortes rasna = Etrusker.
Ruma	Etruskische Form des lateinischen Roma, das heutige Rom.
Salamis	Griechische Insel im Saronischen Golf, wo 480 v.Chr. die persische Flotte entscheidend von der griechischen geschlagen wurde.
Samos	Griechische Insel vor der Westküste Kleinasiens.
Sardis	Hauptstadt von Lydien im westlichen Kleinasien.
Skylla	Vielköpfiges Seeungeheuer des griechischen Mythos. In der Odyssee haust es in einer Höhle gegenüber dem Strudel Charybdis.
Selvans	Etruskischer Gott, der mit dem römischen Silvanus identifiziert wurde.
Servius Tullius	Der Überlieferung nach der sechste König Roms (578–535 v.Chr.), von latinischer Herkunft. Seine Herrschaft fiel zwischen die der Tarquinierdynastie.

Sethlans	Etruskischer Schmiedegott, der mit dem griechischen Hephaistos identifiziert wurde.
Skidros	Griechische Hafenstadt im westlichen Süditalien, als Kolonie von Sybaris gegründet.
Skyllaion	Griechische Hafenstadt an der Westküste Süditaliens.
Sostratos	Ein erfolgreicher griechischer Kaufmann, der, Herodot zufolge, mit dem westlichen Mittelmeer Handel trieb.
Sparta	Griechische Stadt in der mittleren Peloponnes, im Mythos die Heimat von Menelaos und Helena.
Spurius Larcius	Römischer Konsul etruskischer Abstammung, der 506–505 v.Chr. mit Titus Herminius sein Amt ausübte.
Susa	Die Hauptstadt von Elam in Südpersien.
Sybaris	Griechische Stadt am Golf von Tarent, um 720 v.Chr. von Achäern und Troizenern gegründet und 510 v.Chr. völlig von der Nachbarstadt Kroton zerstört. Das heutige Sibari liegt in der Nähe.
Syrakus	Bedeutende griechische Stadt an der Ostküste Siziliens, um 734 v.Chr. von korinthischen Kolonisten gegründet.
Tages	Ein mythischer etruskischer Prophet, der in einem Feld bei Tarchuna aus dem Boden gepflügt wurde. Seine Verkündigungen wurden in den nach ihm benannten heiligen Büchern niedergeschrieben.
Tanaquil	Etruskische Adlige aus Tarquinia, die, der Überlieferung nach, Tarquinius, den Sohn des Korinthers Demaratos und einer Etruskerin heiratete und mit ihm nach Rom zog, wo er zum König wurde.
Tarchuna	Bedeutende Stadt Südetruriens, das heutige Tarquinia.
Tarentiner	Einwohner von Tarent, das griechische Taras. Die Stadt soll um 706 v.Chr. von Spartanern gegründet worden sein.
Tarquinius	Sohn des Demaratos aus Korinth, Gatte der Tanaquil, die ihn dazu beredete, nach Rom zu ziehen, wo er zum König wurde.
Terillos	Griechischer Tyrann von Himera, der die Karthager zur Hilfe rief, als er von Theron von Akragas vertrieben worden war. Aber die vereinten Streitkräfte von Gelon und Theron besiegten die Karthager 480 v.Chr. bei Himera.
Thanur	Etruskische Gottheit.

Themistokles	ca. 520–462 v.Chr. Demokratischer Staatsmann Athens, der 480 v.Chr. bei Salamis die Flotte gegen die Perser zum Sieg führte.
Thetis	Nereide des griechischen Mythos, die Gemahlin von Peleus und Mutter von Achilleus.
Tinia	Etruskischer Gott, der mit dem griechischen Zeus identifiziert wurde.
Titus Herminius	Römischer Konsul etruskischer Abstammung, der 506–505 v.Chr. amtierte.
Troizen	Griechische Stadt in der nordöstlichen Peloponnes.
Troja	Stadt im nordwestlichen Kleinasien, die, Homer zufolge, von den Griechen nach langer Belagerung zerstört wurde.
Tuchulcha	Etruskischer Unterweltsdämon.
Turan	Etruskische Liebesgöttin, die mit der griechischen Aphrodite und der römischen Venus identifiziert wurde.
Turms	Etruskischer Gott, der mit dem griechischen Hermes und dem römischen Merkur identifiziert wurde.
Tusculum	Latinische Stadt südöstlich von Rom nahe Frascati.
Tutulus	Haartracht etruskischer Frauen, die während des 6. und beginnenden 5. Jh. v.Chr. Mode war.
Tyrrhenoi	Griechischer Name für die Etrusker. Daher trägt das Meer westlich der mittelitalischen Küste noch heute den Namen tyrrhenisches Meer.
Uni	Etruskische Göttin, die mit der griechischen Hera, der römischen Juno und der punischen Astarte identifiziert wurde.
Vanth	Etruskische Dämonin, die oft als geflügelte Figur mit einer Buchrolle dargestellt wurde.
Vecui	oder Vegoia. Mythische etruskische Nymphe, deren Wahrsagungen in den nach ihr benannten heiligen Büchern niedergeschrieben wurden.
Veii	Bedeutende etruskische Stadt nördlich von Rom, 396 v.Chr. von Rom zerstört.
Velathri	Etruskischer Name der heutigen Stadt Volterra.
Velzna	Etruskischer Name der von den Römern Volsinii genannten Stadt. Die archaische Stadt war wahrscheinlich das heutige Orvieto und nicht Bolsena.

Vetluna	Bedeutende etruskische Stadt, das heutige Vetulonia nördlich Grosseto.
Voltumna	Etruskische Gottheit, bei deren Heiligtum das jährliche Bundestreffen der zwölf Etruskerstädte stattfand.
Xerxes	Achämenidischer Perserkönig, 486–465 v.Chr. Sohn des Darius und der Atossa. Seine Flotte wurde 480 v.Chr. bei Salamis von Themistokles besiegt.
Zankle	Griechische Stadt an der Stelle des heutigen Messina in Sizilien, um 725 v.Chr. gegründet. Im frühen 5. Jh. v.Chr. wurde sie von griechischen Einwanderern aus Messene eingenommen und in Messana umgetauft.
Zilath mechl rasnal	Etruskischer Titel, der vermutlich ‚Höchster Beamter der Etrusker' bedeutet.

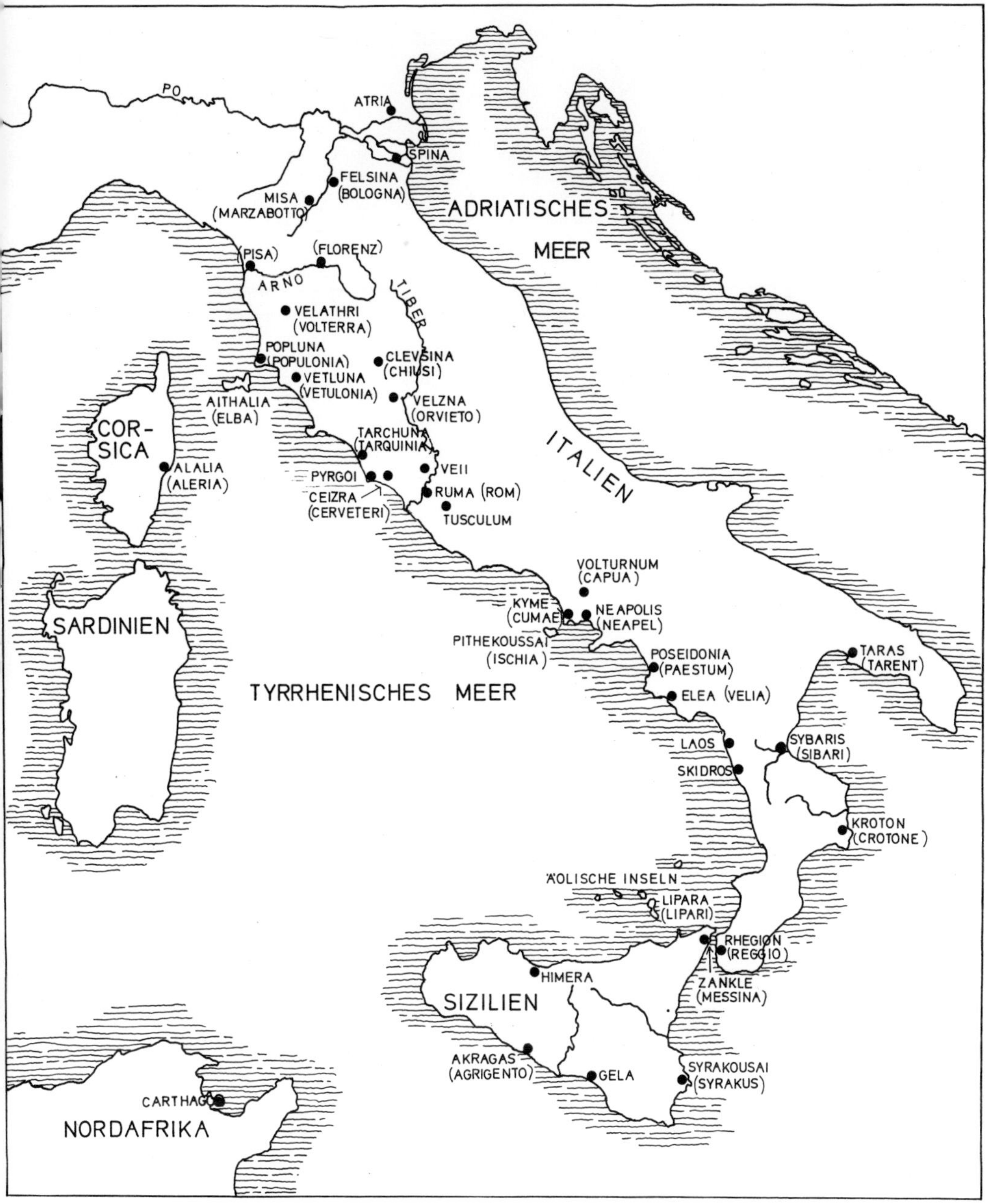

PO
ATRIA
SPINA
FELSINA
(BOLOGNA)
MISA
(MARZABOTTO)
ADRIATISCHES
MEER
(PISA)
(FLORENZ)
ARNO
TIBER
VELATHRI
(VOLTERRA)
POPLUNA
(POPULONIA)
CLEVSINA
(CHIUSI)
VETLUNA
(VETULONIA)
AITHALIA
(ELBA)
VELZNA
(ORVIETO)
CORSICA
TARCHUNA
(TARQUINIA)
ALALIA
(ALERIA)
PYRGOI
VEII
CEIZRA
(CERVETERI)
RUMA (ROM)
TUSCULUM
ITALIEN
VOLTURNUM
(CAPUA)
KYME
(CUMAE)
NEAPOLIS
(NEAPEL)
SARDINIEN
PITHEKOUSSAI
(ISCHIA)
POSEIDONIA
(PAESTUM)
TARAS
(TARENT)
TYRRHENISCHES MEER
ELEA (VELIA)
LAOS
SYBARIS
(SIBARI)
SKIDROS
KROTON
(CROTONE)
ÄOLISCHE INSELN
LIPARA
(LIPARI)
RHEGION
(REGGIO)
HIMERA
ZANKLE
(MESSINA)
SIZILIEN
AKRAGAS
(AGRIGENTO)
GELA
SYRAKOUSAI
(SYRAKUS)
CARTHAGO
NORDAFRIKA

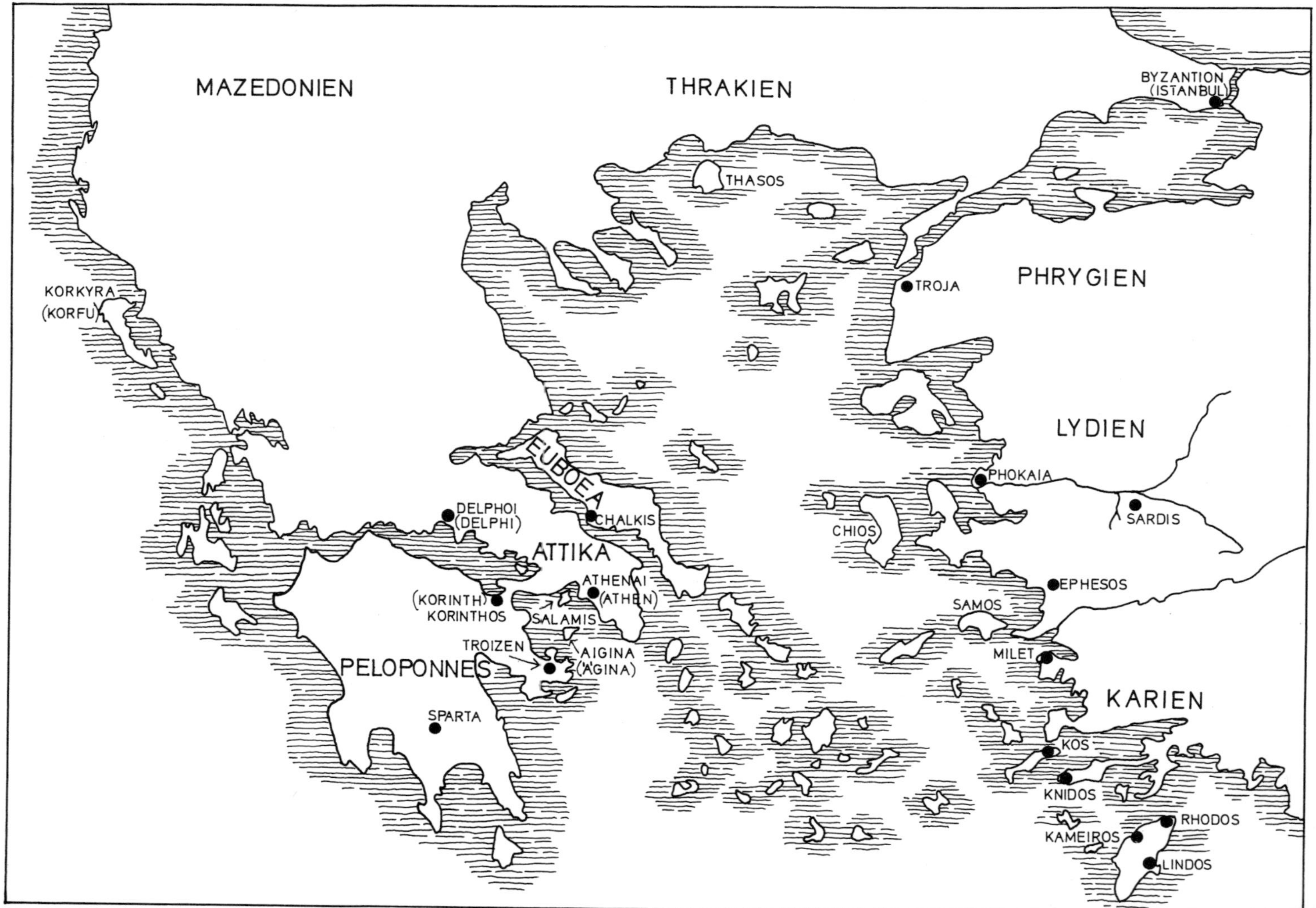
MAZEDONIEN
THRAKIEN
BYZANTION
(ISTANBUL)
THASOS
KORKYRA
(KORFU)
TROJA
PHRYGIEN
LYDIEN
EUBOEA
PHOKAIA
SARDIS
DELPHOI
(DELPHI)
CHALKIS
CHIOS
ATTIKA
ATHENAI
(ATHEN)
EPHESOS
(KORINTH)
KORINTHOS
SALAMIS
SAMOS
TROIZEN
AIGINA
(ÄGINA)
MILET
PELOPONNES
KARIEN
SPARTA
KOS
KNIDOS
RHODOS
KAMEIROS
LINDOS

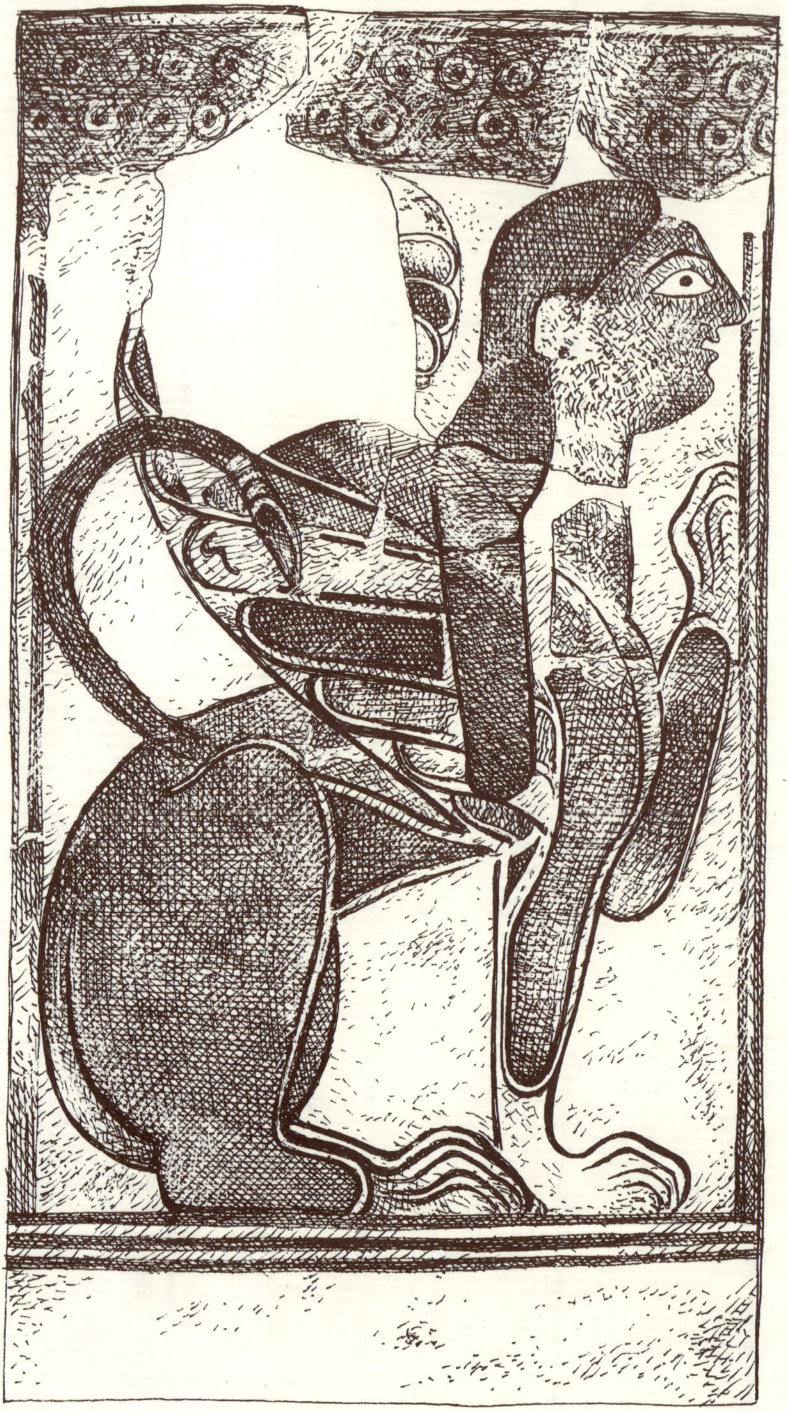